Friederike Kuster

Philosophische Geschlechtertheorien zur Einführung

JUNIUS

Junius Verlag GmbH
Stresemannstraße 375
22761 Hamburg
www.junius-verlag.de

Umschlaggestaltung: Florian Zietz
Titelbild: danjazzia/Shutterstock.com
Satz: Junius Verlag GmbH
Printed in the EU 2019
ISBN 978-3-96060-305-4

Die Deutsche Nationalbibliothek – CIP-Einheitsaufnahme

Bibliografische Information der Deutschen Nationalbibliothek
Die Deutsche Nationalbibliothek verzeichnet diese Publikation in der Deutschen Nationalbibliografie; detaillierte bibliografische Daten sind im Internet über http://dnb.dnb.de abrufbar.

Philosophische Geschlechtertheorien zur Einführung

Zur Einführung …

… hat diese Taschenbuchreihe seit ihrer Gründung 1977 gedient. Zunächst als sozialistische Initiative gestartet, die philosophisches Wissen allgemein zugänglich machen und so den Marsch durch die Institutionen theoretisch ausrüsten sollte, wurden die Bände in den achtziger Jahren zu einem verlässlichen Leitfaden durch das Labyrinth der neuen Unübersichtlichkeit. Mit der Kombination von Wissensvermittlung und kritischer Analyse haben die Junius-Bände stilbildend gewirkt.

Seit den neunziger Jahren reformierten sich Teile der Geisteswissenschaften als Kulturwissenschaften und brachten neue Fächer und Schwerpunkte wie Medienwissenschaften, Wissenschaftsgeschichte oder Bildwissenschaften hervor. Auch im Verhältnis zu den Naturwissenschaften sahen sich die traditionellen Kernfächer der Geisteswissenschaften neuen Herausforderungen ausgesetzt. Diesen Veränderungen trug eine Neuausrichtung der Junius-Reihe Rechnung, die seit 2003 von der verstorbenen Cornelia Vismann und zwei der Unterzeichnenden (M.H. und D.T.) verantwortet wurde.

Ein Jahrzehnt später erweisen sich die Kulturwissenschaften eher als notwendige Erweiterung denn als Neubegründung der Geisteswissenschaften. In den Fokus sind neue, nicht zuletzt politik- und sozialwissenschaftliche Fragen gerückt, die sich produktiv mit den geistes- und kulturwissenschaftlichen Problemstellungen vermengt haben. So scheint eine erneute Inventur der Reihe sinnvoll, deren Aufgabe unverändert darin besteht, kompetent und anschaulich zu vermitteln, was kritisches Denken und Forschen jenseits naturwissenschaftlicher Zugänge heute zu leisten vermag.

Zur Einführung ist für Leute geschrieben, denen daran gelegen ist, sich über bekannte und manchmal weniger bekannte Autor(inn)en und Themen zu orientieren. Sie wollen klassische Fragen in neuem Licht und neue Forschungsfelder in gültiger Form dargestellt sehen.

Zur Einführung ist von Leuten geschrieben, die nicht nur einen souveränen Überblick geben, sondern ihren eigenen Standpunkt markieren. Vermittlung heißt nicht Verwässerung, Repräsentativität nicht Vollständigkeit. Die Autorinnen und Autoren der Reihe haben eine eigene Perspektive auf ihren Gegenstand, und ihre Handschrift ist in den einzelnen Bänden deutlich erkennbar.

Zur Einführung ist in der Hinsicht traditionell, dass es den Stärken des gedruckten Buchs – die Darstellung baut auf Übersichtlichkeit, Sorgfalt und reflexive Distanz, das Medium auf Handhabbarkeit und Haltbarkeit – auch in Zeiten liquider Netzpublikationen vertraut.

Zur Einführung bleibt seinem ursprünglichen Konzept treu, indem es die Zirkulation von Ideen, Erkenntnissen und Wissen befördert.

Michael Hagner
Ina Kerner
Dieter Thomä

Inhalt

Einleitung

Wohl kaum ein anderes Theorieelement, sei es antiker, neuzeitlicher oder moderner Philosophie, ist mit weniger Sorgfalt behandelt worden als das Verhältnis der Geschlechter. Die Themen Geschlecht, Geschlechtlichkeit und Generativität, die Theorien zum Verhältnis von Mann und Frau, die Ehe-, Haus- und Familienkonzeptionen, also alles das, was im Kanon der philosophischen Schriften durchaus vorhanden ist, ist die meiste Zeit gar nicht oder nicht adäquat rezipiert und damit in seiner systematischen Relevanz innerhalb der Philosophie nur sehr bedingt wahrgenommen und diskutiert worden. Auch hat die ungebrochene weltanschauliche, politische oder religiöse Brisanz der Frage, wie und nach welchen Prinzipien die Geschlechterrelation gesellschaftlich zu gestalten sei, nicht selten zur Folge, dass bei diesem Thema die übliche hermeneutische Sorgfalt in der Behandlung der Texte außer Acht gelassen wird. Thesen zum Verhältnis von Mann und Frau sowie Ausführungen über Weiblichkeit und Männlichkeit werden allzu oft als zeitbedingte und aus heutiger Sicht rückständige Ansichten eines philosophischen Autors qualifiziert; sie gelten eher als pure Meinungen und nicht als ernst zu nehmende theoretische Aussagen.

Angesichts dieses Befunds einer verkürzten, oft bruchstückhaften und nur wenig sorgsamen Rezeptions- und Interpretationspraxis will dieser Band einen historischen und systematischen Überblick über klassische Konzeptualisierungen des Geschlechterverhältnisses und aktuelle philosophische Zugänge zur Thematik der Geschlechter und der Zweigeschlechtlichkeit bieten. Eine solche Rekonstruktion der Positionen philosophischer Geschlechtertheorien in ihrer historischen Kontinuität macht allererst deutlich, auf welche Weise die Klassiker, die ihrerseits keineswegs geschlechterblind sind, mit Bezugnahmen und Antithesen in der Geschlechterthematik gleichfalls eine Tradition ausbilden. So wendet sich z.B. Rousseau explizit gegen Platon, wenn er die Erzeugung der Gemeinsinnsfähigkeit von Staatsbürgern gerade nicht an antifamiliale Milieus koppelt, sondern im Gegenteil eine Politik des Privaten zur Grundlage der modernen Republik macht. Oder Hegel kritisiert das unzureichende Eheverständnis Kants, worin er zugleich eine grundsätzliche Unzulänglichkeit von dessen rechtsphilosophischen Prämissen erwiesen sieht.

Wird also die Geschlechterthematik in ihrem philosophiehistorischen Zusammenhang entfaltet, dann wird ein eigenständiger Traditionsstrang mit seinen ideengeschichtlichen Filiationen erkennbar. Auch das Verhältnis von Mann und Frau ist ein theoretischer Gegenstand, in dessen Behandlung sich gleichermaßen Traditionsbeharrung und Umschrift, Rückbezüge wie Neuansätze und Paradigmenwechsel zu erkennen geben. Diese steten Transformationen lassen sich freilich ebenso wie die signifikanten Brüche nur unter Berücksichtigung des jeweiligen systematischen Kontexts hinreichend erklären. Grundsätzlich gilt mithin, dass die philosophischen Positionen zum Geschlechterverhältnis nur aus ihrem Bezug zum größeren Ganzen, ihrer Stellung im System des jeweiligen Autors zu erschließen sind. Ihr Zuschnitt korrespondiert unmittelbar mit den spezifischen Grundannahmen des jeweiligen philosophischen Gesamtentwurfs. Das Erkenntnisinteresse hat deshalb auch die zunächst unabhängig von

Geschlechterfragen konzipierten theoretischen Grundlagen mit zu berücksichtigen. Dabei zeigt sich: Geschlechtertheoreme sind keine beliebigen, freischwebenden Meinungen, sondern sind verwurzelt in metaphysischen, ethischen, politischen und anthropologischen Prämissen. Sie lassen sich auf systematische Grundannahmen zurückbeziehen und aus ihnen herleiten und erklären.

Neben dieser grundsätzlichen Abhängigkeit von den leitenden Prämissen des jeweiligen Systems oder des Theorieentwurfs, die für alle Geschlechterkonzepte gilt, bestehen aber unter den theoretischen Erörterungen des Geschlechterverhältnisses auch markante Unterschiede, die unerachtet der jeweiligen inhaltlichen Ausprägung zunächst ihre Form betreffen. Der Titel dieses Bandes »Philosophische Geschlechtertheorien« könnte zu der Vorstellung verführen, die philosophische Tradition hielte einen Vorrat von Büchern und Werken bereit, die sich allein auf das Geschlecht und das Geschlechterverhältnis konzentrieren. Streng genommen lässt sich das jedoch nur für die Schriften der feministisch motivierten Denkerinnen des 20. Jahrhunderts wie Simone de Beauvoir, Luce Irigaray und mit gewisser Einschränkung auch Judith Butler behaupten. Diese Autorinnen legen Werke vor, die ausschließlich das Geschlechterverhältnis thematisieren und problematisieren oder sogar eine Philosophie auf der Basis des Geschlechtsunterschieds entwerfen. Innerhalb des Kanons der sogenannten »Meisterdenker« findet man jedoch eine solche exklusive Beschränkung auf das Thema Geschlecht und eine derartige Privilegierung des Gegenstands nicht.

Man hat es vielmehr bei den philosophischen Geschlechtertheorien zumeist und vorrangig mit Theoriestücken, mit Systemteilen, mit Kapiteln oder Unterkapiteln in umfassenderen Werken zu tun. Dies ist dem Umstand geschuldet, dass im Corpus der Klassiker an kanonisch festgelegtem Ort regelmäßig einige Kapitel oder Paragraphen der Ordnung der Geschlechter und Generationen gewidmet sind. Vor der Behandlung des Staates wird an klar umgrenzter Stelle von der Familie gehandelt und damit vom Geschlechterverhältnis. Das bedeutet, dass in allen klassischen Texten zur praktischen, näherhin politischen Philosophie bzw. Rechtsphilosophie eine Geschlechterkonzeption und ein Konzept des Hauses oder der Familie zu finden sind, da jede staatliche Ordnung auf einer bestimmten Familienform und auf institutionalisierten Geschlechterverhältnissen beruht und die philosophische Erörterung des Staates diesem seit der Grundlegung der politischen Philosophie durch Aristoteles vorgegebenen Verlaufsschema folgt. Unter einer Geschlechtertheorie im eigentlichen Sinne muss man diesen Theoriestücken gegenüber etwas Umfassenderes verstehen, nämlich einen geschlossenen, kohärenten und systematisch eingebetteten Gedanken- und Argumentationszusammenhang zu Geschlecht, Geschlechterordnung und Familie innerhalb des Gesamtwerks eines Autors. Das stellt eher eine Besonderheit dar, und hier sind von den Klassikern – nicht zufällig – vor allem die beiden großen bürgerlichen Denker Rousseau und Hegel zu nennen. Wenn im Folgenden der Einfachheit halber die Rede von den philosophischen Geschlechtertheorien beibehalten wird, sind diese formalen Unterschiede immer mit zu bedenken.

Nicht ganz unabhängig davon sind die gleichwohl wichtigeren inhaltlichen Differenzen in der Behandlung der Thematik. Der sich in der Tradition wandelnde inhaltliche Zuschnitt der Geschlechtertheorien kann an dieser Stelle nur vorläufig und umrisshaft vorgestellt werden. Bis zum Ende des Systemdenkens bei Hegel lassen sich die klassischen Geschlechtertheorien, wie schon gesagt, zuverlässig im Kontext der praktischen Philosophie auffinden. Diesem klaren Zugriff entzieht sich allerdings die Behandlung der Geschlechterthematik in der mittelalterlich-christlichen Philosophie, die gleichwohl den grundlegenden Parametern des philosophischen Geschlechterdiskurses verpflichtet bleibt und auch im weiteren Verlauf – wenngleich auf eine indirekte, nicht immer unmittelbar erkennbare Weise – in ihn hineinwirkt. Grundsätzlich gilt, dass der aristotelische Grundriss der abendländischen Sozialordnung, die Gliederung nach Haus und Staat bzw. nach Privatheit und Öffentlichkeit im neuzeitlichen Sinn trotz einiger signifikanter Verschiebungen *grosso modo* erhalten bleibt. Das Geschlechterverhältnis bildet den Nucleus des Hauses bzw. der Familie und damit auch der politischen Ordnung. Dieser rechtsphilosophisch-politiktheoretische Zugang wird ab dem 18. Jahrhundert von einem in der Anthropologie und der Naturphilosophie verankerten Diskurs über die Geschlechtscharaktere überlappt, eine Diskussion, die für das moderne bürgerliche Zeitalter wesentlich und kennzeichnend ist und auch gesellschaftliche Wirkmacht entfaltet hat. Aber auch bei dieser vertieften Auslotung der anthropologischen Voraussetzungen geht es primär um die Bestimmung der sozialen Positionen von Frauen und Männern, um die ihren gegensätzlichen Geschlechtsnaturen angemessenen gesellschaftlichen Funktionsrollen und deren Ausgestaltung und Kultivierung.

Erst im späten 19. Jahrhundert kommt es im Umfeld der Lebensphilosophie zu Hypostasierungen des Männlichen und des Weiblichen an sich, die nicht mehr unmittelbar auf die gesellschaftlichen Aufgaben von Männern und Frauen zurückbezogen werden, auch wenn sie möglicherweise – und für die Autoren in nicht ganz durchsichtiger Weise – davon geprägt bleiben mögen. Auf dieser Linie liegen auch die der Psychoanalyse Freuds verdankten Einsichten zur Geschlechter- und Generationenordnung, die in die Ansätze der kritischen Gesellschaftstheorie des 20. Jahrhunderts eingehen und die betreffenden Reflexionen maßgeblich fundieren. Diese sind zudem auch beeinflusst durch den historischen Materialismus von Marx und Engels, der die ökonomischen Voraussetzungen des Geschlechterverhältnisses offenlegt und es damit als abhängig von den Parametern der Produktions- und Eigentumsordnung erweist, mithin seine soziohistorische Wandelbarkeit herausstellt.

Gleichwohl kann als der entscheidende Paradigmenwechsel im Rahmen der Geschlechtertheorien das Auftreten der weiblichen Stimme im Feld der Theoretiker am Ende des bürgerlichen Zeitalters angesehen werden. Simone de Beauvoir hat mit ihrem für die feministische Theoriebildung und für die nachfolgende Geschlechterforschung grundlegenden Werk *Le Deuxième Sexe* (dt. *Das andere Geschlecht*[1]) die bis heute für die Gender Studies leitende Grundeinsicht von der gesellschaftlichen Konstruiertheit der Geschlechter formuliert. Die Einsicht der Feministin, dass die Frau nicht als Frau geboren, sondern allererst zur Frau wird, indem sie dazu *gemacht* wird, lässt sich in der Folge auch auf das Geschlechterverhältnis als ganzes beziehen, so dass Männer gleichfalls als »gemacht« angesehen werden müssen. Damit ist erstmalig das zentrale Problem der Geschlechterdiskussion pointiert herausgestellt und kritisch befragt, das freilich schon in den anthropologischen Debatten des 18. Jahrhunderts virulent und in den naturphilosophischen Spekulationen der Romantik präsent war und gleichsam das Urgestein der jahrhundertelangen Erörterungen des Geschlechterverhältnisses abgibt: Was liefert die Natur zum Unterschied von Mann und Frau, und wie viel davon rührt aus der Gesellschaft her? Im Begriff Gender, der aktuell als *umbrella term* für die disziplinübergreifenden Forschungen zur kulturellen Ausgestaltung des Geschlechterverhältnisses fungiert, wird genau diese Unterscheidung reflektiert. Gender bedeutet, Geschlecht in erster Linie als eine Konvention, als eine soziale Übereinkunft hinsichtlich kulturell geprägter Verhaltensdispositionen und gesellschaftlicher Rollenerwartungen zu verstehen. Die Unterscheidung von *sex* und *gen-*

der, von natürlich-biologischem und gesellschaftlich-kulturellem Geschlecht, unterläuft die naive und letztlich widersprüchliche Annahme, dass tradierte Geschlechterrollen fest in der biologischen Ausstattung von Mann und Frau verankert und in entsprechenden gesellschaftlichen Normierungen zu fixieren sind. Ebenso führt auch die philosophiehistorische Rekonstruktion der Konzepte des Häuslich-Privaten und des Familialen die Variabilität der Prämissen, der Begründungsmuster und der Legitimationsstrategien vor Augen. Vor diesem Hintergrund rücken nicht zuletzt die gesellschaftlichen Transformationen des Privaten, der aktuelle Wandel der intimen Beziehungen und der Verwandtschafts- und Familienformen in einen geschichtlichen Horizont ein und machen so deren grundsätzliche Veränderbar- und Gestaltbarkeit deutlich.

Wählte man eine Draufsicht auf die Geschlechterthematik, so ließe sich sagen, dass es drei Aspekte des Verhältnisses von Mann und Frau sind, die in den philosophischen Geschlechtertheorien behandelt und argumentativ verhandelt werden: zum einen das Geschlechterverhältnis als Bestandteil der politischen Ordnung bzw. der christlichen Heilsordnung, was sich schwerpunktmäßig auf die Texte von der Antike bis zur politischen Aufklärung bezieht; zum Zweiten die Relation von Mann und Frau als eine anthropologische Polarität, wie sie vorrangig für den bürgerlichen Geschlechterdiskurs kennzeichnend ist, und schließlich die Geschlechterdifferenz als eine gesellschaftlich-kulturelle Konstruktion, was den hauptsächlichen Gegenstand der kritisch-reflexiven Thematisierung im 20. Jahrhundert bildet. Im Einzelnen und im Detail zeigen sich freilich immer auch Überschneidungen und Interferenzen dieser Gesichtspunkte.

Dieser Band will eine Einführung in die philosophischen Geschlechtertheorien sein und historisch-systematisch orientierende Einblicke in die Thematik ermöglichen. Er will vermitteln, wie über das Geschlechterverhältnis überhaupt nachgedacht werden kann, und zugleich, wie tatsächlich im historischen Verlauf mit Blick auf die Geschlechter philosophiert wurde. Natürlich sind die Geschlechtertheorien auch zeitbedingt, sie spiegeln – nicht anders als alle übrigen Philosopheme auch – grundlegende Möglichkeiten des Denkens wider und sind dabei gleichermaßen Reflex ihrer Zeit. Dies gilt insbesondere für die Konzeptionen der politischen Philosophie, die, will man dem Verständnis der Cambridge School folgen, immer auch Äußerungen, Interventionen in einem historischen Diskursfeld darstellen. Ganz allgemein kann wohl festgestellt werden, dass die »Politikkonzepte der Theorien [...] kategoriale Kristallisationen der Selbstvergewisserung geschichtlicher politischer Formationen«[2] sind – etwas, was sich in gleicher Weise auch von den Haus- und Familienkonzepten und somit auch von den Geschlechterkonzeptionen sagen ließe.

Eine Einführung kann einiges leisten, anderes nicht; sie muss sich vor allem beschränken und einen Mut zur Lücke aufbringen, zumal dann, wenn der Bogen von Platon bis in die Gegenwart gespannt wird. Die Leser und Leserinnen müssen also auf Vollständigkeit verzichten. Sie werden nicht jeden Autor bzw. jede Autorin vertreten finden. Sie werden keinesfalls, was ja bereits im Titel »Geschlechtertheorien« angezeigt ist, vereinzelte Aussagen, Bemerkungen, Aphorismen und Sentenzen von Philosophen zur Frau oder zum Mann-Frau-Verhältnis zusammengestellt finden. Auch lernen sie nur eine Auswahl von klassischen Positionen kennen. Hierfür waren vor allem zwei Gesichtspunkte leitend: Kann eine Position als exemplarisch für ihre Zeit und im Kontext der zeitgenössischen Theorien angesehen werden, und ist die Diskussion des Verhältnisses der Geschlechter – weitestgehend – in einen umfassenderen systematischen Zusammenhang eingebettet? Vor diesem Hintergrund werden die Leserinnen also eher Hegels Geschlechtertheorie behandelt finden und Friedrich Schlegels Theorie der Weiblichkeit vermissen. Und hat die betreffende Position selbst die Form eines systematisch entwickelten Gedanken- und Argumentationsgangs? Es werden mithin nicht alle »Stellen« oder Überlegungen eines Autors gleichermaßen Berücksichtigung finden, so z.B. bei Kants »Bemerkungen zum Geschlechtscharakter in der Anthropologie in pragmatischer Absicht« gegenüber den »Betrachtungen über das Gefühl des Schönen und Erhabenen« und der »Metaphysik der Sitten« zurückstehen, wo die in der »Anthropologie« eher rhapsodisch thematisierten Dinge ausführlicher und begründeter abgehandelt werden.

Vergeblich suchen werden die Leserinnen aber insbesondere die Tradition der Ein- und Gegenreden und der Streitschriften für die Gleichstellung der Geschlechter. Das bedarf der besonderen Begründung. Da die vorliegende Einführung auch auf eine Erweiterung von Kanonwissen zielt, schreitet sie dementsprechend die Positionen der Klassiker ab. Gegen deren in allen Varianten durchgängig sich behauptendes hierarchisches Geschlechterkonzept – und das bedeutet konkret für die Rechte der Frau – erheben sich allerdings durch die Jahrhunderte vereinzelte philosophische Gegenstimmen: die des Humanisten Agrippa von Nettesheim im Kontext der *Querelle des femmes*, des Frühaufklärers und Cartesianers Poullain de la Barre mit dem nachmalig berühmten Satz, dass der Geist kein Geschlecht habe, ferner die Stimme der Aufklärerin und Anti-Rousseauistin Mary Wollstonecraft mit ihrem »Plädoyer für die Rechte der Frau« wie gleichfalls jenes zur »bürgerlichen Verbesserung der Weiber« von Theodor Gottlieb von Hippel, einem Zeitgenossen Kants, denen allen Condorcets Forderung nach Zulassung der Frauen zu den Bürgerrechten im Revolutionsjahr 1789 vorangegangen war. Nicht zuletzt empört sich die Familie Mill in der Mitte des bürgerlichen Zeitalters über die »Hörigkeit der Frau«.[3] Diese Gegenstimmen bilden freilich unter sich keinen Traditionsstrang aus, und, was schwerer wiegt, in ihrem Charakter als Widerreden sind sie auch nur nachzuvollziehen und einzuschätzen vor dem Hintergrund der dominanten zeitgenössischen Positionen, gegen die sie sich richten. Damit ist man allerdings wieder beim philosophischen Kanon angekommen, den es allererst vorzustellen gilt.

Schließlich sollte nicht unerwähnt bleiben, dass die Möglichkeit einer Einführung in ein Themenfeld voraussetzt, dass dessen Erschließung bereits hinreichend gut geleistet ist. Zu einer ersten grundsätzlichen Orientierung hat hier der Materialienband *Philosophische Geschlechtertheorien* beigetragen und daran anschließend mit einzelnen Vertiefungen für die Epoche der Neuzeit der Band *Geschlechterordnung und Staat*[4]; die vorliegende Einführung baut auf diese beiden Bände auf.

1. Seelenverhältnisse und politische Ordnung

1.1 Die Geschlechter im Idealstaat: Platon

Wenn man die Reihe der philosophischen Untersuchungen zu den Themen Geschlechterdifferenz und Geschlechterordnung mit Platon – so wie es sich philosophiegeschichtlich anbietet – beginnen lässt, hat man es gleich zu Beginn, salopp formuliert, mit einem Ausreißer zu tun. Wie sich im Weiteren zeigen wird, bildet die Tatsache, dass Männer und Frauen sich nicht gleichen, bei nahezu allen Denkern die Basis für eine hierarchische Verhältnisbestimmung zwischen den Geschlechtern. Als paradigmatisch kann man die wirkmächtige Konzeption von Aristoteles ansehen und dessen gegenüber Platon konträren Standpunkt zum Geschlechterverhältnis. Platon hingegen liefert in expliziter Gegenwendung zu zeitgenössischen Auffassungen und zur historischen Realität eine Begründung für die Annahme der Gleichheit der Naturen von Mann und Frau. Dabei führt er unter anderem Argumente an, die erst in der jüngsten Gegenwart erneut Konjunktur bekommen und deshalb auch die Frage aufgeworfen haben, inwieweit Platon als ein »Feminist« bezeichnet werden kann. Ohne Berücksichtigung des signifikanten Unterschieds in der Positionierung der Geschlechter zueinander ist freilich der Bezugsrahmen, innerhalb dessen die Frage nach der richtigen Ordnung der Geschlechter und im Weiteren auch der Generationen – denn Kinder sind eine natürliche Folge des Geschlechterverhältnisses – erörtert wird, für Platon und Aristoteles identisch. Und identisch bleibt diese Rahmung in ihrer Allgemeinheit noch bis ins 19. Jahrhundert: Das Verhältnis von Mann und Frau bildet einen Teilaspekt der Frage nach der richtigen bzw. gerechten Einrichtung des Staates. Die *polis* bzw. der Staat stellt den umfassenden Horizont und den letzten Bezugspunkt für die politische Philosophie und für die Rechtsphilosophie dar. Ob die Geschlechterfrage gleich zu Beginn der Erörterung des Staates, wie bei Aristoteles, oder erst im Zuge seiner schrittweisen Explikation, wie bei Platon, aufgeworfen wird, auf jeden Fall erweist sich das Verhältnis von Männern und Frauen als regelungsbedürftig in Hinblick auf das größere Ganze des gemeinschaftlichen Zusammenlebens. Auf Platons *Politeia*, ein vieldimensionales Werk und unnennbar oft kommentiert und interpretiert, fällt hiermit nur ein Aufmerksamkeitskegel von begrenztem Radius: auf das 5. Buch, näherhin auf das berühmt-berüchtigte Lehrstück von der sogenannten Frauen- und Kindergemeinschaft. Zunächst wird hier allerdings die Stellung der Frau im Idealstaat und damit verbunden die grundsätzliche Frage nach der Gleichheit oder Ungleichheit der Naturen von Mann und Frau erörtert und im Anschluss daran mit der sogenannten Frauen- und Kindergemeinschaft eine Form des Zusammenlebens der Geschlechter und Generationen entworfen, deren ungewöhnlicher Charakter eine maßgebliche Bedingung für die Verwirklichung des platonischen Staatsmodells darstellt.

Um zu verstehen, an welchem Punkt die Geschlechterfrage ins Spiel kommt, gilt es zu rekapitulieren, was in den vorangegangenen Abschnitten, konkret: was in der Diskussionsrunde, die sich in Platons Dialoggeschehen um Sokrates gruppiert hat, bereits an Einsichten erreicht wurde. Unmittelbar vor der Behandlung der Geschlechterfrage wird das Wesen der Gerechtigkeit bestimmt, und damit ist das für den Dialog insgesamt wichtigste Erkenntnisziel erreicht. Für dessen Explikation legt Platon die Analogie von Seele und Staat zugrunde, d.h., die Seele des Einzelmenschen weist im Kleinen die gleiche Gliederung und Strukturierung auf wie der Staat im Großen. Nicht ohne Ironie schlägt Sokrates seinen Dialogpartnern vor, die Erläuterung der Idee der Gerechtigkeit lieber zunächst am Beispiel des Staates vorzunehmen, da man aufs Große und in die Weite meist »scharfsichtiger«[5] sei. Gerechtigkeit (*dikaiosyne*) im Staat wird definitorisch bestimmt und besteht darin, »dass jeder sich nur eines befleißigen müsse von dem, was zum Staat gehört, wozu nämlich seine Natur sich am geschicktesten eignet«. Knapper noch: Gerechtigkeit herrscht dann, wenn »jeder das Eigene und Seinige tut« (Politeia 433a, 434a). Das bedeutet zum einen, das zu tun, was ein_e jede_r aufgrund seiner/ihrer natürlichen Begabungsausstattung am besten kann, und sich darauf auch zu beschränken. Dieses staatliche Organisationsprinzip, auch Idiopragieprinzip (*idion*: das Eigene, *pragmein*: handeln) genannt, wird auch bei der Diskussion der Geschlechterdifferenz in Anschlag gebracht und beruht auf zwei Prämissen: Platon setzt voraus, dass Eigenschaften, Talente und Begabungen natürlichen Ursprungs sind und dass ihre Verteilung auf die Individuen jeweils verschieden ist. Mit Blick auf den Staat ist damit zugleich ein Prinzip der Kompetenz formuliert: Für die Aufgabe, die ein_e jede_r im Rahmen der staatlichen Gemeinschaft erfüllt, soll sie/er auch die entsprechende Eignung und Leistungsfähigkeit mitbringen. Dieses Prinzip regelt auch in der modernen Gesellschaft die Vergabe von Stellen und Ämtern, ist sogar im deutschen Grundgesetz festgeschrieben, wenn dort erklärt wird, dass jede_r Deutsche nach ihrer/seiner Eignung, Befähigung und fachlichen Leistung gleichen Zugang zu jedem öffentlichen Amte hat. Ebenso verhält es sich im platonischen Idealstaat: Talent und Qualifikation entscheiden, nicht Herkunft, Name, Geburt oder Erbfolge. Und schließlich steckt im Idiopragieprinzip noch die letzte Bestimmung, dass nämlich eine Person das und nur das tun soll, wozu sie auch qualifiziert ist. So ist z.B. ein guter Filmschauspieler nicht schon unweigerlich ein guter Politiker.

Dieses Prinzip der sozialen Positionierung gemäß der individuellen Qualifikation organisiert auch die Gliederung des Staates in drei Stände, welche *per analogiam* den drei Seelenteilen im Einzelmenschen korrespondieren. Die Seele ist in drei verschiedene Begehrenskräfte gegliedert, die jeweils ihr spezifisches Ziel haben und ihre entsprechende Tugend. Allen drei Seelenteilen kommt gleichermaßen eine Berechtigung zu, aber freilich sind sie nicht in dem Sinne gleichwertig, dass Platon keine Hierarchisierung vornehmen würde. Zuunterst liegt das triebhafte Begehren (*epithymetikon*: das Begierdehafte), das auf die Erfüllung körperlicher Bedürfnisse geht und sein Ziel in der Lust und seine Tugend, d.h. seine gute Verfassung, in der Mäßigung hat. Auf die Begierde folgt das Ehrstreben (*thymoeides*: das Mutartige), das auf Ehre, moderner gesprochen auf Anerkennung zielt und als Tugend die Tapferkeit aufweist. Die Dreiteilung vollendet sich in der Wissbegierde (*logistikon*: das Vernünftige), die nach Erkenntnis oder Wahrheit strebt und deren höchste Form die Weisheit darstellt. Die menschliche Seele ist für Platon also ein *ensemble* von triebhaften, volitiv-narzisstischen und intellektuellen Strebungen, deren wohlgeordnete und ausbalancierte Koexistenz, ihr Zusammenstimmen unter der Leitung der Vernunft, eine angemessene, d.h. gerechte Ordnung bildet.

Diesen drei Seelenteilen entsprechen auf der Ebene der *polis* drei sogenannte Stände: der Handwerker- und Arbeiterstand, der Wächterstand und der Herrscherstand. Gerechtigkeit kommt der Seele wie der *polis* dann zu, wenn jeder Teil seine spezifische Aufgabe verrichtet. Der Stand der Handwerker und Arbeiter, wohl auch jener der Bauern, ist für die materiell-ökonomische Versorgung zuständig, er umfasst Menschen, die mit ihrer Tätigkeit die Versorgung aller mit dem Lebensnotwendigen gewährleisten. Dieser Stand ist staatserhaltend, aber nicht staatstragend. Größere Aufmerksamkeit widmet Platon den beiden im eigentlichen Sinne politischen Ständen, dem Wächterstand und dem Regentenstand. Platons Idealstaat ist keine Demokratie, weder im heutigen noch im antiken Sinne. Sein Staat wird von einer kleinen Elite regiert, wobei die ausgemachte Zumutung – wie Platon selbst zugesteht – darin liegt, dass es die Philosophen, die Wissensstrebenden sind, die den Staat leiten. Dieses Gedankenexperiment des Zusammengehens von Wissen und Politik, der Fusion von Intellekt und Macht, die Idee der Gestaltung und Lenkung eines Gemeinwesens aus dem Geist des unbedingten Erkenntnisstrebens ist das, was die platonische *polis* zum Idealstaat, zur aus einem philosophischen Ideal geborenen Staatsidee macht.

Zwischen den Produzent_innen der Marktgesellschaft und der geistigen Führungselite ist der Wächterstand angesiedelt. Hier sammeln sich die Ehrstrebenden, die Kämpfernaturen und die Ehrgeizigen, die nicht allein einem materiellen Wohlleben nachstreben, aber sich gleichwohl nicht der ausschließlichen Suche nach der Wahrheit verschrieben haben. Sie sind Wächter im wörtlichen Sinne, sofern sie über die äußere Sicherheit als Militär und über die innere als Polizei wachen, darüber hinaus sind sie aber auch aufmerksame Pädagogen, die den Nachwuchs der beiden politischen Klassen in einer ganzheitlichen Weise gymnastisch, musisch und intellektuell ausbilden. Und nicht zuletzt rekrutieren sich aus diesem Stand die philosophisch Begabtesten als die Regentschaft.

Während nun im Rahmen des Dialoggeschehens Sokrates eigentlich mit einer Erörterung des Wesens der Ungerechtigkeit fortfahren möchte, zwingen ihn seine Dialogpartner dazu, über die Regelung der Geschlechterverhältnisse zu sprechen: »Wir denken, dass dies gar vieles, ja wohl alles ausmache für den Staat, je nachdem es richtig oder nicht richtig geschieht.« (Politeia 449d) So willkürlich es sich in der Dramaturgie des Dialogs darstellt, so systematisch notwendig erweist sich im weiteren Verlauf, was Sokrates ausführt: Das in richtiger Weise gestaltete Verhältnis zwischen Männern und Frauen und die Regulierung der Fortpflanzung innerhalb des Wächterstandes sind notwendige Bedingungen für die Verwirklichung des Idealstaats. Deutlich wird auf jeden Fall: Die Fragen von Geschlechterordnung und Generativität sind keine Privatsache, sondern stellen Angelegenheiten dar, die staatlicher Regelung bedürfen.

Platon stellt die provokante These auf, dass Frauen zum Staatsdienst, also zur Wächter- und Regentschaft, ebenso geeignet sind wie Männer. Diese Behauptung verstößt so eklatant gegen die herrschende Meinung, dass Sokrates sie auch als eine »Welle«, als eine die Konventionen sprengende und Überzeugungen unterspülende Ansicht bezeichnet, der folglich auch vehement widersprochen wird. So werden zunächst die vermeintlich lächerlichen Konsequenzen des Gedankens herausgestellt: Frauen, die im Rahmen ihrer Ausbildung für den Staatsdienst gymnastische Übungen machen – nackt unter freiem Himmel. Dieser Einrede kann mit Hinweis auf eine allmähliche Gewöhnung an alles Neuartige begegnet werden, schwerwiegender ist freilich dasjenige Argument gegen die Gleichheit von Männern und Frauen, das auf das Grundprinzip der Gerechtigkeit rekurriert, dass nämlich jede Person im Staate nur das ihrer Natur Gemäße tun solle. Denn ist nicht die Natur von Männern und Frauen verschieden? Dieses Argument muss sehr ernst genommen werden, nicht allein weil es das Idiopragieprinzip gegen Sokrates selbst in Anschlag bringt, sondern weil es in der Tradition nahezu durchgängig für die unterschiedlichen Bestimmungen von Männern und Frauen herangezogen wird.

Umso interessanter ist es, wie Sokrates auf diesen Einwand, der ihn vordergründig in einen Widerspruch zu verwickeln scheint, antwortet. Freilich: Männer und Frauen sind verschieden, und zwar unterschiedlich in ihrem Beitrag zum Zeugungsgeschehen, insofern der Mann zeugt und die Frau gebiert. Aber was besagt dieser natürliche, biologisch bedingte Unterschied, wenn die Eignung für politische Ämter und verantwortungsvolle Funktionen infrage steht? Platon bemüht – es geht um den Wächterstand – ein sinnfälliges Beispiel: Hält man gute weibliche Wachhunde grundsätzlich vom Dienst ab, nur weil sie ab und zu Junge werfen? Das eigentliche Argument besteht aber darin, dass die Relevanz eines von der Natur gesetzten Unterschieds in Hinblick auf die Eignung zu einer Tätigkeit geprüft werden muss. So ist es z.B. für das Schuhmacherhandwerk ganz offensichtlich irrelevant, ob ein Schuster kahlköpfig oder behaart ist. Eine bestehende Eignung für eine bestimmte Tätigkeit kann daran gemessen werden, wie viel Mühe und Zeit aufgewendet werden muss, damit eine Person die einschlägigen Kompetenzen erwirbt und eine eigene Geschicklichkeit ausbildet. Überraschend ist nun aber, dass Platon feststellt, Frauen könnten in durchweg allen Tätigkeiten von Männern übertroffen werden, obwohl er eigentlich die Gleichheit der Naturen demonstrieren will. In restlos allen Geschäften, sogar noch in den vermeintlich weiblichen Domänen wie der »Weberei« oder der »Bereitung des Gebäcks und des Geköches« (Politeia 455c) erweisen sich Männer als letztlich begabter, sie stellen gewissermaßen auch noch die Haute-Couturiers und die Spitzenköche. Daraus folgt nun allerdings, dass weder Männern noch Frauen definierte Tätigkeitsbereiche als natürlich angestammte zugewiesen werden können. Bei allen Tätigkeiten zeigen sich Frauen als letztlich graduell unterlegen; allerdings, und das ist der entscheidende Gesichtspunkt, gibt es auch keine Tätigkeit, für die sie nicht geeignet wären, was bedeutet, dass es innerhalb des Staates keine abgezirkelten Funktionsbereiche gibt, in denen Männer als Männer und Frauen als Frauen tätig sind. Platon fasst es folgendermaßen zusammen:

»Also [...] gibt es gar kein Geschäft von allen, durch die der Staat besteht, welches dem Weib als Weib und dem Mann als Mann angehörte, sondern die natürlichen Anlagen sind auf ähnliche Weise in beiden verteilt, und an allen Geschäften kann das Weib teilnehmen ihrer Natur nach, wie der Mann an allen: in allen aber ist das Weib schwächer als der Mann.« (Ebd. 455d)

Es bleibt freilich eine gewisse Unschärfe bestehen. Meint Platon, dass Frauen und Männer für alle erdenklichen Aufgaben die einschlägigen Begabungen mitbringen, aber in jeder Tätigkeitssphäre die Gruppe der Frauen grundsätzlich von der Gruppe der Männer übertroffen wird, oder ist die Aussage in einer individualisierten Weise zu verstehen, so dass es nur einzelne Frauen sind, die von einzelnen Männern übertroffen werden können?[6] Im zweiten Fall bedeutete dies, dass »viele Frauen [...] zwar in vielem besser sein [mögen] als viele Männer« (ebd.), die höchste Exzellenz aber dem einzelnen Manne vorbehalten ist. Frauen und Männer wären also für alle Tätigkeiten geschaffen, alle Talente, die es bei Männern gibt, gibt es auch bei Frauen. Die singulären herausragenden männlichen Spitzenleistungen können von Frauen nicht erreicht werden, aber einzelne Frauen können einzelne Männer übertreffen. Auf jeden Fall gibt es keine spezifische Eignung von Frauen für bestimmte gesellschaftliche Tätigkeiten wie z.B. die häuslichen und reproduktiven. Kurzum, der Unterschied der Geschlechter in der *Politeia* ist ein gradueller, kein qualitativer. Aus dem natürlichen Unterschied im Zeugungsgeschehen folgt kein wesenhafter Unterschied im Begabungsprofil, der eine geschlechtsspezifische Anweisung von gesellschaftlichen Funktionsbereichen rechtfertigte. Somit ist die erste »Welle« der Zumutungen für den antiken Alltagsverstand überstanden, und es folgt die nächste.

Nachdem also gezeigt ist, dass Frauen in gleichem Maße wie Männer für den Staatsdienst geeignet sind und dies auch von Vorteil für das Gemeinwesen ist – denn »gibt es etwas Vorzüglicheres für den Staat, als dass er so treffliche Männer und Frauen als möglich besitze«? (ebd. 456e) –, wird nun der gesamte Bereich der gesellschaftlichen Reproduktion nach Maßgabe der Gleichheit von Männern und Frauen eingerichtet. An dieser Stelle muss noch einmal die Sonderstellung der platonischen *Politeia* betont werden: Bis ins 20. Jahrhundert werden alle Geschlechtertheorien die Frauen an die Sphäre des Häuslich-Familialen binden und ihnen die Zuständigkeit für die reproduktive Sphäre, also die Sorge für die Aufzucht der Nachkommenschaft, zuweisen. In Platons Idealstaat hingegen ist die Familie für die politische Klasse abgeschafft.[7] Es ergibt sich folgendes Bild: Alle Frauen sind allen Männern gemeinsam, kein Kind kennt seinen Vater, alle Kinder sind allen Vätern gemeinsam (vgl. ebd. 457d). Das ist ganz offensichtlich aus einer männlichen Perspektive formuliert, denn ebenso sind alle Männer allen Frauen gemeinsam, und gleichfalls kennt kein Kind seine Mutter, wie auch die Mütter ihre Kinder nicht kennen. Die Organisation und die Regulierung aller sexuell-generativen Belange im Zusammenleben der politischen Klasse der Wächter und Wächterinnen unterstehen staatlicher Observanz. Die Kinder werden nach der Geburt von den Müttern getrennt, ihre Aufzucht und Pflege geschieht in Säugehäusern und Erziehungsanstalten. Diese Konzeption der Frauen- bzw. Eltern- und Kindergemeinschaft hat ebenso wie die Gleichheit der Geschlechter auf die Leserschaft der platonischen *Politeia* lächerlich und befremdlich, wenn nicht sogar moralisch verwerflich gewirkt.[8] Ihr eigentlicher Sinn enthüllt sich erst angesichts der Ziele, die Plato hier verfolgt. Das ist zunächst die Aufhebung des Privateigentums im Wächterstand. Die Wächter sind Staatsbeamte, die weder Besitz noch Familie, also weder Frau oder Mann noch Kinder ihr Eigen nennen können sollen. Vielmehr ist allen alles gemeinsam. Damit sind das Streben nach Privateigentum als exklusive Verfügungsgewalt über Besitz und dessen Mehrung und Vererbung im Rahmen einer Familiengründung unterbunden, aber wichtiger noch und positiv gewendet: Alle partikularen, auf das Eigene bezogenen Strebungen werden zum Allgemeinen hingelenkt. Die vorderhand befremdliche Geschlechter- und Generationenordnung der idealen *polis* erweist sich als ausgeklügelt in Hinblick auf das von Platon deklarierte höchste Gut des Staates, seine Einheit. Denn das größte Gut ist das, was den Staat zusammenbindet, und das größte Übel jenes, welches ihn zerreißt (ebd. 462b), und es ist die Institution der Eltern- und Kindergemeinschaft, welche eben dieses höchste Gut bewirkt.

Warum aber kann diese Einrichtung genau dies leisten? Platon zeigt zunächst ganz grundsätzlich, dass geteilte Freude und geteilter Schmerz Einheit zwischen Menschen stiften: Es »bindet doch die Gemeinschaft der Lust und Unlust zusammen, wenn [...] alle Bürger, sooft etwas entsteht und vergeht, sich auf gleiche Weise freuen und betrüben« (ebd.), und die Eltern- und Kindergemeinschaft bildet die institutionelle Möglichkeitsbedingung einer solch umgreifenden Gemeinschaft von Lust und Unlust. Denn das Gemeinwesen ist dann »am besten verwaltet«, wenn »die große Mehrzahl übereinstimmt in der Anwendung der Ausdrücke ›mein‹ und ›nicht-mein‹ für die nämliche Sache« (ebd. 462c-d). Genau das ist gewährleistet durch die vollständige Anonymisierung der Herkunfts- und Abstammungsverhältnisse, durch die Tatsache, dass alle Frauen alle Männer teilen und alle Männer alle Frauen und dass darüber hinaus alle zusammen alle Kinder insofern ihr Eigen nennen können, als jedes Kind potenziell das eigene sein könnte. Im Wächterstand fühlen sich alle miteinander verwandt, weil sie es im Einzelnen der Möglichkeit nach sind. Die politische Klasse lebt als eine imaginäre Großfamilie zusammen, freilich in der paradoxen Weise, dass jede Form von Familialität, von Privatheit und Intimität aufgehoben ist. Die unverzichtbare Funktion der Eltern- und Kindergemeinschaft erklärt sich letztlich von der Architektonik des Idealstaats her. Der Staat ist ein großer Mensch. Die innere Einheit ist beim Staat wie bei der Seele nur gewährleistet, wenn alle Seelenteile sich harmonisch unter die Direktion des Vernunftprinzips fügen. Die Wächter als der mittlere Seelenteil streben allerdings nach Ehre. Eben dieses natürliche Streben nach »Machthaben und Siegen und Berühmtsein« (ebd. 581a) liefert jedoch auch den Grund für Streit und Zwietracht unter ihnen: Die Ehrliebenden sind zugleich die Streitlustigen (ebd. 581b). Die Eltern- und Kindergemeinschaft vermag nun als eine große Gemeinschaft von Lust und Unlust das kompetitive Ehrstreben der Einzelnen von den jeweils partikularen Zielen – mein Haus, mein Mann, meine Kinder! – auf das Wohlergehen der Gemeinschaft als ganzer umzulenken. Die Glücksvorstellung der Wächter und Wächterinnen wird durch Gütergemeinschaft und Allverwandtschaftlichkeit so modifiziert, dass sie mit dem objektiv Guten, nämlich der Einheit des Staates, zusammenstimmt. Nicht an der kleinen exklusiven Familiengemeinschaft soll das Herz der Einzelnen hängen, sondern es soll für das größere Ganze, die Staatsgemeinschaft, schlagen. Damit sollte deutlich geworden sein, dass die Geschlechterordnung in der *Politeia* weder ein kurioses noch ein beiläufiges Lehrstück darstellt, sondern vielmehr als ein integrales Element des Idealstaatsentwurfs angesehen werden muss.[9]

Platons Darstellung zielt auf ein ideales Gemeinwesen; an ihm will er die Bedeutung der Gerechtigkeit für das politische Zusammenleben der Menschen herausstellen. Sein Gerechtigkeitsbegriff mutet modernen Leser_innen ungewöhnlich an: Weder wird die staatliche Gerechtigkeit an gerechten Gesetzen festgemacht, noch werden an den Staat von außen Gerechtigkeitsprinzipien herangetragen. Gerecht ist der Staat vielmehr, wenn er in optimaler Weise geordnet, wenn er in sich gut verfasst ist. Bedenkt man die Analogie von Einzelseele und Staat, so geht es in beiden Fällen um die harmonische – gerechte – Organisation der verschiedenen, auf je unterschiedliche Art und Weise wirkenden Kräfte, die allen Strebungen ihr Recht lässt. In dieser Staatslehre sind Männer und Frauen politisch, rechtlich, geistig, seelisch gleichgestellt. Allerdings handelt Platon nur von der politischen Elite, die, von der gesellschaftlichen Produktion befreit, allein das öffentliche Leben bestreitet. Die Gleichstellung der Geschlechter und die Lebensform eines umfassenden Geschlechter- und Generationenverbands, ferner die Gütergemeinschaft, die recht besehen Güterlosigkeit bedeutet, alles das zielt auf eine Vernichtung des häuslichen Lebens, auf die völlige Auslöschung der Privatsphäre.

Freilich kann man fragen: Ist nun die Gleichstellung der Geschlechter die Ursache oder die Folge der sogenannten Frauen- und Kindergemeinschaft? Jean-Jacques Rousseau als aufmerksamer Leser der *Politeia* urteilt spitzzüngig: »Plato schreibt in seinem ›*Staat*‹ für die Frauen die gleichen Übungen vor; das glaube ich wohl. Da er in seinem Staat die Einzelfamilie abgeschafft hat und nicht mehr wußte, was er mit den Frauen machen sollte, machte er gezwungenermaßen Männer aus ihnen.«[10] Was ist von dieser Einschätzung zu halten? Das Institut der Einzelfamilie ist abgeschafft; es ist der Staat, der für die Einzelnen zur Familie wird und nicht mehr Gefahr läuft, durch das zerstörerische Privatinteresse ruiniert zu werden. Die Bürger_innen sind gleichsam zu einem Organismus verschmolzen: Der Staat ist zu einem großen Menschen geworden. Der Preis für diese kompakte staatliche Einheit ist die radikale Entindividualisierung der Wächterinnen und Wächter. Ehe und Familie als Orte der Privatheit sind aufgelöst. Eros, Liebe und Zärtlichkeit als exklusive Gatten-, Eltern- und Kindesliebe sind eliminiert, Sexualität ist auf ein reines Bedürfnis, Fortpflanzung auf eine gesellschaftliche Notwendigkeit reduziert. Die Sphäre des Eigenen umfasst nichts als den eigenen Körper.[11] Man wird schließlich Rousseau zustimmen müssen: Platon geht es bei der Behandlung der Geschlechterfrage im Rahmen der *Politeia* trotz seiner raffinierten Argumentation für die Gleichheit der Naturen von Männern und Frauen tatsächlich weniger um die Emanzipation der Frauen[12] als vielmehr um die Emanzipation des Staates von seinen weiblichen Anteilen. Nicht die Gleichberechtigung der Geschlechter ist Platons Anliegen, es ist ihm vielmehr um die Realisationsbedingungen des Idealstaats zu tun. Dafür muss der Ansatzpunkt für die partikularen, gegen das Allgemeine gerichteten Interessenlagen zerstört werden, und das bedeutet, alles das abzuschaffen, wofür die Frauen stehen: Begehren, Eros, Intimität, Exklusivität, Kinder, Besitz, kurz: Privatheit.

Die platonische *polis* stellt einen Gegenentwurf zur herrschenden Wirklichkeit dar, in dem sich gleichwohl noch seine lebensweltlichen Voraussetzungen widerspiegeln. Dementsprechend steht die Frau metonymisch für das Häuslich-Private, für das Partikulare im Gegensatz zum Männlich-Allgemeinen des Staates. Der Subtext der *Politeia* wiederholt die geschlechtskonnotierte Sphärentrennung von *oikos* und *polis*, von »weiblichem« Haus und »männlichem« Staat. Wiewohl Platon dafür argumentiert, dass es keine geschlechtsspezifischen Eignungsprofile für gesellschaftliche Tätigkeitsfelder gibt, sondern nur individuelle Unterschiede in den Begabungen und in diesem Sinne von einer *Gleichheit* der Naturen von Mann und Frau ausgegangen werden muss, realisiert sich die *Gleichstellung* der Geschlechter nur durch die Auflösung des Privaten. Wie auch immer man den »Geschlechterkommunismus« beurteilen mag, dieser radikale Gegenentwurf macht auf jeden Fall deutlich, dass die Frage der Geschlechterordnung zuinnerst verknüpft ist mit der Frage der sozialen Ordnung als ganzer.

1.2 Die Trennung nach Haus und Staat: Aristoteles

Aristoteles hat seinem Lehrer Platon wie in anderen Dingen so auch in der Frage der Geschlechterordnung widersprochen. Er bezweifelt *in concreto* die Zweckmäßigkeit der Eltern- und Kindergemeinschaft, aber viel grundsätzlicher noch stellt er die fundamentale Prämisse Platons infrage, dass nämlich maximale Einheit das Beste für den Staat sei.[13] Freilich besteht der platonische Staat aus vielen einzelnen Individuen, aber die Vielen sollen mit einer Stimme sprechen und sich im Gleichklang eines geteilten Gefühls wissen, es soll eine emotionale und rationale Harmonie unter ausnahmslos allen Bürger_innen herrschen. Für Aristoteles ist allerdings die reine Mitbürgerlichkeit als einzige Beziehungsform zu wenig, anders gesagt: Es sind gerade die kleinen sozialen Einheiten, die mikrologischen Sozialmilieus und die in ihnen gewachsenen Bindungen und Beziehungen, die das Fundament für die umfassendste Gemeinschaft, den Staat, bilden und den Zusammenhalt gewährleisten. Der Staat soll die Subeinheiten, denen er sich verdankt: wie Familie, Verwandtschaft, freundschaftliche Netzwerke, religiöse Gemeinschaften, und die

Biotope organisierter Geselligkeit gerade nicht absorbieren, sondern ihr Gedeihen befördern. Der Staat ist seinem Wesen nach eine Vielheitsordnung: »Es ist aber doch klar, daß ein Staat, der immer mehr eins wird, schließlich gar kein Staat mehr ist. Seiner Natur nach ist er eine Vielheit.«[14] Leitend ist für Aristoteles wie Platon trotz dieses Unterschied aber die politische Grundfrage: Wie wird aus vielen eines, d.h., wie wird aus vielen verschiedenen Individuen ein Staatskörper? Gegen Platon macht Aristoteles deutlich, dass die stärksten Bindungskräfte zwischen den Bürgerinnen und Bürgern gerade nicht generalisiert und gleichförmig auf alle ausgeweitet werden können. Zusammengehörigkeit wird primär durch Liebe, Freundschaft und Fürsorge gestiftet, und es scheint ein anthropologisches Faktum zu sein, dass es »zwei Dinge sind, die am meisten die Liebe und die Sorgfalt der Menschen auf sich ziehen, das Eigene und das Geliebte« (Politik 1262b20). Familie und Privateigentum stiften ursprüngliche Lebensbereiche von Bindung und Sorge. Bürgerschaftlichkeit wächst aus den vielzähligen sich überlappenden Milieus von Familien, Freundschaften und den verschiedenen Formen von Geselligkeit heraus. Nicht zuletzt bildet die Pflege von Freundschaften für Aristoteles einen integralen Bestandteil des guten Lebens. Denn Freundschaft ist, wie schon erwähnt, das höchste Gut für den Staat, d.h., der Staat existiert um willen der Freundschaft unter den Menschen, es ist aber auch die Freundschaft, die den Bestand des Staates garantiert. Aristoteles hält also an der etablierten und traditionellen Ordnung von Familie und Privatbesitz fest, und er trennt die Sphären von Haus und Staat. Den Aufbau und die Genese der Vielheitsordnung Staat aus den kleinsten sozialen Einheiten wie z.B. der von Mann und Frau legt Aristoteles im ersten Buch seiner Politik dar, wo er die Grundlagen seines politischen Denkens entfaltet.

Der Staat als die umfassendste der menschlichen Gemeinschaften ist zusammengesetzt aus kleineren Vereinigungen. Die zwei elementaren menschlichen Gemeinschaften sind die von Herr und Knecht sowie von Mann und Frau. Eine Gemeinschaft (*koinonia*) ist definiert als eine Vereinigung mehrerer Personen zu einem bestimmten Zweck, dementsprechend besteht die Gemeinschaft von Herr und Knecht um des individuellen Lebenserhalts willen, die von Mann und Frau um willen des Fortbestands der Gattung. Aus der Gemeinschaft von Mann und Frau resultiert noch eine dritte, nämlich die von Vater und Kind. Alle diese drei Gemeinschaften zusammen bilden das Haus (*oikos*, auch *oikia*).[15] Das Haus als ganzes ist ein Herrschaftsverband, worin jede einzelne Teilgemeinschaft ihrerseits ein Herrschaftsverhältnis darstellt. Denn, so Aristoteles: »In allem nämlich, was aus mehreren Teilen besteht und aus denselben zu einer gemeinsamen Einheit erwächst, sei es nun aus zusammenhängenden oder getrennten Teilen, tritt immer auch ein Regierendes und ein Regiertes hervor.« (Politik 1254a30) Dem Haus als ganzem steht der Hausvorstand (*oikodespotes*) vor. In ihm sind gleichsam in Personalunion die drei schon genannten Herrschaftsfunktionen verkörpert: Er herrscht als Herr, Mann und Vater über Sklave, Frau und Kind. In dieser Differenzierung nach Begriffen ist angezeigt, dass es sich um drei wesenhaft verschiedene Herrschaftsformen handelt, denn für Aristoteles unterscheidet sich Herrschaft ihrer Qualität nach je nachdem, über wen sie ausgeübt wird. Welches sind nun die Unterschiede zwischen den Regierten? Zunächst einmal ist jedoch festzuhalten, dass sie sich darin gleich sind, von Natur aus ungleich zu sein mit Bezug auf den Hausvorstand, anders wäre seine Herrschaft grundsätzlich nicht gerechtfertigt. Ungleich ist das Kind dem Alter nach, die Frau dem Geschlecht nach, beide sind jedoch Freie und Teil der Familie, der Sklave hingegen ist ungleich und unfrei und Teil des

Besitzes des Herrn.[16] Die Herrschaft über Freie wird zum Wohl der Regierten ausgeübt und ist im Falle des Kindes eine monarchische, im Fall der Frau eine politische bzw. aristokratische. Die Herrschaft des Herrn über den Slaven als Unfreien orientiert sich allein am Interesse des Herrschenden und wird von Aristoteles als despotisch gekennzeichnet. Damit sind bislang allerdings nur begriffliche Differenzierungen gewonnen und Behauptungen aufgestellt, die mehr oder weniger willkürlich gesetzt erscheinen. Freilich orientiert sich Aristoteles bei der Bestimmung der menschlichen Gemeinschaften an lebensweltlichen Vorgaben – er entwirft keinen kontrafaktischen Idealstaat –, aber allein eine Kategorisierung des Vorfindlichen kann dem Anspruch einer politischen Philosophie nicht genügen. Diese muss vielmehr die herrschaftsförmige Organisation des Hauses begründen können. Es wird also darum gehen, die Legitimität der häuslichen Regimentsformen in ihrer jeweiligen Spezifizität auszuweisen. Was ist es, das den *oikodespotes* berechtigt, in dreifach differenzierter Weise einen Leitungsanspruch für sich reklamieren zu können? Grundsätzlich gilt, dass das Bessere das Geringere regiert, wofür Aristoteles als das prominente Beispiel das Regiment der Seele über den Körper anführt: »das lebendige Wesen aber besteht zunächst aus Seele (*psyche*) und Leib (*soma*), von denen jene von Natur das Regierende an ihm und dieser das Regierte ist« (ebd. 1254a35). Wenn man nun von den lebendigen Wesen den Menschen in Betracht zieht, dann findet man hier eine zweifache Art des Regierens: »nämlich die Tätigkeit des Herrn (*despotikê*) und die Tätigkeit des Staatsmanns (*politikê*)« (ebd. 1254b5). Hier nun kehren die Bestimmungen wieder, die oben bereits die Herrschaftsverhältnisse *zwischen* den Individuen bezeichnet hatten, diesmal aber als Beziehungsverhältnisse im einzelnen Individuum:

»Denn die Seele regiert den Körper in der Weise des Herrn und die Vernunft (*nous*) das Streben (*orexis*) in der Weise eines Staatsmanns und Königs, wobei es sich dann zeigt, daß es für den Leib naturgemäß und zu seinem eigenen Nutzen ist, von der Seele regiert zu werden; ebenso für den affektiven Teil (*pathetikon*) der Seele, von der Vernunft und dem vernünftigen Seelenteil regiert zu werden; Gleichberechtigung oder gar das umgekehrte Verhältnis wäre für alle Teile schädlich.« (Ebd. 1254b5)

Das Bessere regiert das Mindere zum Nutzen des Ganzen. Aristoteles verdeutlicht die häuslichen Teilregimenter vermittels einer Analogie mit der Seele: Die Seele herrscht despotisch über den Körper wie der Herr über den Sklaven, die Vernunft herrscht über die Affekte und das Begehren wie der Mann über die Frau und der Vater über das Kind, nämlich einmal staatsmännisch und einmal königlich. Diese Analogie liefert allerdings nur eine Veranschaulichung der häuslichen Verhältnisse: Es verhält sich im *oikos* strukturell genauso wie im »Seelenhaushalt« des Individuums. Eine zureichende Begründung für die Hausherrschaft gibt diese Analogie allerdings noch nicht ab. Warum und in welcher Hinsicht stellt nun der Hausherr das jeweils Bessere im Vergleich zu den übrigen Hausmitgliedern dar? Für die Beantwortung wird in einem weiteren Begründungsgang wiederum auf die Verfassung der Seele Bezug genommen. Nun allerdings dient diese nicht nur als ein sinnbildliches Pendant zum *oikos*, sondern liefert selbst die Basis für die Beurteilung der Über- oder Unterlegenheit eines Individuums. Die seelische Verfassung von Sklave, Kind und Frau erweist sich nämlich als defizitär, weil sie einen Mangel an Rationalität aufweist, allerdings in jeweils unterschiedlicher Weise. Allen Herrschaftsunterworfenen im Haus mangelt es am Vermögen, gut zu überlegen (*bouleutikon*). Der Sklave hat diese Fähigkeit gar nicht, das Kind hat sie noch nicht, und die Frau hat sie in nicht ausreichend dominanter Weise.

Das *bouleutikon* ermöglicht dem Menschen eine vernunftgemäße Lebensführung, das Setzen von vernünftigen Zwecken und die überlegte Wahl der Mittel. Aristoteles behauptet also: Es gibt von Natur aus Menschen, die durch ihre seelische Ausstattung zu einer selbstbestimmten vernünftigen Lebensführung in der Lage sind, und das sind bestimmte, näherhin griechische Männer, und es gibt Individuen, die aufgrund eines Mangels in der Vernunft nicht selbstregierungsfähig und zu keiner autonomen Lebensführung fähig sind, das sind Sklaven, Kinder und Frauen. Ihnen muss deshalb eine äußere Leitung, gewissermaßen ein Vormund, an die Seite gestellt werden. Für den männlichen Nachwuchs gilt dies nur vorübergehend, für Sklaven und Frauen hingegen dauerhaft.

Der Bestimmung und Rechtfertigung der Sklaverei widmet Aristoteles mehrere Abschnitte der *Politik*, auf die hier nicht weiter eingegangen wird.[17] Die These von der Minderwertigkeit der Frau in Hinsicht ihres Rationalitätsvermögens ist bei Aristoteles hingegen nur an ein einziges Wort geknüpft, aber über Jahrtausende festgeschrieben worden. Deshalb lohnt es sich genau hinzusehen, wie die eheliche Herrschaft des Mannes über die Frau begründet wird. Entscheidend ist: Die Frau ist nicht von sklavischer und nicht von kindhafter Natur. Sie verfügt nämlich über den für eine selbstbestimmte Lebensführung erforderlichen rationalen Seelenteil, das planende und zwecksetzende Vermögen, aber in einer nicht »herrschaftsförmigen Weise« (*akyron*; *kyrios* = Herr), will sagen, dem Vermögen fehlt es an der erforderlichen Entschiedenheit und Durchsetzungskraft. Der rationale Seelenteil übernimmt also im Seelenhaushalt der Frau nicht zuverlässig die Regentschaft über den irrationalen Teil, über die Strebungen der Affekte, Gefühle und Leidenschaften.[18] Die Argumentation steht und fällt mit dem Attribut *akyron*; auch in den anderen Schriften zur praktischen Philosophie von Aristoteles lässt sich hierzu nichts Ausführlicheres finden. Allerdings – das sei nur nebenbei bemerkt – scheint sich Aristoteles mit dieser These von einem rationalen Seelenteil ohne jede Autorität in einen gewissen Widerspruch zu verwickeln. Denn wenn gemäß der Natur das Bessere über das Mindere regiert und dementsprechend der rationale Seelenteil naturgemäß über den irrationalen herrscht, dann ist ein rationales Seelenvermögen, das zwar ausgebildet ist, aber keine Kontrolle über das irrationale auszuüben vermag, letztlich etwas Widernatürliches.[19] Das muss hier dahingestellt bleiben, um noch einmal die Argumentation und Intention von Aristoteles zu rekapitulieren: In der *Politik* begründet er die Behauptung, dass bestimmte menschliche Wesen von Natur aus dazu bestimmt sind, über andere zu herrschen, mit der jeweils verschiedenartigen Konstitution der Seele. Aristoteles leitet die hierarchischen Verhältnisse zwischen Personen aus den innerseelischen Dominanzverhältnissen ab, die bei Mann und Frau verschieden sind, insofern Frauen zwar rational sind, es ihrer Vernunft aber, wie schon gezeigt, an Durchsetzungskraft mangelt.

Es stellt sich nun freilich das Problem, wie man die jeweilige Konstitution der Seele überhaupt erkennen will, denn die Seelenverfassung liegt nicht offen zutage. Aristoteles muss selbst zugeben, »dass es nicht ebenso leicht ist die Schönheit der Seele wahrzunehmen wie die des Leibes« (Politik 1255a2). Deshalb muss man sich im Fall der unsichtbaren Dinge, wie er an anderer Stelle sagt, an die Evidenz der sichtbaren halten: »man muss vom Sichtbaren auf das Unsichtbare schließen.«[20] Was nun aber durchgehend offenbar ist: dass *de facto* Männer über Frauen herrschen. Es ließe sich also sagen: Die Tatsache, dass Frauen durchgehend Männern untergeordnet sind, lässt darauf schließen, dass ihr *bouleutikon* ohne Durchsetzungskraft ist. Oder aber wir behaupten schlichtweg: Das deliberative Vermögen von Frauen ist so schwach, dass es der Führung durch Männer bedarf.[21] Diese beiden Lesarten, die auf der Grundlage des Textes möglich sind, können letztlich nicht überzeugen. Die erste bildet einen Zirkelschluss, die zweite ist eine pure Setzung. Es sieht ganz so aus, als hinge Aristoteles' These von der Minderwertigkeit der Frau begründungsmäßig in der Luft; sie bleibt eine schlichte Behauptung. Ein möglicher, aber nur scheinbarer Ausweg sei noch erwähnt: der Rückgriff auf Aristoteles' Naturphilosophie, näherhin auf seine Zeugungslehre. Hier wird die Suprematie des Männlichen über das Weibliche in der lebendigen Natur gezeigt. In der Zeugung liefert das männliche Prinzip das Formprinzip, das weibliche Prinzip steuert die Materie bei, das Formgebende ist aber vornehmer als die ungestaltete Materie. Auch ist das Männliche grundsätzlich heiß und trocken und das Weibliche feucht und kalt, und auch diese konträren Gegensätze sind hierarchisch konnotiert.[22] Dieser Weg soll nicht weiter vertieft werden, denn er bietet keinen Ausweg aus den oben skizzierten Schwierigkeiten. Aristoteles selbst baut nämlich keine Brücke zwischen den Annahmen der Naturphilosophie und denen der praktisch-politischen Philosophie. Das eine betrifft die Verhältnisse in der lebendigen Natur, das andere entfaltet die Grundlagen des sozialen und politischen Zusammenlebens der Menschen. Aristoteles ist aber kein Soziobiologe, kein Naturalist in dem Sinne, dass er gesellschaftliche Verhältnisse auf biologische Tatsachen stützen würde.

Das entscheidende Wort *akyron* hat gravierende Folgen. Die Frau ist, wie auch die übrigen dem Haushalt angehörenden Personen, aus der *polis*, der öffentlich-politischen Sphäre ausgeschlossen. Der Staat ist die umfassendste und die vollkommene Gemeinschaft, die das gute, gelingende Leben der Bürger gewährleistet: Der Staat besteht »um des vollendeten Lebens willen« (ebd. 1252b29). Das vollumfänglich gelungene Leben ist gerade dadurch gekennzeichnet, dass es ein politisch aktives ist. Demgegenüber ist der *oikos* als Bezirk des nur materiellen individuellen und generativen Lebenserhalts herabgestuft auf das bloße Leben. Auch die *polis* ist ein Herrschaftsverband. Sie ist die Gemeinschaft der Freien und Gleichen, zu denen in erster Linie die Hausvorstände zu zählen sind. Der Status des Vollbürgers ist an verschiedene Bedingungen geknüpft und umfasst auch in der aristotelischen *polis* nur einen kleinen Prozentsatz von Männern.[23] Aristoteles' Republik (*politie*) ist eine partikulare Gemeinschaft der Freien und Gleichen und nicht schon – wie im modernen Sinne – ein Verband von Freien und Gleichen im universellen Sinn. Wie aber gestaltet sich hier Herrschaft? Die Antwort lautet: staatsmännisch oder auch politisch (*politike*), was bedeutet, dass die Vollbürger abwechselnd Regierende und Regierte sind; die Herrschaft in der *politie* wechselt nach einer Art Rotations- oder Reihenprinzip.[24] Diese Dinge entfaltet Aristoteles im dritten Buch der *Politik* für den männlich-homosozialen Raum des Politischen. Frauen, sofern sie keine Sklavinnen sind, zählen zwar zu den Freien, aber nicht zu den Gleichen und haben deshalb am aktiven Bürgerstatus, an der beratenden und richtenden Staatsgewalt bzw. am Regieren keinen Anteil. Da aber ein im aristotelischen Sinne umfassend gutes Leben an die aktive Teilhabe in diesen öffentlichen Praxisfeldern gebunden ist, haben Frauen wesensbedingt auch keinen Anteil an der höchsten Form des menschlichen Lebens; sie bleiben restringiert auf den häuslichen Umkreis und gebunden an die Sphäre des bloßen Lebens.

Aristoteles gilt als *die* philosophiehistorische Referenz, wenn es um die Subordination von Frauen und um ihren Ausschluss aus der politischen Sphäre geht. In den folgenden Kapiteln werden die Bestimmungen aus dem ersten Buch der aristotelischen *Politik* beharrlich wiederkehren. Nun hat Aristoteles freilich diesen Ausschluss der Frauen nicht herbeigeschrieben; die *Politik* ist vielmehr das Werk eines Philosophen, der das Vernünftige im Bestehenden aufsucht, d.h., sie reflektiert auf philosophische Weise die tatsächliche Stellung der Frau in der antiken Gesellschaft. Der Gefahr, dabei Faktisches philosophisch zur Norm zu veredeln, ist Aristoteles nicht immer entgangen. Es gibt aber neben diesen – vor allem in der feministischen Philosophie – sattsam bekannten Sachverhalten noch einen anderen Gedankengang zum Geschlechterverhältnis bei Aristoteles, der nur wenig oder keine Beachtung gefunden hat.[25] An zwei Stellen in der *Politik* (1259a35 und 1254b5) qualifiziert Aristoteles die eheliche Herrschaft als eine politische, staatsmännische. Aber er kommt auch in der *Nikomachischen Ethik*, im Kontext der Freundschaftsthematik, auf die Hausregimenter zu sprechen, und hier werden gleichfalls Hausverhältnisse und Verfassungsformen aufeinander bezogen: Die Vaterherrschaft hat die Form der Monarchie, die Dienstherrschaft die des Despotismus, und die Eheherrschaft gestaltet sich als Aristokratie. Das allerdings lässt stutzen: Herrscht der Mann nun auf eine politische, also staatsmännische, oder auf eine aristokratische Weise über die Frau? Hier geht es immerhin um definitorische Unterschiede. Diese Unklarheit spiegelt eine gewisse systematische Verlegenheit, denn herrschte der Mann tatsächlich in politischer, staatsmännischer Weise über die Frau, so müssten die Ehepartner in der Hausherrschaft abwechseln und die Frau wäre als temporärer Hausvorstand gleichfalls qualifiziert für die Teilhabe in der politischen Sphäre. Der Mann herrscht aber beständig über die rational minderwertigere Frau, die Kennzeichnung als aristokratisch im Sinne der Herrschaft des Besseren erscheint also tatsächlich angemessener. Die *Nikomachische Ethik* ist bei der Beschreibung des ehelichen Verhältnisses als einer Freundschaft zwischen Mann und Frau zudem konkreter als die *Politik*. Dabei zeichnet sich ab: Jede_r von ihnen hat seinen/ihren eigenen häuslichen

Zuständigkeitsbereich. Die Frau bestimmt autonom über Dinge, die ihrem spezifischen Tugendprofil entsprechen und die ihr streitig zu machen ungerecht wäre.

»Das Verhältnis des Mannes zur Frau hat die Merkmale einer Aristokratie. Denn hier herrscht der Mann gemäß dem (ihm eigentümlichen) Rang, und er herrscht in den Dingen, für die er zuständig ist; was aber in den Bereich der Frau gehört, das überlässt er ihr. Wenn aber der Mann im ganzen Hauswesen Herr sein will, so macht er (aus der Aristokratie) eine Oligarchie, denn sein Tun ist eine Verletzung des richtigen Rangverhältnisses, und er herrscht nicht kraft seines (natürlichen) Vorranges.«[26]

Frau und Mann sind zwar aufgrund ihrer Wesensnaturen Ungleiche, aber die Frau ist nicht in jeglicher Hinsicht dem männlichen Regiment unterworfen.[27] Der Mann vertritt das Haus als ganzes nach außen, im ehelichen Zusammenleben und in internen Belangen verfügt jedoch die Ehefrau über eine Teilautonomie. Diese Besonderheit der ehelichen Herrschaft wird auch durch eine Stelle am Beginn des ersten Buchs der *Politik* herausgestellt. Aristoteles leitet hier die Überlegenheit der Griechen über die sogenannten Barbaren daraus ab, dass bei diesen die Stellung von Frau und Sklave identisch ist. Mit diesen stark verknappten Zeilen scheint er sagen zu wollen: Die Barbaren haben es nicht bis zum Gedanken und zur Realität der *politie*, zur Republik, gebracht, weil sie auch innerhalb des Hauses nichts anderes als sklavische Verhältnisse kennen.[28] Wer aber die eheliche Gemeinschaft nicht als ein Zusammenleben von tendenziell Ebenbürtigen zu gestalten weiß, der ist auch nicht fähig zum politischen Reihendienst der freien Bürger. Bei den Griechen hingegen existiert im ehelichen Verhältnis von Mann und Frau gewissermaßen – wenn man Haus und Staat in einen genetischen Zusammenhang stellt, wie dies Aristoteles auch tut – eine Vorform der republikanischen Verfassungsform. Diese annähernde Gleichstellung der Geschlechter innerhalb des Hauses reicht allerdings nicht über dieses hinaus. Der Grieche als *oikodespotes* gewinnt im freien und angemessenen Umgang mit seiner Gattin einen Vorbegriff der republikanischen Lebensform, die die Hausvorstände ausschließlich untereinander realisieren. Ohne den Realitätsgehalt der Aussage über die »Barbaren« hier weiter prüfen zu können, erinnert Aristoteles' Feststellung von ferne an den berühmten Satz des utopischen Sozialisten Charles Fourier, der von Friedrich Engels zitiert wird und besagt, dass die Stellung der Frau in einer Gesellschaft ein Indikator für die gesamtgesellschaftlichen Verhältnisse sei. Fourier, so Engels, »spricht es zuerst aus, dass in einer gegebenen Gesellschaft der Grad der weiblichen Emanzipation das natürliche Maß der allgemeinen Emanzipation ist«[29].

Die Relevanz der aristotelischen Lehre für die Tradition der Geschlechtertheorien kann gar nicht als bedeutsam genug eingeschätzt werden. Der *oikos*, das Haus, ist eine in ihrem Kern sich identisch durchhaltende Institution der alteuropäischen Sozialordnung, und in der korrespondierenden Sozialtheorie, der praktischen Philosophie, bleiben die Bestimmungen des Hausbegriffs in ihrer Substanz, d.h. vor allem das Lehrstück der drei natürlichen Gemeinschaften, von Aristoteles bis Kant unverändert.[30] Freilich sind trotz oder gerade wegen dieser Kontinuität die beständigen Neujustierungen der Theorien des Hauses und die Transformation zum Konzept der bürgerlichen Kleinfamilie im Anschluss daran von besonderem Interesse und in verstärkter Weise die Modifikationen im Verhältnis von Mann und Frau. Was die Relation der Geschlechter angeht, so sind bei Aristoteles alle maßgeblichen Parameter formuliert, die – im Detail mehr oder minder variiert – eine philosophische Tradition ausbilden und das alltägliche Geschlechtsrollenverständnis noch bis in die jüngste Gegenwart prägen werden. Die Frau ist kein vollständig rationales Lebewesen, ihre Vernunftseele weist ein Defizit auf. Solchermaßen ist ihr Sein durch einen Mangel bestimmt, der ihr die Teilhabe an den höchsten Realisationsmöglichkeiten des menschlichen Wesens verwehrt und ihre Unterordnung unter das Regiment des Mannes rechtfertigt. Da die vernünftige Selbstregierungsfähigkeit von Frauen vermindert ist, werden sie zu ihrem Besten von den Männern regiert. Frauen sind »sexus sequior«[31], das zurückstehende, das zweite Geschlecht. Das impliziert zweierlei. Zum Ersten: Frauen und Männer sind nicht radikal verschieden, sondern Frauen sind mindere Männer. Durch die Verknüpfung des rationalen Seelenteils mit dem Mann und des irrationalen mit der Frau – vereinfacht gesagt, denn im Detail verhält es sich etwas komplizierter – zeigt Aristoteles, dass die Beherrschung der »Anderen« im eigenen männlichen Selbst internalisiert ist. Die »Andere«, die regiert wird, ist auch das »Andere« im Mann selbst. Der Mann muss fähig sein, das »Weibliche« in sich selbst zu beherrschen, um über die Frau außerhalb seiner selbst Kontrolle ausüben zu können. »Männlich« und »weiblich« bezeichnen eine psychisch-kognitive Dichotomie, die für die gesamte abendländische Tradition nicht nur des Geschlechterverhältnisses, sondern auch des Verständnisses von Herrschaft bestimmend sein wird: Das männliche, herrschende Element ist rational, vorausschauend planend, der vernünftigen Zwecksetzung und Erwägung der Mittel mächtig, das weibliche bzw. das beherrschte Element ist tendenziell irrational, zur vernünftigen Planung und zur autonomen Lebensführung nur bedingt in der Lage und von daher letztlich leitungsbedürftig.[32] Dass Frauen gemessen an Männern als mangelhaft zu betrachten sind, bedeutet zudem, dass ihr Anders-Sein eine Unzulänglichkeit darstellt. Auch in der Neuzeit werden Frauen und Männer als unterschiedlich angesehen, aber diese Differenz muss nicht unbedingt ein Defizit auf Seiten der Frau bedeuten; das Geschlechterverhältnis wird vielmehr als Komplementarität verstanden. Diese wechselseitige Ergänzung der Geschlechter kann sogar in emphatischer Weise als die Höchstform des Menschlichen verstanden werden. Das heterosexuelle Paar, nicht der griechische Vollbürger, stellt dann die Verkörperung menschlicher Vollkommenheit dar.

Schließlich sei noch ein letzter Punkt erwähnt: In der vorliegenden Darstellung ist die aristotelische Naturphilosophie nur gestreift worden, weil Aristoteles selbst die philosophischen Disziplinen getrennt hält und sich für die Begründungen in der praktischen Philosophie keine Argumente aus der Naturphilosophie borgt. Neben den Bestimmungen aus der *Politik* ist aber in der nachfolgenden Zeit vor allem in der mittelalterlichen Philosophie und dort insbesondere durch Thomas von Aquin sowie im Kontext des humanistischen Geschlechterstreits die Definition der Frau als »mas occasionatus«[33] aus der aristotelischen Zeugungslehre leitend geworden. Das wird im nächsten Kapitel ausführlicher dargestellt. Hier nur so viel: Die biologische Definition »femina est mas occasionatus« – »die Frau ist ein missglückter Mann« – schreibt das nachrangige Verhältnis, das schon die praktische Philosophie herausgestellt hat, auf der Ebene der Naturphilosophie fest. Die Thesen der praktischen und der Naturphilosophie sind also strukturell identisch: Die Frau ist gemessen am Mann ein Mängelwesen.

2. Schöpfungsordnung, Erbsünde und Enthaltsamkeit

Augustinus und Thomas von Aquin sind die herausragenden Vertreter der mittelalterlichen – der frühmittelalterlichen und der spätmittelalterlichen scholastischen – Philosophie und sie stehen in der Nachfolge der im letzten Kapitel behandelten antiken Philosophen.* Augustinus begründet die christliche Denktradition, die sich auf den Platonismus stützt und deren Vorherrschaft schließlich durch die Aristoteles-Renaissance im 12. Jahrhundert abgelöst wurde. Thomas von Aquin leistet seinerseits in seinem umfassenden Werk die große Synthese von Philosophie und Offenbarung, indem er die christlichen Glaubensinhalte in aristotelische Formen gießt. Als offizielle Kirchenlehrer der katholischen Kirche haben Augustinus und Thomas von Aquin entscheidend zur Ausbildung des christlichen Selbstverständnisses beigetragen und weitreichenden Einfluss in der europäischen Geistesgeschichte entfaltet. Dies gilt entsprechend für ihre Auffassungen zum Geschlechterverhältnis und zur Ehe. Die von den philosophischen Glaubensautoritäten formulierten Thesen und Argumente zu Themenkomplexen wie Stellung der Frau, Sündhaftigkeit und Sexualität, Ehezielen und Eheherrschaft zeigen ihre nachhaltige Prägungsmacht auch daran, dass sie in den späteren philosophischen Systemen in säkularisierter und modernisierter Form beständig wieder auftauchen; so z.B. die Definition der Frau als Gefährtin und Gehilfin des Mannes, also die Bestimmung ihrer Existenz um willen des Mannes, und die These ihrer geistigen Impotenz in theoretischer wie praktischer Hinsicht, woraus nicht zuletzt ihre dauerhafte Herrschaftsbedürftigkeit resultiert. Gerade angesichts der Beharrlichkeit und der langen historischen Reichweite der traditionellen Geschlechtskonzeptionen ist es lohnend und aufschlussreich, sich die christlichen Sedimente des abendländischen Geschlechterdiskurses zu vergegenwärtigen.

Platon und Aristoteles diskutieren das Geschlechterverhältnis vornehmlich im Rahmen der politischen Philosophie. Augustinus und Thomas stellen es als Theologen dagegen in den Zusammenhang von Schöpfungsordnung, Sündenfall und Heilsordnung und liefern nicht zuletzt Leitlinien für eine gottgefällige Ordnung von Sexualität und Eheleben. In der christlichen Lehre wird die Sexualität zu einem besonderen Problem, da sie in einer unmittelbaren Verbindung zur Sündhaftigkeit steht. Diese Problematisierung des Geschlechtslebens geht einher mit einer negativen Bewertung des weiblichen Körpers, der nach Augustinus und Thomas in erster Linie durch die Fortpflanzungsfunktion bestimmt ist.

2.1 Die Frau als *homo* und *femina*: Augustinus

Augustinus' Überlegungen und Argumente zur Geschlechterordnung erstrecken sich auf vier Themenfelder: 1. die Schöpfungsordnung, 2. die Bestrafung der Sünden, 3. die Heilsordnung, 4. den Status der Frau als Ehefrau, Witwe und Jungfrau.[34] Bei der Behandlung dieser Problemzusammenhänge will Augustinus auch durchgängig zeigen, dass sich das jüdisch-christliche Gedankengut der Bibel mit dem vorchristlichen, philosophischen Denken, insbesondere mit dem Platonismus, vereinbaren lässt.

Für die christliche Auffassung des Geschlechterverhältnisses bilden die zwei biblischen Textstellen zur Erschaffung des Menschen im Buch *Genesis* (Gen 1,27 und 2,7-22) die Grundlage. Augustinus setzt sich in zahlreichen Werken mit der Schöpfungsgeschichte auseinander; eine ausführliche Interpretation liefert die Schrift *Über die Genesis dem Wortlaut nach* (*De Genesi ad litteram*).[35] Hier betont er die Einheit der zwei widersprüchlichen Erzählungen und erklärt ihre Gegensätzlichkeiten damit, dass mit diesen zwei Aspekte der Schöpfung verdeutlicht werden: Während der erste Text (Gen 1,27) darstellt, wie Gott aus dem Nichts (*ex nihilo*) und außerhalb der Zeit in einer Simultanschöpfung – also auf einen Schlag – die *rationes causales* (die begründeten Ideen bzw. Vernunftkonzepte) erschafft, womit zugleich der Beginn der Zeit eingeläutet wird, stellt die zweite Schöpfungserzählung (Gen 2,7-22) die Verwirklichung und Entwicklung dieser zunächst bloß potenziellen Vernunftkonzepte in der Zeit dar. Für die Erschaffung des Menschen bedeutet das, dass nach Gen 1,27 der Mensch als Mann und Frau in einem einzigen zeitlichen Akt geschaffen wird, gleichsam als eine Idee, die ihre Verwirklichungsmöglichkeiten in sich trägt – dies ist die sogenannte *informatio*. Gen 2 beschreibt dann die zweite Schöpfungsphase, in der sich aus diesen *rationes causales* Adam und Eva als wirkliche, raum-zeitliche Menschen entwickeln, die als solche auch einen Körper haben – und dies stellt die sogenannte *confirmatio* dar (vgl. Gn. litt. 6,7 u. 6,8). Hier ist die Erschaffung von Adam und Eva nun nicht mehr simultan, sondern sukzessiv: Erst erschafft Gott Adam, dann aus dessen Rippe Eva. Diese zwei Phasen sind nach Augustinus bedeutsam für das Verhältnis der Geschlechter zueinander. Die ursprüngliche Gleichzeitigkeit der Schöpfung von Adam und Eva nach Gen 1 zeigt, dass das jeweilige Verhältnis von Mann und Frau als Geschöpfe *zu Gott* gleichartig und gleichwertig ist. Die zeitliche Differenz nach Gen 2 macht dagegen deutlich, dass ihr soziales Verhältnis *zueinander* als Mann und Frau keineswegs allein auf Gleichheit beruht, sondern auf der Nachordnung der Frau. Die Bestimmung der Rolle der Frau changiert also zwischen Gleichheit und Unterordnung.[36]

Die zeitliche Differenz zwischen der Schöpfung des Mannes und der Erschaffung der Frau nach Gen 2 führt Augustinus zu der Frage, warum es überhaupt der Schaffung einer *Frau* und damit eines weiblichen Körpers bedurfte. Laut der zweiten Schöpfungsgeschichte schafft Gott die Frau, damit sie dem ersten Menschen, Adam, eine Hilfe ist (Gen 2,18), und zwar Hilfe in einer ganz bestimmten Hinsicht: nämlich zum Zweck der Fortpflanzung. Bereits in der ersten Schöpfungsgeschichte in Gen 1, 28 heißt es: »Seid fruchtbar und mehret Euch!« Somit hat es auch vor dem Sündenfall sexuelle Vereinigung und Fortpflanzung gegeben – allerdings ohne sexuelle Lust, ohne Geburtsschmerzen und ohne Sterblichkeit der Menschen. Aber auch nach dem Sündenfall mitsamt den Strafen Gottes bleibt die Reproduktion Zweck der Schöpfung und Ziel der Vereinigung von Mann und Frau. Ebenso wie bereits im Paradies fungiert die Frau hierbei als passive Materie, die den Samen des Mannes aufnimmt so wie die Erde die Keime der Pflanzen. Doch darüber hinaus bietet sie dem Mann auch die Möglichkeit, dass er sich aufgrund ihrer beider Ähnlichkeit in ihr auch zu erkennen vermag, sich gewissermaßen in ihr spiegelt – er begegnet hier ursprünglich einer Ähnlichkeit, die er mit den Tieren nicht teilt. Doch die Notwendigkeit zur Erschaffung der Frau liegt allein in ihrer Reproduktionsfähigkeit, genau darin besteht ihre spezifische »Hilfe« für den Mann bzw. den Menschen im Sinne des männlichen Menschengeschlechts als ganzem. Ginge es um Hilfe bei der Arbeit, wäre ein Mann als Gefährte – wie Augustinus lapidar feststellt – nützlicher gewesen, der gleichfalls als später Geschaffener dem früher Geschaffenen hätte dienen können (vgl. Gn. litt. 9,5). Die Frau ist aber nicht nur *für den* Mann, sondern auch *aus dem* Mann, nämlich aus seiner Rippe, geschaffen worden. Das hebt die enge Verbindung und Einheit von Mann und Frau hervor, die ja auch als Eheleute wieder »ein Fleisch« werden sollen, und es versinnbildlicht darüber hinaus, dass alle Menschen letztlich von Adam allein abstammen und nicht von Adam und Eva als erstem Menschenpaar. Als ursprüngliche Schöpfung Gottes ist Eva ebenso Mensch wie Adam, es ist erst ihr zeitlich nach Adam geschaffener Körper, der sie im eigentlichen Sinne zur Frau (*femina*) macht. Augustinus betont, dass Eva nur körperlich aus Adam hervorgeht, dass ihre Seele aber eigens von Gott geschaffen ist. Sie ist – wie Adam sagt – »Fleisch von seinem Fleische«, nicht »Seele von seiner Seele«, und dies ist entscheidend für die Würdigung der Frau als gottebenbildlich. Denn Augustinus vertritt eine hierarchische Dualität von Seele und Körper, und der Mensch ist hinsichtlich seiner rationalen, immateriellen und unsterblichen Seele, die Mann und Frau gleichermaßen zukommt, Abbild Gottes (*imago dei*) (vgl. ebd. 3,20). Gerade die Geistseele macht den »inneren Menschen« (*homo interior*) und seine Gottesebenbildlichkeit aus, der sterbliche, materielle Körper und damit auch die eigentliche Differenz der Geschlechter bilden dagegen den »äußeren Menschen«, den *homo exterior*.[37] Dass allerdings Körper und Seele als zwei an sich getrennte Substanzen zusammenstimmen und wirken können, ist nach Augustinus ein Wunder, das nicht gänzlich ergründet werden kann.[38]

Nun müsste freilich der Frau, insofern sie auch eine allgemeinmenschliche, immaterielle Seele besitzt wie der Mann, ebenso Gottebenbildlichkeit eignen wie dem Mann. Das Problem für Augustinus besteht aber darin, dass dies im Widerspruch zur biblischen Autorität des Apostels Paulus steht, denn dieser spricht im *Brief an die Korinther* der Frau die Gottebenbildlichkeit ab und knüpft daran die Forderung ihrer Verhüllung:

»7 Der Mann darf sein Haupt nicht verhüllen, weil er Abbild und Abglanz Gottes ist; die Frau aber ist der Abglanz des Mannes. 8 Denn der Mann stammt nicht von der Frau, sondern die Frau vom Mann. 9 Der Mann wurde auch nicht für die Frau geschaffen, sondern die Frau für den Mann. 10 Deswegen soll die Frau mit Rücksicht auf die Engel das Zeichen ihrer Vollmacht auf dem Kopf tragen.« (1 Kor 11,7-10)[39]

Augustinus gelingt das Kunststück, durch eine allegorische bzw. analogische Deutung an der Gottesebenbildlichkeit der Frau festzuhalten, ohne dieser viel zitierten Passage zu widersprechen. Demnach ist die Frau gottebenbildlich, weil sie als Mensch (*homo*) die gleiche vernünftige Seele (*mens rationalis*) besitzt wie der Mann. Augustinus geht auch von einer Dualität der Seele selbst aus, die aus einem gleichsam »männlichen« und einem »weiblichen« Seelenteil zusammengesetzt ist. Der »männliche«, wertvollere und Gott ähnlichere Seelenteil zielt auf die Erkenntnis der ewigen Wahrheiten, den Bereich der *sapientia*, während der »weibliche«, weniger wertvolle Seelenteil auf die zeitlichen Dinge gerichtet ist, den Bereich der *scientia* (vgl. Gn. litt. 3,22, 34). Auch in der Seele soll der »männliche« Seelenteil sich den »weiblichen« Seelenteil unterordnen und ihn leiten. Offenkundig ist, dass die Seelenteile in Analogie zur sozialen Rolle von Mann und Frau »männlich« und weiblich« genannt werden. Da ferner die Frau als Frau (*femina*) in der Realität dem Mann untergeordnet ist, weil sie bzw. ihr Körper allein um der Fortpflanzung willen geschaffen wurde, ist ihr Körper auch weniger würdig, die Gottebenbildlichkeit, die ihr freilich als Mensch (*homo*) zukommt, zu spiegeln. Vielmehr repräsentiert ihr weiblicher, als der von der Fortpflanzungs- und Hilfsfunktion dominierte Körper den niederen, »weiblichen«, auf die zeitlichen Dinge gerichteten Seelenteil und soll folglich verhüllt werden, um damit in einer symbolischen Weise zum Ausdruck zu bringen, dass beim

Menschen allgemein der »männliche« Seelenteil eine Vorrangstellung genießt.

Der Frau kommt somit der Status der Gottesebenbildlichkeit zwar als Mensch (*homo*), nicht aber als Frau (*femina*) zu, während für den Mann Menschsein und Mannsein nicht auseinanderfallen.[40] Dieser Gedanke spiegelt sich in vielen europäischen Sprachen wieder, wo das Wort für den Menschen wie *l'homme*, *uomo*, *man* der Bezeichnung für den Mann entspricht. Darüber hinaus zirkelt der ganze Gedankengang einen grundlegenden Topos patriarchaler Geschlechtertheorien ab: Während die Frau wesentlich durch ihre Körperlichkeit, Sexualität und Fortpflanzung bestimmt wird, gilt dies für den Mann nicht. Das bedeutet im Gegenzug auch, dass im augustinischen Denken die Frau gewissermaßen erst geschlechtslos werden muss, um Gottes Gnade zu erlangen.[41] Die soziale Unterordnung der Frau unter den Mann trotz der Ebenbürtigkeit der Geschlechter im Verhältnis zu Gott entspricht nach Augustinus der Schöpfungsordnung und ist als solche gut und gewollt. Das reflektiert sich in weiteren allegorischen Interpretationen, die bereits bei Paulus zu finden sind: Die Frau soll dem Mann gehorchen, wie der Körper der Seele und die Gemeinde Christus gehorchen soll.[42]

Mit dem Sündenfall Adams und Evas verändert sich nach Augustinus die Schöpfungsordnung grundlegend. Alle Menschen sind nun mit Sünde behaftet, weil sie alle von Adam abstammen, der gesündigt hat. Diese Sündhaftigkeit wird als Erbsünde von den Eltern auf die Kinder übertragen, näherhin patrilinear durch den väterlichen Samen auf den Sohn. Die Strafen für den Sündenfall bilden die Schmerzen der Arbeit, welche in erster Linie der Mann erfahren muss, andererseits die Geburtsschmerzen und die soziale Unterordnung bis hin zur Sklaverei, welche die Frau als Hilfsmittel des Mannes zu erleiden hat, schließlich Sterblichkeit und Wollust, die beide Geschlechter gleichermaßen treffen. Im Sündenfall selbst zeigt sich erneut das hierarchische Verhältnis von Mann und Frau: Der Teufel erscheint in der Gestalt einer Schlange zunächst Eva und verführt sie zum Bösen, woraufhin Eva Adam überredet, gleichfalls zu sündigen. Der Teufel stellt Adam und Eva Gottgleichheit in Aussicht, wenn sie vom Baum der Erkenntnis essen. Eva ist als Frau eher täuschbar, weil sie stärker vom »weiblichen« Seelenteil bestimmt ist, der sich mit den zeitlichen Dingen befasst, und glaubt daher der Schlange. Sie ist somit dem Bösen näher und Gott ferner als der Mann. Augustinus legt großen Wert darauf, dass die Schlange Eva seelisch verführt, nicht körperlich-sexuell, denn die Wollust ist erst ein Resultat des Sündenfalls, nicht dessen Grund; sie ist Teil der Bestrafung. Anders als Eva weiß Adam indes, dass er nicht Gott gleich wird, wenn er vom Baum der Erkenntnis isst, denn er lässt sich – rationaler als Eva – nicht täuschen. Er sündigt mithin nicht aus Naivität, sondern aus Solidarität gegenüber seiner Gefährtin. So bestätigen sich nach Augustinus Paulus' Worte, dass nur die Frau verführt wurde (1 Tim 2,14) – denn Adam wird im eigentlichen Sinne nicht verführt, sondern überredet. Das schmälert seine Schuld jedoch keineswegs, sondern verschärft sie sogar. Die stärkste Schuld muss gerade Adam treffen: Denn nur indem der Mensch gesündigt hat, der den höherwertigen Seelenteil symbolisiert und aller Menschen leiblicher Vater ist, kann die Erbsünde nun alle Menschen treffen. Obwohl Eva als Frau einerseits das sündhafte Geschlecht symbolisiert, ist sie doch nur ein Instrument im Plan Gottes, um Adam auf die Probe zu stellen. Selbst in seiner Sünde, obwohl sie größer ist als die Evas, ist Adam damit gegenüber Eva gewissermaßen noch geadelt, weil sein Vergehen – wenn auch nur in einem negativen Sinne – Ausdruck seiner Rationalität ist. So ist in der allegorischen Deutung auch die größere Sünde Adams Sinnbild dafür, dass der Mensch lernen muss, mit dem »männlichen«, höheren Seelenteil den »weiblichen«, niederen Seelenteil zu beherrschen. Mit der Betonung der Sünde Adams kann Augustinus die Aussage von Paulus stützen, dass die Sünde durch einen Menschen in die Welt gekommen ist (Röm 5,12). Entscheidend ist dabei, dass es der Mensch selbst ist, der aus freien Stücken das Böse gewählt hat, und fürderhin nach dem Sündenfall aufgrund der Erbsünde die Menschen nicht mehr frei darin sind, das Gute selbst zu wählen, sondern dafür auf Gottes Gnade angewiesen sind. Dies zeigt sich unter anderem daran, dass sie, auch als Getaufte, nicht mehr die volle Kontrolle über ihre Geschlechtsorgane haben. Können und Wollen stimmen in der Sexualität nicht immer überein: Sei es, dass die Geschlechtsorgane auch gegen bessere Einsicht sexuelle Befriedigung verlangen, sei es, dass sie dem Wollen zum Geschlechtsakt keine Folge leisten, wie im Fall der Impotenz.[43] Auch hierin kann sich Augustinus auf die Autorität von Paulus berufen (vgl. Röm 5-7). Aufgrund des Sündenfalls und der tendenziellen Unfähigkeit der Menschen, ihre Wollust willentlich zu beherrschen, ist der Geschlechtsakt selbst in der Ehe nicht gänzlich frei von Sünde.[44] Adam und Eva sündigen gleichermaßen aus Hochmut, indem sie ihr eigenes Urteil und ihren Willen höherstellen als den Gehorsam gegenüber Gott; und dennoch ist Adams Sünde größer und für das Schicksal der Menschen entscheidend. Die göttliche Bestrafung trifft Seele und Körper gleichermaßen, indem mit dem Sündenfall die Wollust und die Sterblichkeit in die Welt kommen. Die Wollust ist zwar eine körperliche Begierde, aber insofern hier der Körper gegen die Seele revoltiert und sie beständig herausfordert, ihn zu beherrschen, gehört sie zu den seelischen Strafen. Die Sterblichkeit trifft dagegen allein den Körper, denn die Seele ist unsterblich und wird durch die Taufe geistig erneuert. Aber auch nach dem Sündenfall ist gemäß Augustinus der menschliche Körper nicht an sich selbst schlecht oder böse, sondern die

Seele ist es, wenn sie der körperlichen Begierde nachgibt.[45] Die Wollust wird zum je individuell-situativen Ausdruck der grundsätzlichen Sündhaftigkeit des Menschen. Im wollüstigen, sexuellen Akt wiederholt der einzelne Mensch die Sünde Adams, der seinen individuellen Willen dem göttlichen Willen entgegengesetzt hatte, indem er nun seinerseits trotz Einsicht in die Sündhaftigkeit seines Tuns nicht seiner Vernunft folgt. Und indem er der Wollust nachgibt, zeugt er neue Individuen, die wiederum der patrilinearen Vererbung zufolge der Erbsünde unterliegen. Die sexuelle Lust ist damit zugleich Wirkung und Medium der Erbsünde (vgl. Subordination 63). Sie verknüpft das Problem der Erbsünde und der Sündhaftigkeit des Menschen unmittelbar mit der Sexualität und der Fortpflanzung. Dabei hat die Frau, insofern die Erbsünde durch den männlichen Samen vom Vater auf den Sohn übertragen wird, nur dadurch an ihr teil, dass sie wie alle Menschen vom Fleische Adams abstammt. In Hinblick auf die Vererbungslinie spielt sie keine Rolle. Nur im Akt der sexuellen Lust wiederholt auch sie aktiv die Sünde.

Die Schöpfungsordnung wird wiederhergestellt durch die Erlösung von den Sünden im Rahmen der von Gott vorgesehenen Heilsordnung, die den Menschen zurückführt zu Gott. Das weibliche Element bekommt nun in der Heilsordnung abermals eine Hilfsfunktion: indem nämlich Jesus geboren wird durch die Jungfrau Maria und die Menschen schließlich erlöst werden vermittels der »heiligen Mutter«, der Kirche. Maria fungiert somit gleichsam als Antithese zu Eva. Augustinus, der häufig nur von *femina* spricht, sieht in Eva und Maria die zwei Seiten des Weiblichen, die beide gleichermaßen untergeordnetes Hilfsmittel sind (vgl. ebd. 69). Diese zwei entgegengesetzten Seiten weiblicher Existenz – als Sinnbild der Herrschaft des niederen Seelenteils und der Verführung zur sündhaften Sexualität einerseits in der Figur der Eva und als Sinnbild des Jungfräulich-Unbefleckten und des Heiligen andererseits in der Maria – bilden im christlichen Europa einen zentralen Topos männlicher Diskurse über die Frau, der seine Wirkung bis ins 19. und 20. Jahrhundert entfaltet.

Maria, die Mutter Gottes, symbolisiert, dass die Erlösung der ganzen Menschheit gilt, auch den Frauen. Wird durch die Taufe die sterbliche Seele erneuert, so wird mit der Auferstehung dagegen der Körper transformiert in einen geistigen Körper, in dem zwar die Geschlechterdifferenz nicht aufgehoben, aber dennoch überschritten ist. Augustinus diskutiert nun, ob die Frau in ihrem Geschlecht oder aber als Mann aufersteht, wofür die Aussage in Paulus' *Brief an die Epheser* steht, wonach die Menschen im Glauben ein vollkommener Mann werden sollen (vgl. Eph 4,13). Weil aber nach Augustinus die Frau ein Teil der göttlichen Schöpfungsordnung ist, werden auch beide – Mann und Frau – als vergeschlechtlichte Wesen erlöst, um so die ursprüngliche Schöpfung in ihrer Totalität zu erneuern. Auch in ihrem spirituellen Körper behalten sie also ihre Geschlechtsorgane, aber als passive und ohne Fruchtbarkeit. Da die Frau aufgrund der rein generativen Dienstbarkeit ihres Körpers und damit in ihrer Existenz minderwertig ist, kann sie nur durch Aufhebung dieser Funktionalität erlöst werden. Um auferstehen zu können, muss also der Körper der Frau allererst in einen gewissermaßen geschlechtslos-geschlechtlichen transformiert werden. Dieses Problem stellt sich freilich nicht für den Mann, da für ihn als Mann (*vir*) sein *homo interior* und sein *homo exterior* nicht in Konflikt stehen. Der männliche Körper ist vielmehr unmittelbar Spiegel der Gottesebenbildlichkeit seiner Seele, weil er nicht ausschließlich zu Fortpflanzungszwecken geschaffen wurde (vgl. Subordination 36).

Fassen wir zusammen: Die Frau wurde aus der Rippe Adams geschaffen, um ihm als Hilfsmittel für die Fortpflanzung zu dienen. Sie wurde zeitlich *nach ihm*, *für ihn* und *aus ihm* geschaffen. Das alles unterstreicht, dass sie ihm dienen soll, wobei Augustinus betont, dass die Unterordnung der Frau unter den Mann erst als Strafe für den Sündenfall Herrschaftscharakter angenommen hat. Mann und Frau teilen die gleiche rationale Seele; die Frau unterscheidet sich lediglich nach ihrem geschlechtlichen Körper vom Mann, der anzeigt, dass sie ihm als Instrument und Medium der generativen Reproduktion untergeordnet ist. Sofern die Fortpflanzungsfunktion in der Auferstehung im geistigen Körper aufgehoben wird, hört auch die Unterordnung der Frau unter den Mann auf. Da die Frau um willen des Mannes geschaffen ist, wird dementsprechend ihr ganzes irdisches Leben als Christin durch ihr Verhältnis zu ihm bestimmt: verbunden mit ihm als Ehefrau oder getrennt von ihm als Witwe. Allein als Jungfrau ist sie vom Mann unabhängig und kann ihr Leben unmittelbar auf Gott richten (vgl. ebd. 80). Jeder dieser drei weiblichen Lebensformen hat Augustinus ein eigenes Werk gewidmet: *Heilige Jungfräulichkeit* (*De sancta virginitate*), *Das Gut der Ehe* (*De bono coniugali*) und *Das Gut der Witwenschaft* (*De bono viduitatis*). In der Schrift *Das Gut der Ehe*[46] wird das Verhältnis von Frau und Mann ausführlich diskutiert.

Die Ehe ist nach Augustinus ein erstrebenswertes Gut (*bonum*). Drei Teilgüter werden in der Ehe verwirklicht: *proles* (Nachkommenschaft), *fides* (Treue) und *sacramentum* (Heiligkeit des Sakraments) (vgl. Bono coniugali 32, 41). Allerdings gehört die Ehe zu den Gütern, die ihren Zweck nicht in sich selbst, sondern in etwas anderem haben: in der Freundschaft unter den Menschen (vgl. ebd. 9, 14). Das Verhältnis von Mann und Frau in der Ehe ist also als eine freundschaftliche Gemeinschaft (*societas amicabilis*) anzusehen, der die drei Ehezwecke (*proles*, *fides*, *sactramentum*) untergeordnet sind. Diese innige freundschaftliche Verbindung von Mann und Frau kommt nach

Augustinus in der göttlichen Schöpfung dadurch zum Ausdruck, dass die Frau aus Adams Rippe geschaffen wird, um ihm als ihm ähnliche Gefährtin zur Seite zu stehen, zu helfen und zu dienen. Diese innerliche Gemeinschaft setzt sich über die Gemeinschaft in den Kindern fort. Daher ist das Zeugen von Nachkommen (*proles*) eben auch ein Zweck der Verbindung von Mann und Frau in der Ehe (vgl. ebd. 1, 1; 22, 30). Die ganze sittliche Ordnung ist als Schöpfung Gottes von der Idee des Guten durchwirkt. Wer nicht auch ihr Fortbestehen, also die Zeugung von Nachkommen, »als Gut anerkennt, weiß nicht, dass Gott der Schöpfer aller Güter ist, von den himmlischen bis zu den irdischen, von den unsterblichen bis zu den sterblichen Gütern. Nicht einmal die Tiere weithin entbehren dieses Zeugungssinnes« (ebd. 22, 30). In der Ehe muss jedoch neben dem Zweck der Zeugung von Nachkommen (*progagatio prolis*) das Gut der Treue (*fides*) hinzukommen – was das Gebot der seriellen Monogamie beinhaltet. Der Zweck der Fortpflanzung verbunden mit der ehelichen Treue ermöglicht es, dass in der Ehe die sündhafte Wollust dennoch einen ehrenwerten Zweck erfüllt oder zumindest »in die eheliche Fessel« geschlagen wird, damit sie »nicht missgestaltet und ausschweifend sich herumtreibe« (ebd. 5, 8). Das gilt zumindest, solange die Ehepartner im Sexualakt die Zeugung von Kindern bezwecken oder wenigstens nicht verhindern. Gerade weil die Ehe eine Institution ist, in der die von Sündhaftigkeit gezeichnete Sexualität zu einem Gut werden kann, ist es allerdings auch die Schuldigkeit der Ehegatten, dem wechselseitigen Bedürfnis nach Sexualität nachzukommen, »um dadurch gegenseitig ihre Schwachheit aufzufangen und unerlaubten Geschlechtsverkehr zu vermeiden. Infolgedessen ist auch der Entschluss eines Gatten zu dauernder Enthaltsamkeit nur in Übereinstimmung mit dem anderen möglich« (ebd. 6, 9).[47] Die Ehe ist somit ein Heilmittel gegen die menschliche Schwäche der sexuellen Lust (*remedium concupiscentiae*),[48] da aufgrund der Erbsünde nicht alle Menschen in der Lage sind, sie zu beherrschen und enthaltsam zu leben, wie schon Paulus gesagt hat (vgl. Kor 7,9). Es ist bemerkenswert, dass Augustinus beiden Geschlechtern gleichermaßen Wollust zuschreibt und hinsichtlich des Gebots sexueller Selbstbeherrschung keinen Unterschied zwischen Männern und Frauen macht. Anders als in der Rechtsprechung seiner Zeit gilt ihm der Ehebruch der Frau nicht als schändlicher denn der des Mannes – im Gegenteil: Der Mann soll sich der Frau gegenüber auch als moralisch überlegen zeigen (vgl. Subordination 94).

Eheliche Sexualität nur um der Triebbefriedigung willen ist schuldhaft, aber eine zu verzeihende Schuld, im Gegensatz zu Ehebruch und Hurerei. Letztlich ist die Enthaltsamkeit auch in der Ehe »gewiss höher zu bewerten als selbst der eheliche, der Zeugung dienende Liebesakt« (Bono coniugali 6, 9). Aber das bedeutet nicht, dass die Ehe nur das geringere Übel im Vergleich mit der Hurerei ist. Vielmehr sind Ehe und Enthaltsamkeit beide Güter, von denen die Enthaltsamkeit aber graduell höher steht und deshalb zu bevorzugen ist. Denn die Enthaltsamkeit ermöglicht dem Menschen die Kontemplation Gottes, ohne von weltlichen, sinnlichen Dingen abgelenkt zu sein. Ein gottgefälliges Leben in Enthaltsamkeit ist somit auch dem höheren Zweck der freundschaftlichen Verbindung unter den Menschen noch zuträglicher als das Eheleben (vgl. ebd. 9, 14). Augustinus vertritt also die Lehre von graduell unterschiedenen Gütern, von denen zwar jedes für sich ein Gut ist, aber nicht alle gleichermaßen gut sind. Durch diese graduelle Auffassung der Güter wird verständlich, warum nach Augustinus auch der Zweck der Fortpflanzung, obwohl er ein Zweck der Ehe ist, nicht verabsolutiert werden darf: Es ist ehrenwerter, enthaltsam zu leben und sich nicht fortzupflanzen, als zum Zwecke der Fortpflanzung die Ehe einzugehen – vorausgesetzt, dass zur Enthaltsamkeit der Glaube hinzukommt. Und es ist eheliche Pflicht, bei dem Partner oder der Partnerin zu bleiben, auch wenn er oder sie unfruchtbar ist. In diesem Sinne zählt »die Heiligkeit des Sakraments« mehr als »die Fruchtbarkeit des Schoßes« (ebd. 21, 29), und auch eine Ehe, die allein auf Freundschaft und wechselseitiger Treue (*fides*) beruht, ist demnach vollkommen und muss nicht erst noch ihre Erfüllung in Sexualität und Fortpflanzung suchen. Dennoch darf auch die Enthaltsamkeit allein nicht verabsolutiert werden: Eine Jungfrau, die keusch bleibt, aber ansonsten ein gottloses Leben lebt, ist schlechter als eine Ehefrau, die zwar nicht enthaltsam, aber doch gottgehorsam ist (ebd. 30, 39 f.).

Neben dem Zweck der Zeugung und der Treue, auf denen nach Augustinus »bei allen Völkern und allen Menschen« das Gut der Ehe beruht, zeichnet sich die christliche Ehe noch zusätzlich durch die *Heiligkeit des Sakraments* (*sacramentum*) aus. Dieses besagt, dass die Ehe unauflöslich ist. Mit ihrer Unauflöslichkeit symbolisiert die Ehe als monogame Ehe von Mann und Frau die unauflösliche Einheit von Christus und der Kirche (Subordination 84). Aufgrund ihres Sakramentscharakters kann die Ehe auch nicht geschieden werden, wenn sie unfruchtbar ist. Zwar ist im Fall des Ehebruchs eine Trennung, nicht aber eine Wiederheirat möglich. Allein der Tod der Gattin oder des Gatten kann das eheliche Band lösen und eine Wiederheirat möglich machen. Dieses Gebot gilt für beide Geschlechter gleichermaßen. Gerade die Güter der Treue (*fides*) und des Sakraments (*sacramentum*) fordern trotz der sozialen Unterordnung der Frau unter den Mann und trotz ihrer Unterordnung in der Kirche bezüglich der Sexualmoral in der Ehe die absolute Gleichheit beider Geschlechter ein (vgl. ebd. 96 f.). Augustinus schließt seine Abhandlung über die Ehe abermals mit Verweis auf die höhere Güte der Jungfräulichkeit und Enthaltsamkeit. Es ergibt sich somit eine Rangordnung der Güter, die für Männer und Frauen gleichermaßen gilt, bezeichnenderweise aber an weiblichen Vorbildern verdeutlicht wird: Am höchsten zu achten ist die lebenslange Enthaltsamkeit in göttlichem Gehorsam – als Vorbild dient hier die Jungfrau Maria, Muttergottes (vgl. Bono coniugali 7, 10). Es folgt der Status der enthaltsam und gottgefällig lebenden Witwen, die anerkennen, dass der Witwenstand höher zu werten ist als eine Wiederheirat, weil er ihnen ermöglicht, sich ganz Gott hinzugeben. Als Witwen können sie sich an der Prophetin Anna orientieren.[49] Auf unterster Stufe – aber dennoch achtenswert – ist der Status der treuen Ehefrau angesiedelt, wie sie durch Susanna verkörpert wird.[50] An dieser Hierarchie der Güter wird deutlich: Nur indem die Frauen im irdischen Leben enthaltsam sind und ihrer Sexualität entsagen, können sie sich von ihrer Rolle als Hilfsmittel des Mannes in der Fortpflanzung befreien und bereits auf Erden das antizipieren, was ihnen sonst erst durch die Auferstehung zuteilwird: die gleiche gottebenbildliche Würde, wie sie der Mann bereits auf Erden besitzt (vgl. Subordination 113).

Die augustinischen Ausführungen zum Geschlechterverhältnis, der Ehe und der Sexualität waren in der christlichen Welt höchst einflussreich und werden in der katholischen Kirche bis heute oft unverändert vorgetragen. Ihre Wirkungsmacht lässt sich beispielhaft daran zeigen, dass die Enzyklika *Casti Connubii* (1930) von Papst Pius XI. immerhin 1500 Jahre nach Augustinus im Wesentlichen ein Referat der augustinischen Lehre ist.[51] Auch in den Geschlechtertheorien der hochmittelalterlichen Scholastik wird die augustinische Interpretation der entsprechenden Bibelstellen in weiten Teilen übernommen. Lediglich die dualistische platonische Lehre einer körperlichen und einer geistigen Substanz wird vom aristotelischen Gedanken der substanziellen Einheit von Körper und Seele abgelöst. Das hat aber – wie sich zeigen wird und anders als man erwarten könnte – kaum Einfluss auf die wesentlichen Inhalte der Geschlechterkonzeption.

2.1 Die Frau als »missglückter Mann«: Thomas von Aquin

Mit Bezug auf das Geschlechterverhältnis ist Thomas von Aquins Lehre wenig originell. In seinen Ausführungen zur Rolle der Geschlechter beruft er sich häufig auf Augustinus als Autorität und wiederholt dessen Argumentationen, oft mit Verweis auf die gleichen Bibelverse und mit sehr ähnlichen Interpretationsmustern (vgl. Subordination 9). Dennoch gibt es einen gewichtigen Unterschied: Thomas behandelt das Geschlechterverhältnis auf Grundlage der aristotelischen Ontologie, Biologie und Anthropologie, die teilweise im Widerspruch zu den platonischen Grundlagen des augustinischen Denkens stehen.[52] Deshalb ist diese Differenz hier von besonderem Interesse. Prominent behandelt Thomas das Geschlechterverhältnis in seinem Hauptwerk, der *Summe der Theologie* (*Summa theologiae* oder *Summa theologica*).[53] Dies Werk hat den weitreichenden Anspruch, in drei Teilen eine systematische, umfassende Einführung in die Theologie zu bieten: Der erste Teil behandelt das Wesen Gottes und seiner Schöpfung, der zweite Fragen des menschlichen Handelns und der Moral und der dritte schließlich die Christologie und die Sakramente. An verschiedenen Stellen des Werks finden sich verstreute Aussagen über die Geschlechter, zentral sind die *Quaestio 92: Zur Erschaffung der Frau* sowie die daran anschließende Frage nach der Gottesebenbildlichkeit der Frau (vgl. Summa theologica I, 93, 4 ad 1 u. 93, 6 ad 2). Obwohl Thomas letztlich ebenso wie Augustinus trotz vieler Vorbehalte und Relativierungen am Status der Gottebenbildlichkeit der Frau festhält und dabei gleichfalls mit der allen Menschen zukommenden Geistnatur (*mens*) argumentiert (vgl. ebd. 93, 6), stellen sich ihm aufgrund seines Aristotelismus andere Begründungsprobleme als Augustinus. Während Augustinus nämlich in der Tradition des Platonismus von der Dualität von Körper und Seele ausgeht und ihr Zusammenspiel für letztlich unbegreiflich hält, setzt Thomas von Aquin als Aristoteliker deren substanzielle Einheit voraus.

Hierfür muss man sich die Grundlagen der aristotelischen Ontologie vor Augen führen, die besagt, dass alles stofflich Seiende wesentlich durch zwei Momente bestimmt ist: Möglichkeit (gr. *dynamis*/lat. *potentia*) und Wirklichkeit (gr. *energeia*, lat. *actus*). Dass es sich um Momente handelt, zeigt an, dass diese Aspekte lediglich gedanklich unterschieden werden. Jedes Seiende ist wirklich als Verwirklichung (*energeia*) einer bestimmten Möglichkeit (*dynamis*) und strebt prozesshaft seine eigene Realisierung als Ziel (*telos*) an. Es hat also sein Ziel in sich selbst – was Aristoteles als *entelecheia* bezeichnet. Je mehr Möglichkeit, d.h. zu verwirklichende Bestimmungen ein Seiendes besitzt und dann auch in seiner ihm eigenen Tätigkeit realisiert, desto vollkommener ist es.[54] Grund für diese Bewegung alles Seienden sind nach Aristoteles vier ihm zukommende Ursachen: die Materialursache (*causa materialis*), die Formalursache (*causa formalis*), die Wirkursache (*causa efficiens*) und schließlich die Zweckursache (*causa finalis*). Demnach kann man an allem stofflichen Seienden das, woraus es besteht, seinen Stoff (*hyle*) als Materialursache unterscheiden von dem, durch das es zu dem wird, was es ist, nämlich seiner Form (*eidos*) als Formalursache. Diese Form gibt dem Stoff (*hyle*) seine Gestalt (*morphe*), weshalb die aristotelische Lehre auch als *Hylemorphismus* bezeichnet wird. In dieser Einheit aus Stoff und Form fasst Aristoteles die Materie als das passive Prinzip der Möglichkeit (*dynamis*/*potentia*), als unbestimmte Bestimmbarkeit, während die Form das aktive und bestimmende Prinzip der Wirklichkeit (*energeia/actus*) ist. Die Wirkursache gibt darüber hinaus an, woher etwas entsteht, was also die Bewegung eines Seienden anstößt. Die Zweckursache ist das, worumwillen die Bewegung stattfindet, das zu verwirklichende Ziel der Bewegung. Es ist unverzichtbar, diese ontologischen Voraussetzungen zu explizieren, da sie der aristotelischen Zeugungslehre in den zoologischen Schriften *Über die Zeugung der Geschöpfe* (*De generatione animalium*) und *Tierkunde* (*De historia animalium*) zugrunde liegen, die in der Scholastik breit rezipiert wurden. Gemäß den biologischen Schriften stellt der männliche Samen bei der Zeugung von Säugetieren das aktive und formgebende Prinzip dar, die Formursache. Das weibliche Menstruationsblut bildet dagegen das passive Potenzprinzip, die Materialursache.[55]

Diese aristotelische Rollen- und Funktionsverteilung, der auch eine klare Hierarchie entspricht, bleibt bis in das 19. Jahrhundert hinein – also so lange, wie noch nicht mikroskopisch nachgewiesen ist, dass das weibliche Geschlecht ebenfalls eine Keimzelle hervor- und in die Zeugung einbringt – leitend für die Vorstellungen von Zeugung. Es ist der männliche Same als Form (*eidos*), der aktiv in der passiven Materie des weiblichen Menstruationsbluts den Fetus hervorbringt. Der Mann – allgemein gesprochen: das Männchen – wird dabei als Wirkursache in zweifacher Hinsicht aufgefasst: als derjenige, der den Zeugungsakt aktiv vollzieht einerseits und als Spender des wirkursächlichen Samens, der Formursache, andererseits.[56] Indem er also in der Zeugung das aktive Prinzip darstellt, ist er in seiner generativen Kraft vollkommener als die Frau bzw. das Weibchen.[57] Den ontologischen Voraussetzungen folgend müsste nun der Zweck der Zeugung, die Finalursache, ebenso ein Männchen sein, denn nach Aristoteles fallen bei der Zeugung von Lebewesen Formursache, Wirkursache und Zweckursache zusammen. In scholastischer Terminologie lautet das folgendermaßen: Jedes Tätige (*agens*) bringt ein ihm Ähnliches hervor (*omne agens agit sibi simile*).[58] Wenn nun der Mann oder das Männchen mittels seines männlichen Samens Form- und Wirkursache ist, dann müsste er in seinem Zeugungsakt auch wiederum einen Mann hervorbringen. Die Frage, die sich stellt, lautet also: Wie kommt es, dass in der Zeugung überhaupt Frauen/Weibchen entstehen? Die Antwort ist ebenso provokant wie die Frage selbst: Eine Frau ist nichts anderes als ein »missglückter« Mann, *femina est mas occasionatus*.[59] Diese viel zitierte Definition ist auf den ersten Blick nicht gut verständlich, denn »occasionatus« ist ein Kunstwort und heißt wörtlich übersetzt so viel wie »gelegenheitet«.[60] Will heißen: Weibliche Nachkommen entstehen nur bei bestimmten Gelegenheiten (*occasiones*), dann nämlich, wenn sich die verwirklichende Kraft des Samens entweder aufgrund von Mängeln in den stofflichen Voraussetzungen des Menstruationsbluts selbst oder aufgrund mangelhafter äußerer Umstände, z.B. bei feuchten Südwinden usw., nicht vollendet entfalten kann.[61] Da aus dem männlichen Samen eigentlich nur männliche Nachkommen hervorgehen, sind diese »Gelegenheiten«, die ein Weibchen erzeugen, negativ konnotiert, sie stellen gewissermaßen so etwas wie einen Unfall dar.

Thomas stimmt der aristotelischen Zeugungslehre nun bezogen auf die Einzelnatur (*natura particularis*) zu. Im Einzelnen geht die Natur darauf, einen Mann zu zeugen, und in diesem Sinne ist jede Frau als missglückter Mann nicht Ziel der Natur. Im Rahmen des Zeugungsgeschehens im Ganzen gehören Frauen jedoch zur Absicht der Gesamtnatur (*intentio naturae universalis*),[62] deren Urheber Gott ist. Während nämlich bei den Pflanzen, als den niederen Lebewesen, die wirkende und die empfangende Zeugungskraft zusammenfallen, hat Gott bei den vollkommenen Sinnenwesen ein männliches und ein weibliches Geschlecht hervorgebracht, um damit zum Ausdruck zu bringen, dass ihre Lebensbetätigung nicht allein auf die Fortpflanzung reduziert ist. Die höheren Lebewesen betätigen sich nur gelegentlich geschlechtlich und haben ansonsten »eine vornehmere Lebensbetätigung« (Summa theologica 92, *respondeo* 37). Das gilt in einem besonderen Maß für den Menschen als das graduell höchste Sinnenwesen, dem die Fähigkeit des geistigen Erkennens (*intelligere*) zukommt (vgl. ebd.). Für eben diese spezifische Fähigkeit geistigen Erkennens bedarf der Fetus noch einer zusätzlichen Formierung, die über die des männlichen Samens hinausgeht. Thomas folgt Aristoteles dahingehend, dass sich der Fetus in der Ontogenese in mehreren Etappen entwickelt: Zunächst ist er bloß vegetativ, dann sinnlich-empfindend und schließlich spezifisch menschlich, da er eine Geistseele (*anima intellectiva*) erhält. Diese wird dem männlichen Fetus bereits nach vierzig Tagen zuteil, dem weiblichen dagegen erst nach neunzig Tagen,[63] was wiederum zeigt, dass sie dem Mann wesentlicher ist als der Frau. Nach Thomas ist es Gott, der für jedes Individuum die unsterbliche Geistseele schafft, die den Leib formiert. Zwar wird sie dem Körper, wie gesagt, erst später zuteil, aber Gott schafft sie dennoch simultan mit ihm und auf ihn hin, denn Körper und Seele stellen eine substanzielle Einheit dar. Die je individuelle Geistseele ist ihrer Natur nach nicht männlich oder weiblich, sondern gewissermaßen »geschlechtslos«.

Ganz ähnlich wie Augustinus argumentiert nun auch Thomas, dass der Frau gerade nach ihrer geschlechtlich unbestimmten Geistseele Gottebenbildlichkeit zukommt:

»Darum ist zu sagen, dass die Schrift nach den Worten: ›Nach dem Bilde Gottes erschuf Er ihn‹ die Worte: ›erschuf Er sie‹ nicht etwas darum beifügt, damit man das Ebenbild Gottes gemäß der Unterscheidung der Geschlechter auffasse, sondern weil das Ebenbild Gottes beiden Geschlechtern gemeinsam zugehört, da es auf Grund der Geistnatur da ist, in der ein Geschlechtsunterschied nicht in Betracht kommt. Darum fügt der Apostel Kol 2,10 nach den Worten ›Nach Seinem Bilde schuf Er ihn‹ hinzu ›da gilt nicht mehr Mann und Weib‹.« (Summa theologica 93, 6, ad 2, 69)

Gleichwohl bringt Paulus auch nach Thomas zu Recht zum Ausdruck, dass die Frau in einer anderen Hinsicht nicht im vollen Sinne gottebenbildlich ist:

»Mit Bezug auf das, worin hauptsächlich die Bewandtnis des Bildes liegt, nämlich mit Bezug auf die Geistnatur, findet sich sowohl im Manne als auch in der Frau ein Abbild Gottes vor. [...] Mit Bezug auf etwas Zweitrangiges liegt freilich im Manne ein Ebenbild Gottes vor, wie es sich im Weibe nicht findet. Denn der Mann ist Ursprung und Ziel des Weibes, wie Gott Ursprung und Ziel der gesamten Schöpfung ist. Darum fügt der Apostel nach den Worten ›Der Mann ist Ebenbild und Abglanz Gottes, die Frau aber ist des Mannes Ruhm‹, den Grund hinzu: ›Denn der Mann stammt nicht von der Frau, wohl aber die Frau vom Mann. Auch wurde der Mann nicht um der Frau willen erschaffen, sondern die Frau um des Mannes willen.‹« (Ebd. 93, 4, ad 1, 60).

Dass nun die Frau in zweitrangiger Hinsicht weniger gottebenbildlich ist als der Mann, macht Thomas also – wie schon Augustinus – einerseits daran fest, dass Eva aus Adams Rippe geschaffen ist, andererseits daran, dass er sie dem Mann zum Zweck der Fortpflanzung an die Seite gestellt hat, sie also nicht um ihrer selbst willen, sondern um der Fortpflanzung des Mannes willen existiert. Auf der Grundlage des aristotelischen Hylemorphismus gibt es aber noch ein weiteres Argument dafür, dass die Frau weniger geeignet ist, ein Abbild Gottes zu sein. Sofern die Vollkommenheit eines Seienden davon abhängt, wie gut die Form sich in dem jeweiligen Stoff realisieren kann und die Frau nun ein bloß missglückter Mann ist, kann sich also im weiblichen Fetus die – an sich geschlechtslose – Geistseele nur mangelhaft entfalten. Die Frau ist somit weniger rational und auch moralisch-praktisch tendenziell korrupter, weil sie z.B. aufgrund ihrer stofflichen Kälte und Feuchtigkeit mehr durch Begierden verführbar ist.[64] Während bei Augustinus also die Rede von »männlicher« und »weiblicher« Seele in den Bereich des Allegorischen gehört, verkörpert sich nun hier – weil Körper und Seele als substanzielle Einheit gedacht werden – im Weiblichen eine tatsächlich vorhandene physisch-psychische, auch intellektuelle Schwäche. Dieser Mangel liefert auch den Grund dafür, dass die Frau in der Öffentlichkeit schweigen soll, also weder lehren noch predigen darf – und das, obwohl auch ihr die Gabe der Prophetie zukommen kann.[65] Wenn sie nicht das höhere, klösterliche Leben wählt, ist ihr Platz – ganz in aristotelischer Tradition – das Haus. Dort ist sie Ehefrau und Mutter, und entsprechend wird die Ehe im Lateinischen als *matrimonium* bezeichnet: In ihr soll sich die Funktion der Frau als Mutter (*mater*), die in der Fortpflanzung die Materie (*materia*) bereitstellt, erfüllen.[66]

Trotz unterschiedlicher anthropologischer Voraussetzungen kommt Thomas zu sehr ähnlichen Schlüssen wie Augustinus, was die Rolle der Geschlechter in der Schöpfungs-, Sünden- und Heilsordnung angeht. Seine Lehre ist nicht weniger androzentrisch als die des Augustinus. Von Augustinus übernimmt Thomas auch die Lehre von den drei Ehezwecken *proles*, *fides*, *sacramentum*.[67] Während allerdings Augustinus die Liebe der Ehepartner am vollkommensten in der gemeinsamen Entscheidung verwirklicht sieht, zeitweise auf Sexualität zu verzichten, spielt dieser Verzicht in der Ehe bei Thomas keine Rolle. Das ändert jedoch nichts daran, dass Sexualität allein dem Zweck der Fortpflanzung dienen soll. Und schließlich sind auch für Thomas Jungfräulichkeit und Witwenschaft vollkommenere Güter als die

Ehe (vgl. Subordination 248). Der Gedanke der substanziellen Einheit von Körper und Seele führt also insgesamt nicht, wie man meinen könnte, zu einer wesentlich positiveren Bewertung von Körperlichkeit, Sinnlichkeit und Sexualität. Entsprechend ist Thomas auch nicht weniger misogyn – eher im Gegenteil: Für Thomas ist die Frau nicht nur körperlich defizitär, sondern auch geistig, denn die Geistseele kann sich in ihrem mangelhaften, weiblichen Körper nicht vollständig verwirklichen. Deshalb ist es der Frau sowohl körperlich als auch geistig in nur eingeschränkter Weise möglich, eine *imago dei* zu sein. Zwar hält Thomas wie schon Augustinus daran fest, dass die Frau nicht im männlichen Geschlecht aufersteht. Aber damit wird sie in der Auferstehung zu einem geschlechtslos-geschlechtlichen Wesen verklärt, dem immerhin »im Himmel [...] aus dem Geschlecht kein Nachteil erwachsen«[68] wird. Aufgrund der aristotelischen Formel *»femina est mas occasionatus«* ist Thomas letztlich noch frauenfeindlicher als Augustinus.

Mit dem Verweis, dass Thomas als Wissenschaftler nüchtern und sachlich die naturwissenschaftlichen Ergebnisse seiner Zeit rezipiert und in seine Arbeit aufnimmt, versuchen einige Autoren die thomistische Lehre zu »entskandalisieren«.[69] Sofern der Nachweis noch nicht erbracht war, dass die Frau ebenfalls eine Keimzelle in die Zeugung mit einbringt, sei es auf der Grundlage der aristotelischen Ontologie schlüssig, sie in der Biologie als bloß passiv-empfangende »Materialursache« zu verstehen und damit gegenüber dem aktiven Mann als minderwertig zu charakterisieren. Feministische Kritik an den scholastischen Positionen erscheint vor diesem Hintergrund als anachronistisch. Darüber hinaus wird auch gerne darauf verwiesen, dass die christliche Betonung der Gemeinsamkeiten von Mann und Frau und ihre Gleichheit vor Gott gemessen an den Unterschieden und der Unterordnung der Frau wesentlich gewichtiger seien.[70]

Diese Verteidigungsstrategie arbeitet mit der Annahme einer neutralen Wissenschaft, die sich allein immanent auf der Basis von reiner Forschung fortentwickelt. Diese Sicht ist allerdings gerade im Fall der aristotelischen Naturphilosophie leicht zu widerlegen, denn es gab bereits zu Zeiten von Aristoteles die These, dass auch die Frau eine Keimzelle einbringt.[71] Aristoteles betreibt einen großen Argumentationsaufwand, um diese These zu widerlegen.[72] Dass ihn dabei allein seine ontologischen Voraussetzungen getrieben haben, ist unwahrscheinlich. Es wäre grundsätzlich möglich, das Verschmelzen der Keimzellen so aufzufassen, dass beide Keimzellen ihre Materie und die Form der menschlichen Art einbringen, die je vergeschlechtlicht ist, und damit ein neues menschliches Individuum der einen oder anderen Geschlechtsform hervorbringen. Anders gesagt: Es muss bereits eine patriarchale Ordnung der Geschlechter und ein Interesse an der Zurücksetzung von Frauen existieren, damit die natürliche Fortpflanzung in dieser Art und Weise gedeutet und erklärt wird. Die aristotelischen Prämissen der Zeugungslehre haben also durchaus ideologischen Charakter und werden auch von Thomas in diesem Sinne fortgeschrieben. So scheint dann die Biologie als Wissenschaft Argumente für die soziale Unterordnung der Frauen bereitzustellen, in Wahrheit ist es aber umgekehrt: Die bestehende soziale Unterordnung der Frauen wird durch eine bestimmte naturphilosophische Auslegung des Zeugungsgeschehens untermauert. Wobei hier grundsätzlich anzumerken ist, dass freilich aus biologischen Fakten und Vorgängen allein – wie auch immer sie beschaffen sein mögen – noch keineswegs eine gesellschaftliche Positionsanweisung abzuleiten ist, dass mithin aus dem Sein kein Sollen folgt.

3. Vertragliche Regelungen und anthropologische Differenzen: Die Genese des bürgerlichen Geschlechtermodells

3.1 Geschlechterverhältnisse im Kontraktualismus: Thomas Hobbes und John Locke

Der Liberalismus als die maßgebliche politische Theorie der Moderne formiert sich in England im 17. Jahrhundert als Gegenposition zum herrschenden politischen Paradigma: dem Patriarchalismus. Für den Patriarchalismus fungiert die Familie bzw. das Haus als die grundlegende Gemeinschaft und als die maßgebende Form für jeden sozialen Verband. Im Patriarchalismus durchherrscht das väterliche Regiment die Welt und den Kosmos in sich aufstufender Form: als Herrschaft des Vaters, des Grundherrn, des Fürsten und Königs und als Herrschaft Gottes. Jedes Individuum ist also von den patriarchalisch organisierten Sphären der Familie, der Gemeinschaft, des Staats und der Heilsordnung gleichsam konzentrisch umschlossen. Gegen den Patriarchalismus als der politischen Ideologie des Absolutismus, der eine angeborene und gottgegebene Untertänigkeit und dementsprechend die politische Kindschaft, also eine lebenslange politische Unmündigkeit der Individuen, postuliert, entwirft das mit Hobbes anhebende moderne politische Denken den Zusammenhang von Individuum, Gemeinschaft und Staat auf eine grundsätzlich neue Weise. Alle Individuen sind frei geboren und gleich in ihrem Recht auf den freibestimmten Selbsterhalt. Eine Herrschaft von Menschen über Menschen kann folglich nicht anders gedacht werden als aus dem freien Willen und der Zustimmung der Betroffenen hervorgegangen. Jede tradierte Form der Herrschaft: die des Souveräns über seine Untertanen, des Herrn über seine Knechte, des Vaters über seine Kinder, aber nicht zuletzt auch des Mannes über die Frau, muss nun auf einen Nullpunkt der freien Zustimmung zurückgeführt werden.

Hobbes und Locke sind Vertreter der politischen Aufklärung. Das neuzeitliche Naturrecht tritt ab dem 17. Jahrhundert mit dem emanzipatorischen Anspruch auf, die Grundlagen menschlicher Rechtsbeziehungen allein aus der autonomen, sich selbst genügenden Vernunft (*ratio sibi relicta*) zu deduzieren.[73] Dabei verbindet sich das Axiom der ursprünglichen Freiheit und Gleichheit aller Menschen mit dem rationalen Verfahren, die Rechte und Pflichten der Individuen in ihren verschiedenen gesellschaftlichen Verhältnissen vollständig nach dem Modell der vertraglichen Vereinbarungen zu rekonstruieren. Der Vertrag, die Figur der wechselseitigen freien Übereinkunft, wird zum Paradigma des politischen Denkens; die einschlägigen politischen Theorien werden Vertragslehren genannt oder unter dem Begriff Kontraktualismus rubriziert. Diese Vertragslehren folgen einer rechts- und staatsphilosophischen Logik und sehen von anthropologischen Fragestellungen, also auch von einer Geschlechteranthropologie, wie sie im 18. Jahrhundert vorherrschend wird, weitestgehend ab. Das Geschlechterverhältnis wird als ein Herrschaftsverhältnis und Teil der Hausgemeinschaft behandelt, was bedeutet, dass trotz der grundsätzlich anti-aristotelischen Stoßrichtung auch im neuzeitlichen Naturrecht der theoretische Grundriss von Haus/Familie und Staat sowie das aristotelische Lehrstück von den Hausregimentern formal unverändert bleibt.

Zwei Dinge fallen jedoch ins Auge. Zum ersten: Die Diskussion des Verhältnisses von Vater und Kind nimmt einen vergleichsweise großen Raum ein. Das erklärt sich vor dem Hintergrund, dass in der bekämpften Doktrin des Patriarchalismus das Vaterschaftsverhältnis als die zentrale politische Legitimationsfigur fungiert. Folglich muss sich jeder alternative Ansatz an diesem Konzept abarbeiten und erproben. Zweitens und für den vorliegenden Kontext entscheidender: Die politisch-rechtliche Stellung der Frau gerät bei Hobbes und bei Locke in Anbetracht der emanzipatorischen Prämissen von Freiheit und Gleichheit aller Menschen zu einer theoretischen Verlegenheit. Sofern nämlich das individuelle Selbstbestimmungsrecht nicht länger an die wesensmäßig rationale Überlegenheit des freien Mannes geknüpft ist wie im Aristotelismus, entfällt die natürliche Grundlage für die ehelich-häusliche Subordination der Frau. Es gilt mithin auch in Bezug auf Mann und Frau die Prämisse: »Von Natur ist also niemand dem andern untertänig.«[74] Hobbes und Locke geraten mithin in Schwierigkeiten, wenn das rechtliche Verhältnis von Mann und Frau in der Ehe und im Haus zur Diskussion ansteht. Es lässt sich gut erkennen, wie einerseits in den frühaufklärerischen Vertragslehren das Institut der ehelichen Herrschaft unter Rechtfertigungsdruck gerät und andererseits noch keine Geschlechteranthropologie und/oder -psychologie bereitsteht, die das Legitimationsdefizit abfedern bzw. mit dem Konzept einer Geschlechterpolarität auffüllen könnte, wie es dann ab dem 18. Jahrhundert geschehen wird.

3.1.1 Die Hobbes'sche Lücke

Für Hobbes fungiert die moderne Naturwissenschaft als Vorbild für die Sozialphilosophie. Warum sollte sich ein funktionierendes Staatswesen nicht erfolgreich so konstruieren lassen wie eine Maschine, wenn man die grundlegenden und entscheidenden Informationen über die Materie, nämlich die einzelnen Individuen und ihre Bewegungsgesetze, berücksichtigt?[75] Hobbes will eine Wissenschaft von der Vergesellschaftung begründen, die gleichsam auf einer »modernen Physik der menschlichen Natur«[76] beruht. Dazu bedarf es zunächst einer Dekonstruktion aller tradierten Sozialgebilde – nur in Gedanken freilich – bis hin zu ihren letzten unteilbaren Elementen, den Individuen, um dann wieder schrittweise fortzugehen bis zum rationalen Konstrukt einer aus diesen Komponenten gebildeten bürgerlichen Gesellschaft.[77] Dieser Nullpunkt von Gesellschaftlichkeit überhaupt wird von Hobbes als Naturzustand (*status naturalis*) bezeichnet. In diesem Naturzustand, einem fiktiven, nur rechtslogischen Zustand ohne positive Gesetze, sind die Individuen in ihrem freien Selbsterhalt einander gleichgestellt, weil alle gleichermaßen gefährdet durch ihresgleichen sind. Was alle erstreben, ist ein gesichertes Leben, und was sie vermeiden, ein gewaltsamer Tod. Die klassischen aristotelischen Bestimmungen hatten den politisch-sozialen Raum anders vermessen. Für Aristoteles ist der Staat die umfassendste aller Gemeinschaften, und an seinem Beginn stehen die zwei natürlichen Gemeinschaften von Herr und Sklave sowie Mann und Frau. Für Hobbes ist der bürgerliche Zustand (*status civilis*), also der Staat, ein aus einzelnen Individuen zusammengesetzter Mechanismus. Diesem gehen keine natürlichen Gemeinschaften voran und dementsprechend existiert auch keine natürliche Herrschaft. Wenn der Patriarchalismus also behauptet, dass jede Form der Herrschaft natürlich ist, sofern sie die natürlichste, nämlich die väterliche, nachahmt, so behauptet Hobbes im Gegenzug, dass jede Form von Herrschaft im Gegenteil als »künstlich«, konventionell anzusehen ist, nämlich auf freier Zustimmung beruhend. Der freie Wille ist das

Grundprinzip des Rechts, und alle rechtlichen Gemeinschaften sollen sich ohne Ausnahme aus der vereinigenden Kraft des freien Willens erklären lassen. Das bedeutet freilich auch, die Familie als ein Gebilde der freien Zustimmung zu rekonstruieren und alle Familienverhältnisse auf freien Willensakten zu fundieren. Hier kann man allerdings mit Recht stutzig werden: Wie soll der gesunde Menschenverstand die elterliche Befehlsgewalt über das Kind als das Resultat eines kindlichen Willensaktes verstehen? Zumal ein Kind ja gerade nicht als rechtsmündig anzusehen ist. Locke wird sich diesem Punkt ausführlicher widmen. Aber wie beantwortet Hobbes die Frage nach dem Verhältnis von Mann und Frau? Leider findet sich dazu fast nichts. Nun macht es freilich nicht viel Sinn, eine Geschlechtertheorie bei einem Autor zu suchen, der gar keine formuliert hat. Die These ist jedoch, dass es sich hierbei um eine signifikante und aussagekräftige Lücke im System handelt. Blickt man in die beiden rechts- und staatsphilosophischen Hauptwerke von Hobbes: *De Cive* (*Vom Bürger*) von 1642 und den *Leviathan* von 1651, so fällt ins Auge, dass in beiden Werken das Elternrecht und das Herrenrecht, also noch zwei der klassischen drei häuslichen Teilregimenter, behandelt werden im Gegensatz zur *ehelichen* Gemeinschaft bzw. zur Eheherrschaft. Allerdings diskutiert Hobbes im Kontext seiner Argumentation gegen die natürliche Herrschaft des Vaters über das Kind auch das Verhältnis von Mann und Frau, freilich als *elterliche* Gemeinschaft und nicht als *eheliche*. Zunächst muss aber die begründungstheoretische Ausgangslage expliziert werden:

»Wir wollen nun wieder auf den Naturzustand zurückgehen und annehmen, daß die Menschen – gleichsam wie Pilze – plötzlich aus der Erde hervorgewachsen und erwachsen wären, ohne daß einer dem anderen verpflichtet wäre. Dann gibt es nur drei Weisen, wie einer über die Person eines andern die Herrschaft haben könnte. Die *erste* ist, wenn die einzelnen des Friedens und des gegenseitigen Schutzes wegen sich selbst durch gegenseitig miteinander eingegangene Verträge freiwillig in die Botmäßigkeit und die Gewalt eines Menschen oder einer Versammlung begeben haben. [...] Die *zweite* Weise liegt vor, wenn jemand im Kriege gefangen oder besiegt wird oder, seiner Kraft nicht mehr vertrauend, zur Erhaltung seines Lebens dem Sieger oder dem Stärkeren seine Dienste verspricht, d.h. zusagt, alles zu tun, was dieser verlangen sollte. [...] *Drittens* wird das Recht auf eine Person durch die Erzeugung erworben.«[78]

Für die weitere Entfaltung des »Rechts durch Erzeugung« ist in das einschlägige Kapitel des *Leviathan* zu sehen, das ausführlicher auf das Geschlechterverhältnis Bezug nimmt. Es steht die besagte väterliche (*paternel*) Gewalt[79] infrage, die von Hobbes von vornherein als elterliche (*parental*) definiert wird: »Das Recht der Herrschaft durch Zeugung ist das, welches die Eltern über ihre Kinder haben, und wird *elterlich* genannt.« (Leviathan 156) Hier geht es um zweierlei: Zum einen um die These, dass ein natürlicher, biologischer Akt wie die Zeugung noch kein Recht begründet, und zum Zweiten darum, dass die Erzeugung von Nachkommen von zwei Personen abhängt. Aus diesen beiden Gesichtspunkten ergeben sich nun mehrere Konsequenzen. Wie schon erwähnt, knüpft Hobbes in konsequenter Anwendung seines Legitimationsprinzips der freien Einwilligung auch die Herrschaft über das Kind an dessen Zustimmung, diese »beruht auf Zustimmung des Kindes, die entweder ausdrücklich oder durch andere, ausreichende Erklärungen erfolgt« (ebd.). Für diese kontraintuitive Behauptung wird – wie erwähnt – John Locke später eine plausibilisierende Interpretation liefern. Geschlechtertheoretisch von Relevanz ist aber der zweite Gesichtspunkt, dass es nämlich ohnehin Vater *und* Mutter sind, bei denen die Herrschaft über das Kind liegt. Freilich stellt sich sogleich ein neues Problem, das in die neuzeitlichen Rechtslehren insistieren wird, nämlich das Problem der Letztinstanzlichkeit bzw. dass »niemand [...] zwei Herren gehorchen« kann (ebd.). Bei zwei Herren besteht die Gefahr des Dissenses. Diese Problematik, wer schließlich in Ehe und Familie das »letzte Wort« hat und wem die Entscheidungsbefugnis in Hinblick auf die Kinder zufällt, hat freilich bis heute nichts an Brisanz verloren und produziert beständig rechtliche Neujustierungen. Um nichts anderes geht es hier, und Hobbes macht sogleich unmissverständlich klar, dass der Streit um die Letztinstanz keinesfalls mit einer Vorrangstellung des Mannes gegenüber der Frau behoben ist: »Und wenn einige die Herrschaft nur dem Manne als dem hervorragenden Geschlecht zugeschrieben haben, so verrechnen sie sich damit. Denn zwischen Mann und Frau besteht nicht immer ein solcher Unterschied an Stärke und Klugheit, als daß ohne Krieg entschieden werden könnte, wem das Recht zusteht.« (Ebd.) In aller Kürze werden hier die Ausgangsparameter des Naturzustands in Erinnerung gebracht: Es gibt keine natürliche Überlegenheit von bestimmten Menschengruppen über andere, so dass keine politische, »bürgerliche« (*civilis*) Ordnung allein auf der Basis von Regierungsbefähigten und der Regierungsbedürftigen errichtet werden kann. Der »Krieg aller gegen alle« (*bellum omnium contra omnes*)[80] – was besagt, dass jedermann allen anderen gegenüber seinen autonomen Selbsterhaltungsanspruch geltend machen kann – umfasst also gleichermaßen männliche wie weibliche Individuen. Im Naturzustand existieren keine herrschaftsbegründenden Differenzen unter den Menschen, dementsprechend gibt auch die Geschlechterdifferenz keine Basis für ein Regiment ab. Angesichts der immer anzweifelbaren Vaterschaft und der unbestreitbaren Mutterschaft bedeutet dies, dass das Kind im Naturzustand seiner Mutter untersteht, weil es ihr seine Existenzsicherung verdankt. Die Diskrepanz zwischen diesem Matriarchat im Naturzustand und einer faktisch in den bürgerlichen Gesetzen festgeschriebenen Vaterherrschaft erklärt Hobbes im *Leviathan* mit einem lakonischen Satz, der im ansonsten parallel argumentierenden Text aus *Vom Bürger* fehlt. Dass nämlich das bürgerliche Gesetz zumeist zugunsten des Vaters entscheidet, hat seinen Grund darin, »daß die Staaten meistens von Familienvätern, nicht von Familienmüttern errichtet wurden« (ebd.). Wenn aber im Naturzustand vor jeglicher positiven Gesetzgebung Frauen und Männer gleich sind, dann legt Hobbes mit dieser Aussage nahe, dass eine faktische Suprematie der Männer in der Staatserrichtung besteht, die sich in der Formulierung der konkreten gesetzlichen Regelungen, vor allem der »Ehegesetze und Gesetze über Kindererziehung« (ebd.) zur Geltung bringt. Männer formulieren das bürgerliche Gesetz zu ihrem Vorteil, d.h., sie müssen bereits im Naturzustand einen Machtvorsprung besessen haben, den sie dann gesetzlich festschreiben. Festzuhalten ist also: *de iure* gibt es keine Geschlechterherrschaft und kein väterliches Vorrecht, *de facto* schon. Die positiven Gesetze hängen mithin offensichtlich von Machtlagen und Machtfragen ab, die allerdings durch die Verhältnisse im Naturzustand nicht legitimiert sind. Zu konstatieren ist an dieser Stelle allemal ein methodischer Bruch im Gedankengang: Der Naturzustand ist eine rechtslogische Fiktion, eine faktische Überlegenheit von Männern über Frauen bei der Staatsgründung legt aber konkrete historische, bereits machtgesättigte Verhältnisse nahe.

In der Literatur zur Geschlechterfrage bei Hobbes wird festgestellt, dass Frauen hier letztlich nicht viel mehr seien als »shadowy figures of obscure status«[81]. Tatsächlich wird nichts weiter zum Geschlechterverhältnis gesagt, als dass es kein natürliches Herrschaftsverhältnis bildet, wohl aber ein bürgerliches. Das könnte durchaus ein interessanter Ausgangspunkt sein, aber es geht Hobbes ebenso wenig wie allen anderen Naturrechtsphilosophen darum, die häuslichen Verhältnisse zu revolutionieren.

Genau besehen behandelt er auch nur die Frage der elterlichen, nicht der ehelichen Gewalt und klammert durchweg das rechtliche Verhältnis von Mann und Frau aus seinen Betrachtungen aus. In der Tat: »there is no solution to the problem of the ›disappearing parent‹ within Hobbes' political theory.«[82] Und dieser verschwindende Elternteil ist die Mutter, die keinen theoretischen Auftritt als Ehefrau bekommt. Möglicherweise bleibt das Problem ungelöst, weil der Kontraktualismus ganz offensichtlich einigen Sprengstoff für die traditionelle Geschlechterkonzeption birgt. Da Herrschaft grundsätzlich nur auf Zustimmung basierend gedacht werden kann, müsste gezeigt werden, warum sich Frauen in der Ehe freiwillig Männern unterwerfen. Die Unterordnung der Frau steht somit unter Begründungszwang, und nicht zuletzt darin gibt sich die emanzipatorische Tendenz des Naturrechts zu erkennen. Für die kontraktualistischen Ehediskurse gilt also durchweg, was der Naturrechtler Samuel Pufendorf formuliert hat: »Es ist also keine Verbindung des Weibes zum Gehorsam zugegen, bevoren sie mit ihrer Einwilligung sich dem Manne unterworfen hat.«[83] Und wenn ferner die Ehe einen freiwillig geschlossenen Vertrag zwischen zwei Personen darstellt, dann ist es zumindest (denk)möglich, das Verhältnis von Mann und Frau grundlegend anders als in herkömmlicher Art auszugestalten. Von dieser Möglichkeit zeugt in den naturrechtlichen Ehediskursen der häufige Verweis auf die »Amazonenehe«, das historische Beispiel dafür, dass Frauen sich der Eheherrschaft entziehen und ihrerseits Rechte an ihren Kindern erwerben können.

Der Kampf des Frühliberalismus gegen den politischen Patriarchalismus berührt unweigerlich auch die autoritative Stellung des Hausvaters. Zwar zielt die Stoßrichtung der Theoretiker primär auf die Emanzipation der Bürger-Söhne vom Vater-König, aber die häusliche Herrschaft des Vaters erscheint gleichfalls nicht länger als gottgewollt, sondern von Menschen eingerichtet, und dies gilt auch für das Eheregiment. Doch auch die historisch nachfolgenden Theorien und Positionen werden – wie es schon die theoretische Verlegenheit von Hobbes tut – eines deutlich zeigen, dass nämlich in den Ehelehren durchweg die abstrakte aufklärerische Prämisse der Gleichheit aller Individuen mit den angestammten hierarchischen Vorgaben der gesellschaftlichen Ordnung vermittelt wird. Diese Akkommodation an die faktisch bestehenden Verhältnisse bildet denn auch den erkennbaren Schwachpunkt innerhalb der rationalen Argumentation der Naturrechtslehren.

3.1.2 Die liberale Trennung von Familie und Staat: John Locke

Was die theoretische Lücke bei Hobbes nur symptomhaft anzeigt, wird bei Locke manifest: Dem liberalen Denken ist in Hinblick auf das Geschlechterverhältnis von Anfang an ein Widerspruch eingeschrieben. Die Ablösung natürlich fundierter Autorität und Herrschaft durch rationale Strukturen verliert an Klarheit und Eindeutigkeit, wenn es um das Verhältnis von Mann und Frau geht. Die liberale Prämisse, dass ein jedes Individuum jeglicher Form von Herrschaft nur auf der Basis seines vernünftigen Selbstinteresses zustimmt, wird hier ebenso suspendiert wie der Universalismus der Gleichheit und Selbstbestimmtheit zugunsten einer Form der Unterordnung, die sich auf traditionelle Muster stützt. Bei Locke lässt sich diese theoretische Inkonsistenz von aufklärerisch-egalitären Prämissen und traditionell-patriarchaler Begründung des Geschlechterverhältnisses sehr deutlich nachzeichnen.[84] Auch Locke entwickelt seine politische Theorie maßgeblich aus der Konfrontation mit dem Patriarchalismus, von daher rührt seine ausführliche Diskussion der häuslichen Herrschaftsverhältnisse. Wie Hobbes geht es ihm darum, das Paradigma der natürlichen väterlichen Herrschaft zu entkräften, anders als Hobbes allerdings differenziert er verschiedene Arten von Herrschaft und unterscheidet die häuslichen Regimenter insgesamt von der eigentlich politischen, staatlichen Gewalt. Denn unter politischer Gewalt muss »ein Recht, für die Regelung und Erhaltung des Eigentums Gesetze mit Todesstrafe und folglich auch allen geringeren Strafen zu schaffen, wie auch das Recht, die Gewalt der Gemeinschaft zu gebrauchen, um diese Gesetze zu vollstrecken und den Staat gegen fremdes Unrecht zu schützen, jedoch nur zugunsten des Gemeinwohls«[85] verstanden werden, wie Locke gleich zu Beginn der *Zweiten Abhandlung über die Regierung* festhält. Von einer solchen legitimen Gewalt über Leben und Tod kann jedoch weder in Hinblick auf die elterliche noch auf die eheliche oder auch dienstherrliche Beziehung gesprochen werden. Mit dieser grundsätzlichen Unterscheidung ist die alte Scheidung zwischen dem Häuslichen und dem Staatlichen reetabliert.

Diese Trennung von Familie und Politik prägt die gesamte politische Theorie Lockes.[86] Von seinen *Zwei Abhandlungen über die Regierung* 1690 widmet sich die *Erste Abhandlung* der Bekämpfung der Thesen von Robert Filmer, entfaltet in der 1680 posthum veröffentlichten Schrift *Patriarcha. Or the Natural Power of Kings defended against the Unnatural Liberty of the People.* Diese für das 17. Jahrhundert maßgebliche patriarchale Begründung der absoluten Monarchie stützt sich primär auf die Aussagen der Bibel. Filmers für heutige Leser und Leserinnen abstrus anmutende These lautet, dass alle Könige als die Erben des ›ersten Königs‹ Adam anzusehen sind, dem Gott ursprünglich die unbeschränkte Herrschaft über die Erde, über Eva und alle seine Nachkommen übertragen habe. Dieses absolute Recht ist durch Zeugung patrilinear vererbt worden. Nicht anders als Hobbes macht Locke durchweg geltend, dass als die Erzeuger eines Kindes Vater *und* Mutter anzusehen und folglich von väterlicher und mütterlicher, also von elterlicher Gewalt zu sprechen wäre. Wäre – denn letztlich taugt das Eltern-Kind-Verhältnis ohnehin nicht zur Begründung von politischer Herrschaft.

Interessant mit Blick auf das Geschlechterverhältnis wird es dort, wo Locke im Kontext seiner eigenen kontraktualistisch-rationalen Begründung von Herrschaft in Haus und Staat das eheliche Verhältnis von Mann und Frau diskutiert, der theoretisch heikle Punkt, über den Hobbes in markanter Weise geschwiegen hatte. Locke weicht zwar nicht aus, er produziert jedoch eine unübersichtliche Lage. Den theoretischen Ausgangspunkt bildet auch für Locke der Naturzustand als rechtslogische Fiktion: Alle Menschen sind gleich, allerdings im Naturzustand bereits ausgestattet mit den unveräußerlichen natürlichen Rechten auf Leben, Freiheit und Eigentum.[87] Und im weiteren Gegensatz zu Hobbes bilden Mann und Frau im Naturzustand eine natürliche Gemeinschaft zum Zweck der Zeugung und Aufzucht von Nachkommenschaft. Dieser Zweck der *conjugal society* bedingt ihre relative Dauer, die Begründung der Geschlechtsgemeinschaft ist pragmatischer Art: »Das Ziel der *Verbindung von Mann und Frau* ist nicht nur die Zeugung, sondern auch die Erhaltung der Art. Deshalb sollte diese Verbindung zwischen Mann und Frau, auch nach der Zeugung, so lange dauern, wie es für die Ernährung und die Erhaltung der Kinder notwendig ist« (Abhandlungen II., § 79). Erklärtermaßen dauerhaft wird die Verbindung von Mann und Frau durch einen Ehevertrag, wobei Locke in durchaus liberaler Manier beiden Vertragspartnern ein Ausgestaltungsrecht zugesteht, so z.B. Möglichkeiten der Gütertrennung und vor allem der Vertragsauflösung, sprich der Scheidung, »sobald Zeugung und Erziehung gesichert sind und für die Erbschaft gesorgt ist« (ebd. § 81). Denn warum sollte dieser

Vertrag nicht »durch beiderseitige Zustimmung oder zu einem bestimmten Zeitpunkt oder unter bestimmten Bedingungen ebenso gut gelöst werden [...] wie jeder andere freiwillige Vertrag« (ebd.)?

Daran, dass im Naturzustand neben Mann und Frau, Eltern und Kindern noch eine weitere ursprüngliche Verbindung, nämlich diejenige zwischen *master* und *servant*, existiert, erkennt man ohne große Schwierigkeiten eine Reformulierung des aristotelischen *oikos* unter vertragsrechtlichen Bedingungen. Es rekonstelliert sich die traditionelle Hausgemeinschaft mit den drei Gliedern von Eltern, Kindern und Gesinde als ein vorpolitischer Sozialverband und, um das Ergebnis vorwegzunehmen, mit dem Mann in den Funktionen von Dienstherr, Vater und Ehemann als Hausvorstand. Unschwer zeichnet sich die Gestalt des *oikodespotes* ab. Ist also alles wieder beim Alten angekommen? Ja und nein. Der Knecht ist nicht Sklave von Natur, sondern er geht einen Arbeitsvertrag mit dem Herrn ein, und die Befehlsgewalt des Vaters über das Kind ist insofern eingeschränkt, als sie legitimerweise nur zum Wohl des Kindes ausgeübt werden darf, das Kind ihr also grundsätzlich zustimmen können muss.[88]

Und wie steht es mit dem Verhältnis von Mann und Frau innerhalb des Hauses? Die Gleichstellung der Geschlechter in Eheschließung und Elternschaft wird in Hinblick auf die Hausvorstandschaft abermals durch das Argument der Letztinstanzlichkeit gebrochen. Locke schreibt:

»Obwohl die Ehegatten nur ein gemeinsames Interesse haben, so werden sie doch zuweilen unvermeidlich durch ihren unterschiedlichen Verstand (having different understandings) nicht denselben Willen haben. Deshalb ist es notwendig, dass irgendwo eine letzte Entscheidung gefällt wird, d.h. daß es irgendwo eine Herrschaft gibt. Diese fällt naturgemäß dem Mann als dem fähigeren und stärkeren Teil (as the abler and stronger) zu.« (Ebd. § 82)

Hier springen mehrere Dinge ins Auge. Erstens: Was genau heißt »abler and stronger«? Die *Zweite Abhandlung* macht hierzu keine weiteren Aussagen. Aber ohne Zweifel ist hier ein eklatanter Widerspruch erkennbar, denn es war auf eine grundsätzliche Weise argumentiert worden, dass zwischen den Menschen von Natur aus Gleichheit herrscht, und zwar »in Hinsicht auf [...] die Herrschaft des einen über den anderen. Es ist dies die Gleichheit [...] nämlich jenes gleiche Recht, das jeder Mensch auf seine *natürliche Freiheit* hat, ohne dem Willen oder der Autorität irgendeines anderen Menschen unterworfen zu sein« (ebd. § 54). Es ist ja gerade *die* zentrale Prämisse des Liberalismus, dass natürliche Unterschiede, welcher Art auch immer, seien es physische, mentale, charakterliche oder intellektuelle, keine Herrschaft begründen können. Dass ein Mensch also in irgendeiner Weise als »fähiger und stärker« anzusehen ist, kann keinen Herrschaftsanspruch legitimieren. Trotzdem macht Locke bezüglich der Hausherrschaft unmissverständlich klar: »Es handelt sich hier um eine Gewalt, die jeder Ehegatte als Eigentümer von Land und Gut hat, um die Privatangelegenheiten seiner Familie zu regeln und in allen Dingen von gemeinsamem Interesse seinen Willen gegenüber dem der Frau dominieren zu lassen« (Abhandlungen I., § 48). Es nun bei dieser zentralen Unstimmigkeit stehen zu lassen liefert freilich ein nur unzulängliches Verständnis von Lockes Geschlechtertheorie. Für ein vollständigeres Bild müssen wir allerdings vereinzelte und weniger systematische Ausführungen heranziehen. So legt der einschlägige Paragraph in der *Ersten Abhandlung* nahe, dass die Schwäche der Frau in ihrem reproduktiven Schicksal besteht, welches die Frauen gegenüber den Männern in eine benachteiligte Situation gebracht hat. Dass freilich dieser ›Fluch‹, der von Anbeginn auf Eva lastet und der gemäß christlicher Lehre die Strafe für den Sündenfall darstellt, durch zivilisatorische Neuerungen wie z.B. die moderne Medizin verbessert werden kann, hält der Aufklärer Locke in vorsichtigen Andeutungen für nicht ausgeschlossen (ebd. § 47).[89] Wie auch immer: Die Argumentation wird hier empirisch.

Zweitens: Was genau haben wir unter »different understandings« zu verstehen? Sollte Locke tatsächlich, so wie es mitunter die deutsche Übersetzung vorsieht, der Meinung sein, dass Männer und Frauen nicht nur verschiedene *Sichtweisen*, sondern tatsächlich einen unterschiedlichen *Verstand* haben? Doch wenn die weibliche Schwäche sich auch auf das Verstandesvermögen erstreckte, was gleichfalls traditionelle Lehrmeinung ist, so ist dieses Schicksal ebenfalls nicht unüberwindlich. Lockes einflussreiche Erziehungsschrift *Some Thoughts Concerning Education* von 1692 sieht jedenfalls keine Unterschiede in der intellektuellen Erziehung der Geschlechter vor. Und wenn in einem Brief »illiterate men and the softer Sex« als »not used to abstract Notions and Reasonings«[90] bezeichnet werden, dann ist damit ja gerade angezeigt, dass durch Erziehung, Übung und Bildung grundsätzlich jedes Verstandesvermögen individuell entwickelt werden kann.

Mit diesen verstreuten Bemerkungen zeichnet sich ab, dass Locke den Frauen keine in ihrer Wesensnatur fundierte untertänige Position zuweist. Das Geschlechterverhältnis als Eheverhältnis beruht auf vertraglichen Verabredungen und kann durchaus aufgekündigt werden. Aber gerade vor diesem Hintergrund steht die naturalistische Begründung der männlichen Hausherrschaft auf wackligen Füßen, zudem widerspricht sie den liberalistischen Prämissen des Autors. Lockes Geschlechtertheorie gleicht einem Vexierbild, wovon auch die kontroversen feministischen Deutungen zeugen: Sie trägt gleichermaßen neuzeitlich-egalitäre wie traditionell-patriarchale Züge. Seine Vorstellungen zum Eherecht wie die vertragliche Wahrung der Eigentumsrechte der Frau und die Möglichkeit der Scheidung der

Ehepartner können als durchaus liberal bezeichnet werden, nicht zuletzt in Hinblick auf die zeitgenössische Rechtslage für Frauen.[91] Als ein freies Rechtssubjekt ist die unverheiratete Frau dem Mann bei Locke ebenbürtig. Was allerdings die Ordnung des Hauses nach innen und die Vertretung der Familie nach außen angeht, so behauptet sich das angestammte Muster der väterlichen Hausherrschaft. Vor diesem Hintergrund scheint es angemessen, Lockes Konzeption der Familie abschließend als einen vertragstheoretisch modernisierten *oikos* zu charakterisieren. Damit ist auch die alte aristotelische Scheidung des sozialen Raums in die Sphären von Familie und Staat auf neue Weise bekräftigt, allerdings unterscheidet Locke im Gegensatz zu Aristoteles die familiären Herrschaftsverhältnisse strikt von der politischen Gewalt. Die Familie stellt somit einen Bezirk individueller Freiheits- und Besitzrechte dar, und als vorpolitische, natürliche Gemeinschaft dient sie der Kindererziehung und der patrilinearen Eigentumsaneignung und -übertragung.[92] Hier bildet sich bereits heraus, was später für das Selbstverständnis des liberalen Bürgertums des 19. Jahrhunderts wesentlich sein wird: Die Familie als der Umkreis des Privaten gibt für die politische Philosophie keinen relevanten Gegenstandsbereich mehr ab.

3.2 Die Grundlegung der bürgerlichen Geschlechterordnung: Jean-Jacques Rousseau

Jean-Jacques Rousseau kommt im Rahmen der philosophischen Geschlechtertheorien eine herausragende Rolle zu: Er formuliert die Paradigmen der modernen bürgerlichen Geschlechterordnung. Mehr noch: Man muss Rousseau als den ersten philosophischen Geschlechtertheoretiker bezeichnen, da er dem Verhältnis von Mann und Frau ein philosophisch begründetes Fundament verschafft, damit die Begründungslücken der aristotelischen Position schließt und zudem im platonischen Gestus die Relevanz der Geschlechterordnung für das Prosperieren des Staates geltend macht. Zugleich steht er auf den Schultern der vertragsrechtlichen Positionen von politischen Aufklärern wie Hobbes und Locke. In Rousseaus Position zum Geschlechterverhältnis laufen also die maßgeblichen Stränge der politischen Tradition, die in den vorangegangenen Kapiteln dargestellt sind, zusammen.

Rousseau ist genuiner Geschlechtertheoretiker, weil er das Geschlechterverhältnis nicht länger ausschließlich unter dem Aspekt der Legitimation von Ehe- und Hausherrschaft betrachtet, sondern den enggeführten rechtsphilosophischen Geschlechterdiskurs mit einer philosophischen Geschlechteranthropologie überschreitet, die gleichwohl von weitreichender politischer Relevanz ist. Mit Rousseau beginnt die Konzeptualisierung und Festschreibung der polarisierten Geschlechtscharaktere, die für das bürgerliche Selbstverständnis bis in das 20. Jahrhundert leitend bleiben werden. Seine Position markiert einen Neueinsatz in den philosophischen Geschlechtertheorien, der auf die theoretische Krise der Vaterherrschaft – im Staat und im Haus – und auf den Widerspruch zwischen den egalitären Prämissen des Liberalismus und dem Institut der Hausherrschaft reagiert. Im Gegensatz zu seinen Vorgängern jedoch behandelt Rousseau die Geschlechterfrage gewissermaßen modern, also nicht mehr in der altväterlichen, philosophisch-kanonischen Weise, wo Frauen nebst Kindern und Gesinde als vorpolitisch-häusliche Ordnungsmaterie betrachtet werden, sondern auf der Höhe der zeitgenössischen französischen Geschlechterdebatte des 18. Jahrhunderts, in der über die Gleichberechtigung von Mann und Frau und den angemessenen Platz der Frau in der Gesellschaft gestritten wird. Dementsprechend findet man in seinem staatsphilosophischen Hauptwerk *Vom Gesellschaftsvertrag* nichts mehr zu den häuslichen Regimentsformen, hier werden nur mehr die Konstitutions- und Legitimationsbedingungen einer modernen Republik expliziert.

Rousseau beginnt seine intellektuelle Karriere als Kultur- und Gesellschaftskritiker[93], sein sogenannter Erster Diskurs *Über Kunst und Wissenschaft* von 1750 macht ihn schlagartig europaweit berühmt. Aus dem Kulturkritiker wird in der Folge ein philosophischer Gesellschaftsreformer; seine drei Hauptwerke der 1760er Jahre – *Émile oder Über die Erziehung* (1762), *Julie oder Die Neue Héloïse* (1761) und *Vom Gesellschaftsvertrag* (1762) – entfalten das umfassende Programm einer gesellschaftlichen Erneuerung aus vorrevolutionärem bürgerlichen Geist. Eine Reform des Gesellschaftssystems verlangt auch ein neu vermessenes Geschlechterverhältnis. Der Legitimationsverfall feudal-patriarchaler Herrschaftsstrukturen hat die klassische Form der Geschlechterherrschaft bereits erodieren lassen, aber es verdankt sich nicht zuletzt auch dem Einfluss physiokratischer Theorien, die die Bevölkerung als Variable für den gesellschaftlichen Reichtum ansetzen, dass im 18. Jahrhundert die Themen von Reproduktion, Ehe, Familie und Erziehung in den Vordergrund rücken. Aus den ehemaligen Herren und Besitzern der Frauen werden nun zunehmend ihre Deuter und Analytiker. Der Geschlechterdiskurs der Moderne und die kulturelle Neubestimmung der Geschlechter gestalten sich als ein männlicher Diskurs über Erziehung, Bildung, Status und Rolle, kurz über den Platz der Frau in der Gesellschaft. Für diesen Diskussionszusammenhang spielen die sich neu formierenden Wissenschaften vom Menschen, die Anthropologien, eine entscheidende Rolle.[94] Mit der sogenannten anthropologischen Wende der Aufklärung ab 1750 tritt der *anthropos*, der Mensch, auf den Plan.[95] Ihm folgen das Weib und das wissenschaftlich zu behandelnde Problem der Geschlechtlichkeit und des Geschlechterverhältnisses. Vor allem in Frankreich wird die Debatte um das Wesen und die gesellschaftliche Bestimmung der Frau als eine philosophische geführt. Bei den sogenannten *Philosophes*, im Enzyklopädisten-Kreis[96], dem Rousseau eine Zeit lang nahesteht, laufen die unterschiedlichen Argumentationslinien gleichsam in einem Brennpunkt zusammen. Dabei kommen in der Kontroverse um die Geschlechter die beiden entgegengesetzten erkenntnistheoretischen Traditionen des rationalistischen Cartesianismus einerseits und eines empiristischen Sensualismus andererseits zum Tragen. So besitzen z.B. für Diderot die cartesischen Argumente der strikten Trennung von Materie und Geist keine Überzeugungskraft mehr. Materialismus und Sensualismus stellen vielmehr die Abhängigkeit des Menschen von der Weltzusammenhänge vermittelnden Sinnlichkeit heraus und betonen seine biologische Organisation, die mit allen sonstigen materiellen Zusammenhängen interferiert. Für Diderot ist das weibliche Schicksal deshalb durch Physiologie und Anatomie bestimmt und ebenso bedauerlich wie unabänderlich. Als Opfer ihrer ›delikaten Organisation‹ sind die Frauen unfähig sowohl zum sexuellen Genuss wie zur intellektuellen Entfaltung. Demgegenüber lautet die von Poullain de la Barre[97] bis zu Simone de Beauvoir reichende rationalistische Gegenthese: Die Frauen sind nicht Sklavinnen der Gebärmutter, sondern ihrer Erziehung. Sie werden zu Frauen gemacht. In diesem Streit um die Natur der Frau verschränkt sich die für die Aufklärung zentrale anthropologische Debatte um die Grenzlinien von Natur und Kultur mit diesen beiden erkenntnistheoretischen Grundpositionen. Für die Sensualisten ist der Übergang zwischen Mensch und Tier fließend, die Frau rangiert bedingt durch ihre Biologie zwischen Tier und Mann. Die Rationalisten beharren hingegen auch für die Frau auf der Autonomie des Geistes gegenüber dem Körper, die klassische Definition des Menschen als *animal rationale* zieht eine klare Grenze zum Animalischen, nicht aber innerhalb des Humanen, denn, wie der Cartesianer de la Barre schon im 17. Jahrhundert apodiktisch festhielt: Der Geist hat kein Geschlecht/l'esprit n'a pas de sexe.

An diesen Kontroversen zeichnet sich ab, dass die Gender-Debatte des 18. Jahrhunderts als ein Diskurs über die Frau geführt wird: Eichmaß des Menschlichen an sich ist der Mann/Mensch (*l'homme*), das problematische Thema stellt die Frau als das ›andere Geschlecht‹ dar. Dieser Aspekt dominiert auch die Geschlechterkonzeption Rousseaus, wie sie im V. Buch des *Émile* ausformuliert ist. Der epochale Erfolg von Rousseaus Geschlechtertheorie liegt nicht zuletzt darin begründet, dass er die Stränge der zeitgenössischen Diskussion zusammenführen kann und die Frage nach dem Verhältnis der Geschlechter darüber hinaus ins Zentrum seines kulturkritisch-gesellschaftsreformerischen Unternehmens rückt. In *Émile oder Über die Erziehung* expliziert Rousseau seine Erziehungsleitlinien für ein männliches Kind bzw. einen jungen Mann entlang der romanhaft ausgestalteten Beziehung des Erziehers zu seinem Zögling. Das Werk ist in fünf Abschnitte unterteilt, der letzte trägt den Titel »Sophie oder die Frau«. Auf der Ebene der Narration geht es um die Suche einer passenden Partnerin für den mittlerweile zur Geschlechtsreife herangewachsenen Zögling, auf der Ebene der Theorie entfaltet Rousseau die Grundlagen des Geschlechterverhältnisses und Leitlinien für die Erziehung der Frau. Darüber hinaus wird in diesem Abschnitt auch die besondere Relevanz herausgestellt, die Rousseau dem Geschlechterverhältnis und der Familie im Kontext seines sozialphilosophischen und politischen Denkens zumisst, indem ein konstitutiver Zusammenhang zwischen Familie und Staat hergestellt wird.[98] Dies geschieht im expliziten Rückgriff auf das fünfte Buch von Platons *Politeia*, wobei Rousseau allerdings eine Platon entgegengesetzte Strategie verfolgt. Nicht die Auflösung, sondern die Konsolidierung der Familie ist für die Einheit des Staates notwendig. Dies erhellt vor dem Hintergrund des demokratischen Zuschnitts der Rousseau'schen Republik, deren Prinzipien in der Schrift *Vom Gesellschaftsvertrag* formuliert werden. Für den Bestand und das Funktionieren dieser demokratischen Republik, in der alle – und nicht nur einige besonders qualifizierte – Individuen Teil der souveränen Gewalt sind, ist es nötig, dass alle gleichermaßen über eine stabile innere Haltung der Gemeinwohlorientierung verfügen. Rousseaus Bürger müssen *citoyens* sein, es reicht nicht hin, dass sie als *bourgeois* nur ihr gesetzlich gesichertes Eigeninteresse verfolgen. Als Teil der gesetzgebenden Gewalt soll jeder Bürger vielmehr vom Standpunkt des Allgemeinen, des für alle Guten, seine Zustimmung zu den Gesetzen geben und damit einen Teil des allgemeinen Willens (*volonté générale*) bilden.[99] Aber wie kommt hier die Familie ins Spiel? Rousseau schreibt: »... als ob es nicht natürlicher Beziehungen bedürfte, um konventionelle Bande zu knüpfen! als ob die Nächstenliebe nicht das Prinzip wäre für die Liebe, die man dem Staat schuldet! als ob sich nicht durch das kleine Vaterland der Familie das Herz an das große anschlösse! als ob nicht der gute Sohn, der gute Ehemann, der gute Vater den guten Bürger ausmachten!«[100] Nun bezeichnen die »konventionellen Bande« die vertraglichen Verhältnisse unter den Bürgern, die miteinander den Gesellschaftsvertrag eingegangen sind. Die »natürlichen Beziehungen« stellen die Verbindungen dar, die vorpolitisch auf der Basis von Sexualität und Generativität zwischen Mann und Frau sowie zwischen Eltern und Kindern bestehen. Rousseau geht es um einen ganz spezifischen Gesichtspunkt. In der Familie macht der Einzelne im Gefühl der Liebe zum ersten Mal die Erfahrung, nicht als ein atomisiertes Individuum, sondern als ein Mitglied in einem Verband zu existieren, er empfindet sich als Teil einer ersten Form von Allgemeinheit. Die Gemeinsamkeit der Familie ist nicht abstrakt-rational wie die in Gesetze gefasste Allgemeinheit der *volonté générale*, sondern gefühlsmäßig-konkret, sie besteht in der Empfindung der liebenden Verbundenheit der Ehepartner und der Kinder untereinander. Republikanisch-demokratische Bürgerlichkeit zu leben bedeutet nach Rousseau, dass das (männliche) Individuum in zwei Sphären von Gemeinschaft lebt, im Familienverband und im Bürgerbund, im ›kleinen Vaterland‹ und im ›großen‹. Das erste fundiert auf eine sozialisatorische Weise das zweite, insofern als der gute Sohn bzw. der gute Familienvater den guten Bürger ausmacht. Ganz offensichtlich ist die an die Familie geknüpfte Erfahrung von wechselseitiger Zuneigung und Kooperation, von Beistand und Verantwortung Teil der männlichen Erziehung zum Bürger. Das lässt unschwer erkennen, dass auch in der demokratischen Republik Rousseaus nur die Familienväter Bürger im Vollsinn sind. Die Frauen bilden einen Teil des Staates, sie sind aber nicht Teil des Souveräns.

Nun ist aber in der Rede von den »natürlichen Beziehungen« ein ziemlich vertracktes Problem versteckt, dessen Lösung Rousseau bei seiner Begründung des Geschlechterverhältnisses sehr aufmerksam angehen wird. Denn wie natürlich ist eigentlich das sogenannte Natürliche? Der Disput um das Verhältnis von Natur und Kultur ist, wie schon erwähnt, ein zentrales Thema der Aufklärung, und Rousseau selbst fordert zwar keine Rückkehr zur Natur, wohl aber eine Orientierung an ihr. Bei näherem Hinsehen erweist sich allerdings die Natur eher als ein normatives Konzept, als dass in naiver Weise mit empirischen – biologischen oder physiologischen – Sachverhalten argumentiert würde. Dieses Problem kann an einer Passage aus dem ersten Buch des *Émile*, die einige Berühmtheit erlangt hat, beispielhaft erläutert werden. Dort fordert Rousseau die Mütter auf, der natürlichen Pflicht des Stillens ihrer Kinder nachzukommen. Den kulturhistorischen Hintergrund für diese Forderung bildet das in Frankreich im 18. Jahrhundert verbreitete Ammenwesen.[101] Aber warum sollten die Mütter ihre Kinder unbedingt stillen, wenn es offenbar mittels bestimmter Kulturtechniken auch anders geht? Die Delegation mütterlicher Aufgaben ist freilich von ihren Konsequenzen her zu beurteilen: »Alles entspringt aus dieser ersten Entartung: die ganze sittliche Ordnung gerät durcheinander (s'altère). Die natürlichen Regungen erlöschen. Die Häuslichkeit erstarrt. [...] Wenn sich jedoch die Mütter dazu verstünden, ihre Kinder selber zu nähren, so werden sich die Sitten von selbst erneuern und die natürlichen Regungen erwachen. [...] Wird die Stimme des Blutes nicht durch Gewohnheit und Fürsorge gestärkt, erlischt sie in den ersten Jahren und das Herz stirbt gewissermaßen vor seiner Geburt« (Émile 19 f.). Auf etwas dramatische Weise wird hier eine enge Verbindung zwischen den häuslich-privaten Verhältnissen und der gesellschaftlichen Ordnung als ganzer hergestellt. Das Stillen der Säuglinge und Kleinkinder als eine Dienstleistung wird mit Blick auf seine Folgen verurteilt, denn es verhindert die fundamentalste aller Bindungen, diejenige von Mutter und Kind, und wirkt damit ruinös auf die intim-familialen Verhältnisse insgesamt und im Weiteren auf die Gesellschaft als ganze. Dabei wird aber auch die Grundfrage der Anthropologie verhandelt: Was am Menschenwesen fällt auf die Seite der Natur, was fällt auf die Seite der Gewohnheit, der Konvention, sprich: der wandelbaren Sitten und der kontingenten Gebräuche? Das Zitat verwebt die beiden Seiten miteinander. Natur und Sitten müssen zusammengehen: Die Natur muss durch die Gewohnheit verstärkt werden, und die gesellschaftlichen Einrichtungen sollen sich auf die Natur stützen. Die Frage nach dem Verhältnis von Natur und Kultur ist besonders im Fall der Geschlechterordnung prominent, die ja schließlich den kreatürlichen Anteilen des Menschseins wie Sexualität und Generativität eine gesellschaftlich-institutionelle Verfassung gibt.

Dabei sind mit der Diskussion des Zusammenhangs von Natur, Kultur und Geschlecht im 18. Jahrhundert keine anderen als auch heute noch aktuelle Fragen berührt: Gibt es ein natürliches Geschlecht (*sex*), oder ist das Geschlecht eine gesellschaftliche Konstruktion (*gender*)? Wird man als Mann oder Frau geboren, oder wird man letztlich dazu gemacht?[102] Rousseau versteht es geschickt, zwischen den Polen des Natur-Kultur-Dualismus zu vermitteln: »Wollt Ihr immer gut geleitet sein, so folgt immer den Fingerzeigen der Natur«/»Voulez-vous toujours être bien guidé? Suivez toujours les indications de la nature.«[103] »Fingerzeige der Natur« in Sitten zu transformieren oder auch die »Stimme des Blutes« mit Gewohnheiten zu verstärken legt nahe, dass die Natur Hinweise gibt und Aufforderungen ausspricht, denen die gesellschaftlichen Einrichtungen entsprechen sollen. Diese metaphorische Redeweise verschleiert freilich das systematische Problem. Denn welche natürlichen Phänomene sind es genau, an denen wir einen normativen Sinn entziffern sollen? Oder, in der Logik der Metapher gesprochen, welche Zeichen der Natur sind zu interpretieren, und wer interpretiert sie richtig, und gibt es schließlich nur eine richtige Interpretation? Das sollte bei der Begründung des Geschlechterverhältnisses im Auge behalten werden, wenn Rousseau sich bemüht nachzuzeichnen, »wie uns das Physische unmerklich zum Moralischen führt« (Emil 389). Er wird »das Moralische«, also die kulturelle Ausgestaltung der Geschlechterbeziehung, aus dem Physischen entwickeln, insofern er Mann und Frau als sexuelle Wesen betrachtet. Die maßgebliche Basis, d.h. die für alle weiteren Überlegungen das Maß abgebende Grundlage ihres Verhältnisses, liefert dabei die Sexualität. Aber zunächst muss festgehalten werden, dass Mann und Frau grundlegend verschieden sind. Sie sind sich zwar darin gleich, dass sie beide der Gattung Mensch angehören, insofern sie aber Geschlechtswesen sind, sind sie unterschiedlich:

»In allem, was nicht mit dem Geschlecht zusammenhängt, ist die Frau Mann [l'homme = Mann/Mensch] [...] In allem, was mit dem Geschlecht zusammenhängt, gibt es bei Frau und Mann ebenso viele Übereinstimmungen wie Unterschiede – die Schwierigkeit, sie miteinander zu vergleichen, entsteht aus der, bei der Konstitution des einen und der anderen zu bestimmen, was geschlechtsgebunden ist und was nicht. Durch die vergleichende Anatomie und sogar durch bloßes äußeres Betrachten sieht man allgemeine Unterschiede zwischen beiden, die aber mit dem Geschlecht nichts zu tun zu haben scheinen; sie haben aber sehr wohl damit zu tun, jedoch durch Zusammenhänge, die zu bemerken wir außerstande sind – wir wissen nicht, bis wohin diese Unterschiede gehen können; das einzige, was wir mit Sicherheit wissen, ist, dass alles, was sie gemein haben, gattungsbedingt, und alles Unterschiedliche geschlechtsbedingt ist.

Unter diesem zweifachen Gesichtspunkt finden wir zwischen ihnen so viel Übereinstimmendes und Entgegengesetztes, dass es vielleicht als eines der Wunder der Natur angesehen werden muss, zwei einander so ähnlich und gleichzeitig so unähnlich beschaffene Wesen hervorgebracht zu haben.«[104]

Dieser Abschnitt kann als ein Paradebeispiel Rousseau'scher Rhetorik angesehen werden. Er gibt weder an, worin genau Mann und Frau als Geschlechtswesen sich gleichen, noch in Bezug auf was konkret sie unterschiedlich sind. Er legt sich auch nicht fest, wie dies Verhältnis von Gleichheit und Differenz einzuschätzen ist – überwiegt die Gleichheit oder die Differenz? Was aber unstrittig deutlich wird: Rousseau ist Differenztheoretiker. Dass Mann und Frau in gleichem Maße ähnlich wie unähnlich sind, bedeutet, dass die Frau nicht länger das verminderte zweite Geschlecht, den verfehlten Mann (*mas occasionatus*) verkörpert, sondern sich vielmehr in grundsätzlicher Weise vom Mann unterscheidet. Mann und Frau sind, obgleich beide Angehörige derselben Gattung, zwei maßgeblich verschiedene Wesen, »männlich« und »weiblich« sind zwei aufeinander nicht reduzierbare Bestimmungen. Die Differenz zwischen Mann und

Frau liegt – so man denn mit Rousseau erklärtermaßen die Überlegungen beim Physischen beginnen lässt – allem voran in der Organisation der Sexualität, und dieser Unterschied kommt im Vollzug der Sexualität, im sexuellen Akt, zum Austrag. Das männlich-sexuelle Vermögen ist fragil, Wollen und Können stimmen nicht notwendigerweise überein, wohingegen die weiblichen Begierden ebenso wie das weibliche Sexualvermögen unbegrenzt sind. Die Frau kann den sexuellen Akt jederzeit vollziehen. Dieses Missverhältnis *in sexualibus* bedarf einer Regulation (vgl. Emil 386)

Das Fortpflanzungsvermögen der Tiere ist durch den Instinkt reguliert, der Mensch hingegen, instinktreduziert, bedarf einer eigenen Art der Steuerung. Es ist nun die geschlechtliche Scham der Frau, die den Grundstein der Geschlechterordnung und gewissermaßen die Schwelle von der Natur zur Kultur bildet. Man fühlt sich an dieser Stelle an den Sündenfall und die Ausweisung des Menschen aus der prälapsarisch-kreatürlichen Ordnung erinnert. Mit der Scham hemmt die Frau einerseits ihre eigenen unbegrenzten Begierden und bewirkt andererseits durch ihren Widerstand die Aktualisierung des Geschlechtsvermögens des Mannes. Das weibliche Schamgefühl vermittelt zwischen Natur und Kultur, indem es das geschlechtliche Begehren initiiert und ihm eine Gestalt gibt, in der die Rolle und der soziale Status von Mann und Frau bereits vorgezeichnet sind.[105] Durch ihre natürliche Bestimmung als Geschlechtswesen konfigurieren sich zwischen Mann und Frau wechselseitige Abhängigkeits- und Herrschaftsverhältnisse, die schließlich eine Platzanweisung in der privaten wie der politischen Ordnung nach sich ziehen. Rousseau setzt die Frau als Herrin der Triebnatur ein, deren Aufgabe es ist, den Mann von der Unbotmäßigkeit des Sexus zu befreien. Der Mann wird durch seine Geschlechtsfunktionen nur passager bestimmt sein und kann sich der weiblichen Sexualökonomie überlassen, die ihm im Weiteren seine individuelle Verwirklichung als autonomes Willens- und bürgerliches Rechtssubjekt ermöglicht. Ihre Souveränität im Erotisch-Sexuellen restringiert die Frau allerdings restlos auf die Rolle als Geschlechtswesen: »Der Mann ist nur in gewissen Augenblicken Mann, die Frau aber ihr ganzes Leben lang Frau, oder wenigstens ihre ganze Jugend hindurch.« (Ebd. 389). Als Person ist die Frau unfrei, denn sie bleibt lebenslang Zwängen unterworfen (vgl. ebd. 399 f.). Da sie eigens »dazu geschaffen ist, zu gefallen« (ebd. 386) muss »[d]ie ganze Erziehung der Frau [...] daher auf die Männer Bezug nehmen (soit être rélative aux hommes)« (ebd. 394). Darüber hinaus hat sie sich der öffentlichen Meinung zu fügen, da sie nicht nur schamhaft sein, sondern allseits auch so erscheinen muss. Die weibliche Ehre ist an den Ruf gebunden, nur dieser versichert ihren Ehemann ihrer ehelichen Treue, deren er sich unumstößlich sicher sein können muss, um seine Kinder auch als die leiblich seinen lieben zu können (vgl. ebd. 390).

Der öffentlichen Meinung und ihren Ehemännern lebenslang unterworfen, ist die Frau in ihrer Lebensführung nicht selbstbestimmt, nicht Herrin ihrer selbst (*sui iuris*), mithin kein bürgerliches Rechtssubjekt wie der Mann und bleibt unter dieser Rücksicht lebenslang Kind. Diese asymmetrische Verschränkung von Geschlecht und persönlicher Autonomie zeigt eine paradoxe Gestalt: »die Frau ist als Geschlechtswesen Kind; der Mann als Erwachsener befreit vom Geschlecht.«[106] Die weitläufigen Ausführungen Rousseaus zur Erziehung Sophies zur idealen Frau richten sich an dieser Grundkonfiguration aus. Entscheidend ist für ein Mädchen, dass es »beizeiten an den Zwang gewöhnt werden« (ebd. 399) muss. Das bezeichnet das genaue Gegenteil des männlichen Erziehungsprogramms, denn Émile wird vom Erzieher vor allem in der freien Entfaltung seiner Person unterstützt und letztlich zum republikanischen Staatsbürger erzogen. Aus der relationalen Stellung der Frau, ihrer durchgängigen Bezogenheit auf den Mann, folgt nebst der Formung der adäquaten charakterlichen Dispositionen auch eine entsprechende Ausbildung ihrer intellektuellen Vermögen. »Die Erforschung der abstrakten und spekulativen Wahrheiten, die Prinzipien und Axiome der Wissenschaften, alles was auf die Verallgemeinerung der Begriffe abzielt, ist nicht Sache der Frauen. Ihre Studien müssen sich auf das Praktische beziehen.« (Ebd. 420) Von daher bilden »Geistesgegenwart, Scharfsinn, feine Beobachtungsgabe [...] die Wissenschaft der Frauen« (ebd. 418). Im Resultat bedeutet dies: »Die Frau hat mehr Witz, der Mann mehr Genie. Die Frau beobachtet; der Mann zieht Schlüsse. Aus diesem Zusammenwirken kommen die klarsten Erkenntnisse und das umfassendste Wissen, die der menschliche Geist aus sich selbst erwerben kann.« (Ebd. 421) Und schließlich sind »[d]ie sozialen Beziehungen der Geschlechter untereinander [...] wunderbar. Aus dieser Gemeinschaft entsteht eine moralische Person, deren Auge die Frau und deren Arm der Mann ist.« (Ebd. 409) Diese Idee der Fusion der Geschlechter zu einer moralischen Person in der Ehe wird in der Folge leitend für das bürgerliche Geschlechterkonzept werden. Mann und Frau bilden gemeinsam ein geistiges Ganzes, sie komplettieren sich harmonisch. Die Geschlechtscharaktere sind komplementär, wobei freilich durch die vollständige Hinordnung der Frau auf den Mann eher von einer supplementären Komplementarität gesprochen werden muss. Die Anfangszeilen des V. Buches haben dieses Geschlechtermodell bereits angekündigt. Sophie ist – nicht anders als im traditionell-christlichen Verständnis – die »Gefährtin«[107], die Émile benötigt, ein *supplementum ad completum.* Eine Spiegelung der Verhältnisse, die Émile als ein – und nur ein – Kapitel im Erziehungsgang Sophies thematisierte, also eine wirkliche Reziprozität von Mann und Frau, ist im Rahmen dieses Entwurfs nicht vorstellbar.

In der Rousseau'schen Republik ist die Frau Bürgerin als Geliebte und tugendhafte Gattin des Mannes und als Mutter seiner Kinder. Damit steht sie im Zentrum der Familie und trägt die Verantwortung für Zusammenhalt und Verlässlichkeit in der Sphäre des Privaten. Das Familial-Private dient so nicht allein zur Reproduktion der Gattung, sondern bringt vor allem republikanische, will heißen gemeinsinnsorientierte Bürgerinnen und Bürger hervor. Politische Tugend wird erzeugt und erhalten durch häusliche Tugend. Darin liegt die im wörtlichen Sinne staatstragende Funktion der Frauen, die als die »teure Hälfte der Republik«[108] tatsächlich Verantwortung für den gesamten Staat schultern. Das komplette weibliche Erziehungsprogramm ist auf eben diese Aufgabe ihrer indirekten Bürgerschaft abgestellt.

Im 18. Jahrhundert werden die normativen und kulturellen Grundlagen der bürgerlichen Geschlechterordnung formuliert, die bis ins 20. Jahrhundert wirksam bleiben werden. Das Geschlechterverhältnis bildet den Kern des Familial-Privaten, das sich mit der allmählichen Ausdifferenzierung der bürgerlichen Marktgesellschaft im 18. und 19. Jahrhundert zu einem gefühlsbasierten und rechtsfreien Binnenraum der Gesellschaft ausgestaltet. Für diese Entwicklung sind die theoretischen Weichenstellungen von Rousseau entscheidend. Sein demokratischer Gesellschaftsentwurf umfasst in traditioneller Weise die Sphären von Haus bzw. Familie und Staat, wobei den Männern beide Bereiche offenstehen, die Frauen hingegen in unveränderter Weise in der Familie verharren. Allerdings erfährt der Bezirk des Privaten gegenüber dem alten Konzept des *oikos* bzw. des Hauses eine eminente Aufwertung, insofern es in seinem Eigenwert dem Öffentlichen als gleichrangig zur Seite gestellt wird. Nicht länger nur der Umkreis des bloßen Lebens, der physischen Bedürfnisbefriedigung und der Fortpflanzung, bildet die Familie nun einen Bereich des guten Lebens *sui generis*. Die Erfüllungsmöglichkeiten menschlichen Glücksstrebens sind im bürgerlichen Entwurf in beiden sozialen Sphären eingelassen. Dem Dualismus der gesellschaftlichen Sphären korrespondiert die Ausgestaltung der Geschlechtscharaktere: Frauen tragen die Verantwortung für das Private, Männer, genauer gesagt Familienväter, leiten den Staat. Rousseaus »Republik der Tugend«[109] erfordert eine Erziehung zur Bürgerlichkeit, Männer und Frauen müssen gleichermaßen für eine bürgerliche Existenz und für ihren »Platz in [...] der moralischen Ordnung« (Emil 383) erzogen werden. Rousseaus platonisches Programm, das die Einheit des Staates als oberste Priorität ansetzt, schränkt freilich auch den Individualisierungsspielraum des Mannes nach Maßgabe der unverzichtbaren Gemeinwohlorientierung ein.[110] Dennoch ist trotz einer postulierten Gleichwürdigkeit der Geschlechtersphären die Restriktion der Frau auf den häuslich-familiären Umkreis nur durch ihre persönliche Unterordnung unter den Ehemann und einen unverhohlen massiven Erziehungszwang zu erreichen. Die ehemals im Rahmen naturrechtlicher Parameter unterstellte freiwillige Unterwerfung der Frau unter die Hausherrschaft des Mannes wird nun auf eine grundlegend neue Weise legitimiert. Ihr subalterner Status wird als eine im Physischen wurzelnde und als darüber hinaus unverzichtbare moralische und soziopolitische Notwendigkeit behauptet und im Medium der Erziehung im weiblichen Geschlechtscharakter unmittelbar verankert.

Vordergründig betrachtet mag der Paradigmenwechsel in der Konzeptualisierung des Geschlechtsunterschieds von einer quantitativen zu einer qualitativen Differenz – von der Frau als vermindertem Mann zur Frau als der ganz Anderen – als eine eher geringfügige Verschiebung betrachtet, vielleicht sogar als ein Fortschritt in der Wahrnehmung geschlechtlicher Andersheit gewertet werden; Rousseaus Weiblichkeitskonzept fand bei den zeitgenössischen Leserinnen jedenfalls keinen geringen Zuspruch.[111]

Für das politische Schicksal der Frauen war dieser theoretische *shift* allerdings verheerend. Da die philosophischen Geschlechtertheorien einen Teil der politischen Philosophie bilden, stehen sie wie jede politische Theorie auch in einer unauflöslichen Verbindung mit der politischen Wirklichkeit, sind mithin ein Bestandteil von ihr. Rousseaus Konzept der polarisierten Geschlechtscharaktere konnte sich im historischen Fortgang erfolgreich durchsetzen und in die Realität hineinbilden. Es trug im Zuge der späteren revolutionären gesellschaftlichen Transformationen in Frankreich auch gegen emanzipatorische Bestrebungen, wie sie exemplarisch und prominent von Olympe de Gouges und Condorcet vertreten wurden, den Sieg davon.[112] Zum einen wohl, weil hier eine Begriffssprache entwickelt worden war, in der das zeitgenössische politische und gesellschaftliche Bewusstsein seine Überzeugungen und Einstellungen und Affekte in Hinblick auf die Ordnung der Geschlechter repräsentiert finden konnte, zum anderen sicher auch, weil es im Interesse der bürgerlichen Männer lag, ihre Revolution gegen das Patriarchat an der Schwelle des eigenen Hauses enden zu lassen. Für den Ausschluss der Frauen von den Bürgerrechten erwies sich die Vorstellung der Frau als eines grundsätzlich anderen Menschenwesens auf jeden Fall als äußerst dienlich. Die Postulierung einer anderen, nämlich weiblichen Natur konterkariert den Universalismus der normativen Diskurse der bürgerlichen Moderne, denen gerade ihre Allgemeinheit Legitimität verschafft hatte, und lässt diese sich an einer männlich-hegemonialen verkürzten Umsetzung brechen. Der revolutionäre Umbau der ständischen Gesellschaft endet in einer geschlechtsständischen Gesellschaftsordnung, in der den Frauen qua Geburt die persönliche und politische Selbstbestimmung versagt bleiben.[113] Diese Zurücksetzung durch das Geschlecht ist somit eine grundsätzliche und von anderer Art anders als jene durch ökonomische Unterprivilegierung, welche nicht-bürgerliche Männer erfahren mussten, die aber zumindest der Möglichkeit nach überwunden werden kann. Wie dieses mit hohem intellektuellen Engagement entwickelte Konzept der polarisierten Geschlechtscharaktere einhundert Jahre später vollständig in den Mainstream des bürgerlichen Selbstverständnisses eingesickert ist und sich gleichsam als natürliches Faktum präsentiert, gibt das folgende Zitat aus dem Brockhaus von 1865 zu erkennen:

»Frauen, worunter der edlere Sprachgebrauch das ganze weibliche Geschlecht befasst, sind unter den Nationen und auf den Culturstufen, auf welchen das Geschlechtsverhältniß und die daraus entstehenden Beziehungen zwischen Mann und Weib eine höhere ästhetische und sittliche Richtung genommen haben, die Repräsentanten der Sitte, der Liebe, der Scham, des unmittelbaren Gefühls, wie die Männer die Repräsentanten des Gesetzes, der Pflicht, der Ehre und des Gedankens; jene vertreten vorzugsweise das Familienleben, diese vorzugsweise das Geschäftsleben. Diesem Inhalt entspricht die Form; das Weib strebt nach Zierlichkeit, Anständigkeit, Schönheit, der Mann nach Fülle, Kraft und praktischer Zweckmäßigkeit. Wie die Religion dem Weibe, so ist die Philosophie dem Manne entsprechend. Jenes empfindet, dieser erkennt das Richtige; der Mann ist stark im Handeln, Mittheilen und Befruchten, das Weib im Dulden, Empfangen und Gebären.«[114]

3.3 Die philosophische Konsolidierung des bürgerlichen Geschlechterkonzepts: Immanuel Kant

Rousseau behandelt die Frage des Verhältnisses von Mann und Frau sowie der Geschlechterordnung mit der Verve eines Kulturkritikers und aus dem Geist des Gesellschaftsreformers und misst ihr zentrale Bedeutung zu. Für Kant hingegen bildet das Verhältnis der Geschlechter keinen in besonderer Weise ausgezeichneten Gegenstand der Betrachtung. Dennoch finden sich innerhalb seines Gesamtwerks zwei umfassendere Darstellungen, wovon die erste sich der sogenannten vorkritischen Phase zuordnen lässt, die zweite der späteren kritischen. Dabei ist die theoretische Perspektive auf das Verhältnis von Mann und Frau jeweils verschieden. In den *Beobachtungen über das Gefühl des Schönen und Erhabenen* von 1764 wird im Ausgang vom Phänomen der ästhetischen Empfindungsfähigkeit ein geschlechtsdifferenziertes Tugendprofil entfaltet, im Rahmen der *Metaphysischen Anfangsgründe der Rechtslehre* von 1797 geht es um das Rechtsverhältnis von Mann und Frau in der Ehe. Die späte Behandlung der Geschlechterthematik im Rahmen der kantischen *Rechtslehre* ordnet sich, wenngleich in einer neu begründenden Weise, in die kanonischen Haus- und Ehelehren ein, der frühe moralpsychologische Essay greift den von Rousseau herrührenden Gedanken einer geschlechtsbedingten Teilung des Menschengeschlechts auf und entwirft ein männliches und ein weibliches Profil von Moralität. Damit wird einerseits die hernach typisch bürgerliche Polarisierung der Geschlechtscharaktere philosophisch weiter ausdifferenziert, und andererseits werden die angestammten Legitimationsmuster für die häuslichen Rechtsverhältnisse im Rahmen von Kants Vernunftrecht reformuliert. Entscheidend ist, dass auf der Basis der kantischen Voraussetzungen Anthropologie und Recht – also Geschlechtscharaktere und Rechtsverhältnisse – im Gegensatz zu Rousseau strikt getrennt behandelt werden.

Kants Bedeutung für die theoretische und praktische Philosophie herauszustellen ist überflüssig. Aber es lässt sich fragen, was Kant speziell zum Thema der Geschlechtertheorien beigetragen hat, wenn er nicht nur in seiner Eigenschaft als Meisterdenker Berücksichtigung finden soll. Es sind zwei Aspekte, die bleibend Aufmerksamkeit verdienen: Zum einen die Vertiefung des bürgerlichen Geschlechtsdualismus vermittels der komplexen Ausgestaltung der Geschlechterkomplementarität zu einer moralischen. Was Kant hier skizziert, wird im bürgerlichen Geschlechterdiskurs vielfach wiederholt und fortgeschrieben werden und am Ende des 20. Jahrhunderts im Kontext der feministischen Philosophie eine Debatte von großem Stellenwert werden: Das Thema einer genuin »weiblichen Moral« im Gegensatz zu einer »männlichen«, mithin die geschlechtskonnotierte Unterscheidung einer Fürsorgehaltung und einer Gerechtigkeitsorientierung in moralischen Fragen.[115] Zum anderen wird die kantische Definition der Ehe in der *Rechtslehre* als »Verbindung zweier Personen verschiedenen Geschlechts zum lebenswierigen, wechselseitigen Besitz ihrer Geschlechtseigenschaften«[116] in der Rezeption – nicht zuletzt bedingt durch Hegels prominente Kritik – gerne als ein Philosophen-Kuriosum herausgestellt. Dies zielt allerdings an der nicht uninteressanten Problemstellung vorbei, die sich Kant im Rahmen seiner Rechtsphilosophie stellt: Ist der »Gebrauch« eines anderen Menschen in der Sexualität überhaupt mit der Menschenwürde vereinbar? Denn, so viel vorweggenommen: Da es nach Kant menschenrechtlich kategorisch geboten ist, eine Person »jederzeit zugleich als Zweck, niemals bloß als Mittel« (Grundlegung 429) zu gebrauchen, stellt er sich in der Rechtslehre die Frage, ob man schlechterdings einen anderen Menschen in einer handfesten Weise dergestalt gebrauchen darf, dass man ihn lustvoll genießt?

3.3.1 Zwei moralische Haltungen: Gefühl versus Grundsatz

Die *Beobachtungen über das Gefühl des Schönen und Erhabenen* von 1764 ordnen sich in einen zeitgenössischen philosophischen Diskurs ein. Sie sind von der *Moral-Sense*-Philosophie der Engländer beeinflusst und von Edmund Burkes *Enquiry into the Ori-*

gin of Our Ideas of the Sublime and Beautiful von 1757 inspiriert. Die ästhetisch-moralpsychologische Deutung der Geschlechterdifferenz, die das dritte der insgesamt vier Kapitel liefert, gibt Kant schließlich als einen aufmerksamen Leser von Rousseaus *Émile* zu erkennen. Die ersten beiden Abschnitte der Schrift entfalten das Thema zunächst auf eine grundsätzliche Weise, bevor dann die Applikation der Ergebnisse auf das Geschlechterverhältnis erfolgt. Die Schrift ist, wie schon der Titel anzeigt, dualistisch angelegt. Es gibt im Menschen zweierlei ästhetische Gemütsdisposition: einen Sinn für das Schöne und einen Sinn für das Erhabene. Das Schöne ruft ein Lustgefühl hervor, das nicht rein subjektiv, sondern verallgemeinerbar ist; erhaben ist ein Objekt, wenn es erhabene Ideen im wahrnehmenden Subjekt hervorruft. Anlass bieten hier gern Naturschauspiele wie ein sturmbewegtes Meer, die ein Gefühl der Erhabenheit im Gemüt des Betrachters evozieren. Der ästhetischen Empfänglichkeit des menschlichen Gemüts korrespondiert die Ausprägung seines moralischen Sinns. Kant verbindet zunächst die ästhetischen Empfindungsvarianten mit der Galen'schen Temperamentenlehre und unterscheidet insgesamt drei Ebenen des moralischen Gefühls: das gesellschaftlich codierte *Ehrgefühl*, die *Gutherzigkeit*, die aus einer Lust an »gütigen und wohlwollenden Handlungen«[117] heraus handelt, und die *wahre Tugendhaftigkeit.*[118] Das »Ehrgefühl«, was man mit heutigen Begriffen eine rein konventionelle Moral nennen würde, die sich an gesellschaftlichen Vorstellungen und Verhaltenserwartungen orientiert, ist für Kant allerdings so weit von der Tugendhaftigkeit entfernt, dass man hier nur mehr von einem Anschein von Tugend, nur von einem »Tugendschimmer« (Beobachtungen 205–256, 218) sprechen kann.

Als ernst zu nehmende moralische Dispositionen können in einem idealtypischen Dualismus allein das »gute« und das »edle Herz« bestehen. Freilich sind sie in Hinblick auf wahre Tugendhaftigkeit nicht gleichrangig. Der Sinn fürs Erhabene, das edle Herz, kann »ächte Tugend« ausbilden, weil er in der Lage ist, sich auf das Allgemeine und Prinzipielle zu richten, mithin eine moralische Haltung einzunehmen, die auf Grundsätzen beruht, eine Beständigkeit in der Gesinnung kennt und ein Bewusstsein für das Phänomen der Verbindlichkeit entwickeln kann. Das gute Herz hingegen bringt es nur zu einer »adoptierten« Tugend, also zu einem moralischen Habitus, der mit echter Tugend nur bedingt verwandt ist. Dies ist eine »Situations- und Gelegenheitsmoral«[119], die im spontan empfundenen Mitleid wurzelt, eine Gutherzigkeit, die ihre Motivation aus dem Wohlgefallen an »gütigen und wohlwollenden Handlungen« (ebd. 218) bezieht.

Diese beiden unterschiedlichen moralischen Einstellungen von Gefühls- und Grundsatzorientierung werden von Kant zunächst als allgemeine anthropologische Dispositionen eingeführt. Für geschlechtertheoretisch versierte Leser und Leserinnen ist es freilich nicht wirklich überraschend, wenn im Fortgang der Darstellung der Sinn fürs Schöne und die Gefühlseinstellung der Frau und der Sinn fürs Edle und Erhabene mitsamt der Grundsatzorientierung dem Mann zugesprochen werden. Aber mehr noch: »Hierauf müssen alle Urtheile von den zwei Gattungen (der Menschen, F.K.), so wohl die rühmliche (sic!) als die des Tadels sich beziehen, alle Erziehung und Unterweisung muß dieses vor Augen haben, und alle Bemühung, die sittliche Vollkommenheit des einen oder des andern zu befördern; wo man nicht den reizenden Unterschied unkenntlich machen will, den die Natur zwischen zwei Menschengattungen hat treffen wollen« (ebd. 227). Hier werden die wesentlichen Parameter für die Geschlechterordnung benannt: Mann und Frau sind von Natur aus grundsätzlich verschieden – ja, sie bilden sogar zwei »Gattungen«. An dieser Differenz hat sich eine Erziehung der Geschlechter zu orientieren, die auf die jeweilige moralische Vollkommenheit abzielen soll. Der Geschlechtertheorie des frühen Kant liegt eine Naturteleologie zugrunde, also die Annahme, dass die Natur absichtsvoll verfährt und Zwecke verfolgt, nämlich den kreatürlichen Gattungszweck der Fortpflanzung, wozu auch die Unterschiede in der ästhetisch-moralischen Gemütsverfassung beitragen. Kant argumentiert folgendermaßen: Die moralische Kultivierung des Menschen liegt in der Absicht der Natur und dafür stützt sie sich listigerweise auf den Geschlechtstrieb, der freilich zunächst und zumeist gerade nicht als eine prominente Moralisierungsagentur gilt (vgl. ebd. 234). Zur Erinnerung: Rousseau war von einem weit weniger voraussetzungsreichen Naturbegriff ausgegangen. Bei ihm gibt – auch und gerade *in sexualibus* – die Natur lediglich sogenannte Hinweise, die konform auszugestalten im Interesse eines rein menschengesetzten Zwecks, nämlich dem des wohleingerichteten Gemeinwesens liegt. Beim frühen Kant jedoch gehen die »Zwecke der Natur darauf [...], den Mann durch die Geschlechterneigung noch mehr zu veredeln und das Frauenzimmer durch eben dieselbe noch mehr zu verschönen« (ebd. 240).

Die allgemein menschliche Empfänglichkeit ebenso für das Schöne wie für das Erhabene spezifiziert sich nun in Ansehung der Geschlechter dergestalt, dass »[d]as Frauenzimmer [...] ein vorzügliches Gefühl für das Schöne [hat], so fern es ihnen selbst zukommt, aber für das Edle, in so weit es am männlichen Geschlecht angetroffen wird. Der Mann [hat] dagegen ein [...] entschiedenes Gefühl für das Edle, was zu seinen Eigenschaften gehört, für das Schöne aber, in so fern es an dem Frauenzimmer anzutreffen ist.« (Ebd.) Das wechselseitige Begehren der Geschlechter zielt, sofern die Natur »ihre große Absicht« (ebd. 235) verfolgt, auf die sittliche Andersartigkeit des anderen Geschlechts. Dabei spiegeln sich Mann und Frau wechselseitig in ihrer Verschiedenheit, in der gleichwohl Anteile des Eigenen eingefasst sind. Mann und Frau lieben und schätzen sich jeweils als diejenigen, die sie selbst nicht sein können, die ihr *complementum ad totum* aber am anderen/an der anderen repräsentiert sehen. Darüber hinaus treibt die Praxis des Begehrens, das gegenseitige Umeinander-Werben und Gefallen-Wollen, die geschlechtstypischen Eigentümlichkeiten des/der Einen im Angesicht des/der Anderen zur Vervollkommnung. Nicht frei von Ironie skizziert Kant das Extrem dieser asymmetrischen Begehrensstruktur: »Wenn alles aufs Äußerste kommt, so wird der Mann, dreist auf seine Verdienste, sagen können: Wenn ihr mich gleich nicht liebt, so will ich euch zwingen mich hochzuachten, und das Frauenzimmer, sicher der Macht ihrer Reize, wird antworten: Wenn ihr uns gleich nicht innerlich hochschätzet, so zwingen wir euch doch, uns zu lieben.« (Ebd. 242) Man darf sich allerdings nicht täuschen lassen: Diese sich spiegelnd überkreuzenden Geschlechtseigentümlichkeiten, die sich im Begehrensspiel der Geschlechter zu ihrem jeweiligen Optimum hin steigern können, begründen nicht schon eine Gleichwertigkeit der Geschlechtscharaktere. Bereits bei der Unterscheidung von »echter«, nämlich prinzipienorientierter, und »adoptierter«, also gefühlsbasierter Tugend, die als explizit weibliche zur »schönen Tugend« wird, räumt Kant eindeutig der später dem männlichen Gemüt zugeschriebenen Disposition den Vorrang ein. Darüber hinaus erstreckt sich der Geschlechtsunterschied nicht nur auf die Gemütsveranlagung, sondern auch auf das Verstandesvermögen. Hier stehen sich entsprechend ein »schöner Verstand« und ein »tiefer Verstand« gegenüber (ebd. 229), ein Unterschied, der sich in der Wahl der Gegenstände und in der Art und Weise der Beschäftigung mit ihnen geltend macht: »Der schöne Verstand wählt zu seinen Gegenständen alles, was mit dem feineren Gefühl nah verwandt ist, und überläßt abstrakte Spekulationen oder Kenntnisse, die nützlich aber trocken sind, dem emsigen, gründlichen und tiefen Verstande. Das Frauenzimmer wird demnach keine Geometrie lernen ...« (Ebd. 230) Wissenschaft und Philosophie, alles was »[m]ühsames Lernen oder peinliches Grübeln« (ebd. 229) erfordert, ist nichts für Frauen. »Der Inhalt der großen Wissenschaft des Frauenzimmers ist vielmehr der Mensch und unter den Menschen der Mann. Ihre Weltweisheit ist nicht Vernünfteln, sondern Empfinden.« (Ebd. 230) Alle Unterweisung und Didaktik für Frauen und Mädchen hat sich daher bevorzugt am Narrativen, am konkreten Beispiel und am unmittelbaren Kontext zu orientieren, verbunden mit dem Appell an die eigenen, weiblichen Gefühls- und Erfahrungswelten: »Niemals ein kalter und spekulativer Unterricht, jederzeit Empfindungen und zwar die so nahe wie möglich bei ihrem Geschlechtsverhältnisse bleiben.« (Ebd. 231)

Kants kursorische Ausführungen zur weiblichen Erziehung machen unfreiwillig deutlich, dass ein Verstand immer das sein wird, wozu man ihn ausbildet. Die Beschränktheit, die Oberflächlichkeit und die Selbstbezüglichkeit, die Kontextgebundenheit, alles das also, was Frauen in der Folge als wesenseigentümliches intellektuelles Defizit zugeschrieben werden wird, nämlich der selbstbezogene, nur partikulare Standpunkt, ist hier Programm.[120] Kant kennt zweifellos die berühmten zeitgenössischen Mathematikerinnen und Physikerinnen französischer Provenienz, doch diese schwächen mit ihren Studien nur »die Reize [...], wodurch sie ihre große Gewalt über das andere Geschlecht ausüben« (ebd. 230). Geradezu kokett mutet es an, wenn er die Vermutung äußert, es sei eine »boshafte List der Mannspersonen [...], daß sie das schöne Geschlecht zu diesem verkehrten Geschmack haben verleiten wollen« (ebd.), weil sie sich so vor erotischer Anfechtung geschützt fühlen könnten. Das reizt zum Lächeln, gleichwohl steckt ein ernst zu nehmender Gedanke dahinter. Für Kant ist »die ganze Bezauberung«, die »über den Geschlechtstrieb verbreitet«

(ebd. 235) ist, an das »Gegenverhältnis« der Geschlechter geknüpft. Das geschlechtliche Begehren speist sich aus der affektiv-kognitiven Polarität von Frauen und Männern. Machte man nun Frauen durch Erziehung zu Männern, würde man der List der Natur entgegenarbeiten, die ja gerade durch die gegengeschlechtliche Attraktion das Geschäft der moralischen Vervollkommnung betreibt. Denn wie schon gesagt: »Es liegt am meisten daran, daß der Mann als Mann vollkommener werde und die Frau als Weib, d.i. daß die Triebfedern der Geschlechterneigung dem Winke der Natur gemäß wirken, den einen noch mehr zu veredeln und die Eigenschaften der andern zu verschönern.« (Ebd. 242) Freilich zeigt sich dabei, dass die Verschönerung der Frau letztlich auf die Kultivierung der überlegenen männlichen Vermögen abzielt, die sich im Theoretischen wie im Praktischen auf Prinzipien, also auf objektive Grundsätze, richten, wodurch der Mann einen Sinn für allgemeine Verbindlichkeit entwickeln kann. So läuft es schließlich im Zusammenleben von Mann und Frau in der Ehe auf eine moralische Arbeitsteilung hinaus: »In dem ehelichen Leben soll das vereinigte Paar gleichsam eine einzige moralische Person ausmachen, welche durch den Verstand des Mannes und den Geschmack der Frauen belebt und regiert wird.« (Ebd.) Hier ist ein »Vorzugsstreit« unter den Geschlechtern »läppisch«, denn jede_r tut das Seinige/das Ihrige an seinem/ihrem Platz. Und auch wenn der Verstand des Mannes die personale Einheit der Gatten regiert, so kann es hierbei nicht mehr um Herrschafts- und Befehlsrechte im wörtlichen Sinne gehen, denn die Ehe basiert auf wechselseitiger Zuneigung, und »[w]enn es dahin kommt, daß die Rede vom Rechte des Befehlshabers ist, so ist die Sache schon äußerst verderbt« (ebd.). Das alte Problem, wie die männliche Eheherrschaft zu legitimieren sei, ist damit umschifft, wenn nicht gar gelöst: Die Ehepartner komplettieren sich entsprechend ihren natürlichen Veranlagungen zu einer personalen Einheit, in diesem ehelichen ›großen Menschen‹ verkörpert der Mann naturbedingt das direktive Verstandesvermögen. Diese das moderne Geschlechterkonzept kennzeichnende Polarität der Geschlechtscharaktere wird sich bei allen Autoren der bürgerlichen Epoche finden lassen.[121] Die Akzentsetzungen sind freilich jeweils andere. So fällt beim frühen Kant im Vergleich zu Rousseau ins Auge, dass der politische Horizont, nämlich das Endziel der wohlverfassten Republik, zu dem das Geschlechterverhältnis vermittels der sozialisierenden Funktion der Familie beiträgt, entfällt und allein die individuelle moralische Kultivierung – vorrangig die des Mannes durch die Frau – das Telos der Geschlechterordnung abgibt. Ähnlich gelagert ist indes die Verknüpfung von Sein und Sollen: Eine weibliche Erziehung soll einer vermeintlichen Naturanlage entsprechen, indem sie deren Eigenart verstärkt und befestigt. Auch wenn der Essay von Kant nicht beansprucht, eine Erziehungsschrift zu sein, sollte doch der Einfluss dieser Art von normierenden Aussagen über Frauen nicht unterschätzt werden. Schließlich werden die Frauen, die eine in dieser Weise philosophisch legitimierte beschränkte Bildung erhalten, eben auch nur die Charakterdispositionen entwickeln, die von ihnen erwartet werden. Zu einem solchen Zurichtungsprozess trägt immer auch die Delegitimierung alternativer weiblicher Entwürfe als »unnatürlich« oder »wider die Natur gerichtet« bei.

Wie historisch nachhaltig der bürgerliche Geschlechterdiskurs auf die Konstruktion der Geschlechtsidentitäten gewirkt hat, mögen zwei Beispiele verdeutlichen. Kant spricht den Frauen das Gefühl für das Phänomen moralischer Verbindlichkeit ab: »Nichts von Sollen, nichts von Müssen, nichts von Schuldigkeit«, Frauen sind »aller Befehle und alles mürrischen Zwangs unleidlich« (ebd. 231). Sigmund Freud wird noch 1933 in seinem Aufsatz »Über die Weiblichkeit« den Frauen eine beobachtbare

Schwäche des Über-Ichs attestieren und damit verbunden die verminderte Fähigkeit, zu echten Kulturleistungen beizutragen. Noch gegenwartsnäher sind die bereits erwähnten und kontrovers diskutierten Studien der Psychologin Carol Gilligan aus den 1970/80er Jahren, welche die von Kant geschilderte kontextgebundene, fürsorgebasierte und gefühlsorientierte moralische Haltung bei Frauen im Gegensatz zur gerechtigkeitsorientierten und prinzipienbasierten moralischen Einstellung bei Männern auf empirischem Wege zutage förderten. Nun gibt es freilich in der Realität verschieden gelagerte Auffassungen von Moral und unter den Menschen eine ganze Bandbreite moralischer Einstellungen, wie es auch in der Theorie verschiedene Moralkonzepte gibt, die als solche diskutiert werden. Auffällig ist aber in den besagten moralpsychologischen Untersuchungen, dass der nachgerade klassische Gegensatz von Gefühlsmoral versus Prinzipienmoral sich signifikant in den entsprechenden Einstellungen von Frauen und Männern abbildet. Wenn solche Befunde schließlich ideengeschichtlich und geschlechtertheoretisch uninformiert interpretiert werden, legt sich ein Rückschluss auf unverrückbare Wesensnaturen von Männer und Frauen bzw. auf so etwas wie eine vermeintlich natürliche geschlechtsdifferenzierte Moral nahe.

3.3.2 Ein »sonderbares Theoriegestirn«: das dinglich-persönliche Recht

Innerhalb der kantischen Philosophie machen wir einen zeitlich und systematisch beträchtlichen Sprung, wenn wir uns der Geschlechtertheorie der *Rechtslehre* von 1797 zuwenden. Dort findet sich die Behandlung des Geschlechterverhältnisses im mittlerweile hinreichend bekannten Kontext, nämlich als Eheverhältnis, eingebettet in die häusliche Gemeinschaft. Die häusliche Gemeinschaft zeigt bei Kant noch das frühbürgerlich-ständische Profil und setzt sich aus Ehegatten, Kindern und Gesinde zusammen. Um die rechtliche Verfasstheit der Hausgemeinschaft angemessen darzustellen, konzipiert Kant eine besondere Rechtsform: das auf dingliche Art persönliche Recht. Schon auf den ersten Blick fällt auf, dass hier die zwei – schon für den gesunden Menschenverstand ohne weitere Vorkenntnisse der kantischen praktischen Philosophie – unvereinbaren Kategorien von Ding und Person offensichtlich in eine Verbindung gebracht werden.

Die komplexen theoretischen Grundlagen des kantischen Vernunftrechts müssen im vorliegenden Kontext unentfaltet bleiben.[122] Der Anlage nach ähnlich wie in den Naturrechtslehren existiert auch bei Kant vor dem Staat mit seinen sanktionsbewehrten Gesetzen ein zwar gesetzloser, aber nicht rechtloser Zustand. Menschen befinden sich vor der positiven Gesetzgebung bereits in rechtlichen Verhältnissen zueinander, die sich *a priori* aus der reinen praktischen Vernunft ableiten lassen. Das *ensemble* dieser Rechtsverhältnisse bildet nach Kant das Privatrecht. Der Staat gewährleistet mit seiner Gesetzgebung nichts anderes als die Sicherung der Individuen in ihrem privatrechtlichen Status. Ebenso wie das Eigentum an Sachen und das Rechtsinstitut des Vertrags sind nach Kant auch Ehe, Familie und Hausgemeinschaft vorstaatlich gültige Rechtsinstitutionen. Dieses Privatrecht denkt Kant besitzförmig, was besagt, dass, damit das Individuum als Freiheitswesen seine Zwecke in der Welt verfolgen kann, es berechtigt ist, verschiedene Gegenstände zu erwerben, d.h. zu dem Seinigen zu machen. In der Welt existieren nun genau zwei unterschiedliche Arten von Gegenständen: Dinge und Personen. Es können also auf eine vernunftrechtlich geregelte Weise Dinge erworben werden, nämlich Gegenstände aller Art, und es können darüber hinaus freilich nicht

Personen selbst, aber von Personen Leistungen erworben werden. Das ist eine wohlvertraute Sache: Wir können von anderen Menschen Dienstleistungen verschiedenster Art erwerben: Haareschneiden oder eine rechtliche Beratung. Dadurch werden die Dienstleistenden selbst ganz offensichtlich nicht zu meinem Besitz, so wie ein Ding – ein Buch oder ein Fahrrad – es wird, wenn ich es erwerbe. Das Rechtsuniversum Kants kennt nur Sachen und Personen. Vor diesem Hintergrund stellt sich für die Beziehungen innerhalb der Hausgemeinschaft nun das Problem, dass sie sich weder den dinglichen Verhältnissen noch den Dienstleistungsverhältnissen subsumieren lassen. Gesinde, Kinder und Ehegatten sind Personen, und von daher ist ihr dinglicher Besitz verbunden mit einem entsprechenden Gebrauch – das wäre die Sklaverei – nach Kant menschenrechtlich verboten. Aber diese Beziehungen sind ganz offensichtlich auch keine Dienstleistungsverhältnisse. Die Schwierigkeit liegt also darin, wie sich der dauerhaften, wenn nicht gar lebenslangen Zugehörigkeit einer Person zu einer anderen, die sich in der gebräuchlichen und ja nicht widersinnigen Rede von »meinem Mann«, »meiner Frau«, »meinen Kindern« bzw. »meinen Knechten und Mägden« niederschlägt, ein adäquater rechtlicher Ausdruck verleihen lässt. Die Lösung ist: Die Hausinsassen werden *erworben* wie Dinge und damit gehören sie jemandem an, aber sie werden *gebraucht* wie Personen, mithin in der Weise, wie es mit ihrer menschenrechtlich verbürgten Personenhaftigkeit vereinbar ist, d.h., sie dürfen nicht geschädigt, verkauft oder gar getötet werden. Kant versucht mit der Konstruktion des auf dingliche Art persönlichen Rechts, von ihm selbst als eine nur schwer fassbare Rechtsgestalt bezeichnet,[123] den menschlichen Verhältnissen Rechnung zu tragen, die in der leiblich-kreatürlichen Verfassung des Menschen wurzeln, dem sexuellen Verhältnis von Mann und Frau und dem generativen Verhältnis von Eltern und Kindern.

Diesen vorstaatlichen, natürlichen Verhältnissen verleiht er eine besondere rechtliche Gestalt, da sie die Systematik des Erwerbs von Dingen oder Dienstleistungen sprengt. Dass eine Person wie eine Sache besessen werden kann, also z.B. das Kind ganz dem Willen seiner Eltern unterstellt ist – freilich unter für Leib und Leben verträglichen Bedingungen –, korrespondiert dem natürlichen Faktum der kindlichen Unterstützungsbedürftigkeit. Und wie sich der spezifische Besitz und Gebrauch von Personen im Verhältnis der Gatten gestaltet, wird noch zu zeigen sein. Nimmt man allerdings das dritte Verhältnis, das von Familie und Gesinde hinzu, so komplettieren sich die häuslichen Verhältnisse zum neuzeitlich ständischen Sozialgebilde des ›ganzen Hauses‹, das von Kant mit dem dinglich-persönlichen Recht in eine Rechtsform gebracht wird. Denn die sogenannte Vertragsknechtschaft des 18. Jahrhunderts ist viel zu sehr mit sozio-ökonomischer Realität gesättigt, als dass sie den sexuell-generativen familialen Beziehungen vergleichbar wäre, denen nach Kant ein sogenanntes natürliches Erlaubnisgesetz zur eherechtlichen und elternrechtlichen Erwerbung zugrunde liegt. Damit wird aber sehr deutlich, dass das kantische apriorische Vernunftrecht, welches beansprucht, universale, allgemeingültige Rechtsbestimmungen ohne Rückgriff auf bereits konkret verwirklichte Rechtsmaterien zu entwickeln, sich ganz offensichtlich an historisch kontingenten Gegebenheiten bricht. Kurzum: Auch bei Kant, der sich dem radikalen Anspruch einer Deduktion der Rechtsbestimmungen aus der reinen praktischen Vernunft stellt, findet bezüglich der alteuropäischen Sozialgestalt der Hausgemeinschaft eine Akkommodation an das Bestehende statt.[124]

Dass Kant noch im Jahr 1797 einer ständischen Hausgemeinschaft eine etwas bedenkliche Rechtsform anmisst, mutet nicht gerade fortschrittlich an. Nimmt man demgegenüber aber das Eherecht als solches in den Blick, so zeigt sich dieses als ein radikal enttraditionalisiertes Konzept. Der häusliche Kernverband Familie, sprich die Eheleute und ihre Kinder, bildet, wiewohl seine Verhältnisse im Natürlichen wurzeln, gemäß dem späten, kritischen Kant gleichwohl keine Einrichtung mehr, die einen Naturzweck realisiert. Das ist ein Novum gegenüber den Naturrechtslehren, welche die *propagatio humanorum*, die Fortzeugung des Menschengeschlechts, als den primären Zweck von Ehe und Familie anführen. Aus einer solchen Perspektive entspricht die Ehe dem Gebot, dass der Mensch als Gattungswesen sich die Absicht der Natur selbst zum Ziel nehmen soll. Es ist aber eine der fundamentalen Prämissen der kantischen Rechtslehre, dass keinerlei Naturzwecke existieren, die der Mensch als Freiheitswesen sich selbst vorzusetzen hätte. Daraus ergibt sich, dass das Verhältnis von Mann und Frau in erster Linie ein sexuelles ist und kein generatives, welches die Eheleute von vorneherein als künftige Eltern bestimmt. Eben dies manifestiert sich auch in der natürlichen Triebrichtung, denn wir Menschen haben »keinen instinct [...], der unmittelbar auf die propagation gehet, aber wohl einen, der unmittelbar aufs Geschlecht gehet [...].«[125] Die Sexualität ist also nichts weniger als vom Fortpflanzungszweck emanzipiert. Am solcherart reinen Geschlechtstrieb tritt nun aber für Kant ein menschenrechtliches Problem zutage, das durch die Antithese von Verdinglichung und Menschenwürde charakterisiert ist und für das es eine, aber auch nur eine Lösung gibt, nämlich die Ehe.

Worin liegt aber nun genau das Problem mit der Sexualität? Darin, dass ein Mensch sich im Geschlechtsakt zum reinen Mittel macht und dadurch seine Menschenwürde verletzt. »Mache dich anderen nicht zum bloßen Mittel, sondern sei für sie zugleich Zweck«[126] – dies bezeichnet das Gebot der rechtlichen Ehrbarkeit, die darin besteht, »im Verhältniß zu Anderen seinen Werth als den eines Menschen zu behaupten« (Metaphysik 236).

Im Geschlechtstrieb liegt aber nun gerade ein »Principium der Erniedrigung der Menschheit«,[127] weil er sich als eine sinnliche Neigung auf ein Objekt zu seiner Befriedigung richtet, wobei dieses Objekt der Körperteil einer Person ist. Das, was nun nach Kant verboten ist, ist der Gebrauch eines Körperteils einer Person als Mittel zum Genuss oder auch andersherum das Sich-gebrauchen-Lassen zu fremdem Genuss. Offensichtlich liegt das Problem im *Genuss*, denn das dinglich-persönliche Recht war ja gerade als das Recht konzipiert worden, das den *Gebrauch* von Menschen, näherhin von Hausinsassen, in einer geregelten Weise erlaubt. Auch bei Knecht und Magd wird, weil ihr Tätigkeitsspektrum unspezifisch ist, von der ganzen Person Gebrauch gemacht. Den sexuellen Gebrauch einer Person aber nennt Kant Genuss. Der Genuss ist nun vom Gebrauch so unterschieden, dass im Genuss eine_r sich des/der anderen »unmittelbar zu seiner Belustigung«[128] bedient. Entscheidend ist somit die Kennzeichnung als »unmittelbar«. Wenn ich den Knecht zur Ernte gebrauche, dann ist er mir ein Mittel zum Zweck, wenn ich aber einen Menschen körperlich genieße, dann liegt im Genuss selbst bereits das Ziel. Die Sexualpartner_innen sind sich selbst also nichts anderes als ein reines Genussmittel. Diese radikale fleischliche Verdinglichung rückt den Genuss fast in die Nähe des Verzehrs und macht ihn zu einer paradoxen Spielart des Kannibalismus, eines solchen, der »die Persohn übrigläßt« (Metaphysik 359). Dieses konsumtive Element im sinnlichen Genuss einer Person bewahrt die Sprache in der metaphorischen Redensart »einen für Liebe aufessen zu wollen«, wovon, wie Kant hintersinnig anmerkt, »der Kuss eine Art von Versuch ist«.[129]

Die Situation erscheint vertrackt: Der Geschlechtstrieb scheint etwas zu verlangen, was die Moral kategorisch verbietet, nämlich eine unmittelbare Verdinglichung von Personen. Natur und Freiheit sind in einen Gegensatz geraten. Die Lösung für die verfahrene menschenrechtliche Lage liegt in der wechselseitigen Erwerbung der Sexualpartner in der Ehe. Denn in der Eheschließung erwerben sich Mann und Frau wechselseitig als Sachen und geben in diesem Akt ihre Persönlichkeit auf, bekommen sie aber im gleichen Moment wieder zurückerstattet. Jede_r gibt sich an den/die Andere_n weg und erwirbt jedoch gleichzeitig das Gegenüber. Dabei gewinnt er/sie sich selbst in der Person des/der Anderen, der/die ihn/sie zum Besitztum genommen hat, zurück. Die Personen erhalten sich jedoch in veränderter Form zurück, denn nun ist aus »Zweyen eine Moralische Person«[130] geworden, was bedeutet, dass die Ehepartner nunmehr eine »Einheit des Willens«[131] bilden und als »gleichsam nur ein Leib«[132] existieren. In der wechselseitigen vollständigen Veräußerung ihrer Person haben sich die Ehepartner restituiert als Glieder eines gemeinsamen Ganzen; sie sind gleichsam Gesamtbesitzer ihrer selbst als Gemeinbesitz, worin die Verdinglichung aufgehoben ist.

Kants Eherecht hat zahlreiche Missverständnisse provoziert und auch viel Kritik erfahren. Man sollte auf die überzeugenderen Anteile sehen. Festzuhalten ist, dass das eheliche Recht, ausdifferenziert im Theorem der wechselseitigen Erwerbung, strikt symmetrisch konzipiert ist. Mann und Frau sind als Eheleute rechtlich gleichgestellt, mit der Konsequenz, dass die Frau den Mann, sollte er sich »verlaufen«, sprich sie verlassen haben, ebenso zurückholen darf wie der Mann die Frau (Metaphysik 278). Diese strikte Gleichstellung in der Ehe bricht sich allerdings abermals am Erfordernis der Hausvorstandschaft. Hier nun gerät die rechtliche Gleichstellung von Mann und Frau ins alte herrschaftliche Fahrwasser mitsamt der sattsam bekannten Begründung:

»Wenn daher die Frage ist: ob es auch der Gleichheit der Verehelichten als solcher widerstreite, wenn das Gesetz von dem Manne in Verhältniß auf das Weib sagt: er soll dein Herr (er der befehlende, sie der gehorchende Theil) sein, so kann dieses nicht als der natürlichen Gleichheit des Menschenpaares widerstreitend angesehen werden, wenn dieser Herrschaft nur die natürliche Überlegenheit des Vermögens des Mannes über das weibliche in Bewirkung des gemeinschaftlichen Interesses des Hauswesens und des darauf gegründeten Rechts zum Befehl zum Grunde liegt, welches daher selbst aus der Pflicht der Einheit und Gleichheit in Ansehung des Zwecks abgeleitet werden kann.« (Ebd. 279)

Das Muster ist von anderen Autoren her vertraut: die freiheitlich-emanzipatorischen Prämissen seines Vernunftrechts werden im Fall der Hausherrschaft auch bei Kant außer Kraft gesetzt. Die eherechtliche Gleichheit wird letztlich von der traditionell-geschlechtshierarchischen Hausherrschaft überwölbt, darüber hinaus sichert der Mann als Hausvorstand die ökonomische Selbständigkeit und qualifiziert sich eben dadurch zum Staatsbürger.[133] Das Recht des Mannes auf die Hausvorstandschaft beruht auf der »natürliche[n] Überlegenheit seines Vermögens«, also letztlich auf der Natur, und entspricht darüber hinaus auch dem »Gesetz«, womit offensichtlich das biblische gemeint ist. Die theoretische Inkonsistenz ist manifest, denn Natur und Offenbarung stellen gerade die vom Vernunftrecht explizit aufgekündigten Legitimationsprinzipien dar.

Kants Beitrag zu den philosophischen Geschlechtertheorien ist januskopfig; ein Gesicht blickt in die Zukunft, eines wendet sich zur Vergangenheit zurück. Der sich an Rousseau anlehnende frühe Essay über die moralisch-ästhetischen Geschlechtscharaktere kann gewissermaßen als modern, als ein Diskussionsbeitrag auf der Höhe seiner Zeit betrachtet werden. Das Modell der polarisierten Geschlechtscharaktere wird für das bürgerliche Zeitalter bis weit in das 20. Jahrhundert hinein maßgeblich und prägend sein. Alle nachfolgenden klassisch bürgerlichen Autoren werden die Geschlechterdifferenz mit nur leichten Variationen dichotomisch ausbuchstabieren: Vernunft und Gefühl, Allgemeinheit und Besonderheit, Abstraktheit und Konkretheit, Verstand und Herz, Aktivität und Passivität, Gerechtigkeit und Fürsorge, Verändern und Bewahren, Trennen und Vereinigen ... – die Reihe der geschlechtskonnotierten Gegensatzpaare ist nahezu unabschließbar. Dieses Ergänzungsverhältnis der Geschlechtscharaktere wird die heikle Diskussion um die Hausherrschaft schließlich überflüssig machen, weil nun in das Innere der Geschlechtscharaktere hineinverlegt ist, was als ein äußeres Verhältnis unter Legitimationsdruck geraten ist. Wenn denn ›natürlicherweise‹ bei den Männern alle die Fähigkeiten und Vermögen angesiedelt sind, die sie zur Leitung und zum Erwerb, zum Wettstreit und zum öffentlichen Amt prädestinieren, und bei den Frauen Umsicht und Fürsorge fürs nächstliegend Konkrete und Lebendige gleichsam als Ausfluss ihrer Natur betrachtet werden können, dann sind die Geschlechtsidentitäten durch vermeintlich natürliche Fügung deckungsgleich mit gesellschaftlichen Aufgabenverteilungen und Funktionsanweisungen. Die oft und gerne beschworene Gleichwürdigkeit der Aufgabenfelder camoufliert dabei nur die alte Geschlechtsherrschaft im neuen Gewand.

Kants Behandlung des Geschlechterverhältnisses in der *Rechtslehre* von 1797 folgt demgegenüber allerdings noch ganz dem traditionellen herrschaftsrechtlichen Grundriss. Das ist deshalb bemerkenswert, weil Kants Rechtsphilosophie grundsätzlich von bürgerlich-revolutionärem Zuschnitt ist. Er entwirft eine vernunftrechtliche Ordnung, die auf Freiheit, Gleichheit und Wechselseitigkeit gegründet ist und in dieser Form die normative Verfassung der modernen Gesellschaft entwickelt. Wie ein Einschluss aus vergangener Zeit mutet innerhalb dieses freiheitlichen Grundrisses die rechtliche Verfassung von Ehe, Familie, Haus und Hof an. Das dinglich-persönliche Recht stellt den theoretischen Versuch dar, die überkommene Institution des ›ganzen Hauses‹ und in ihr die *societas conjugalis*, die eheliche Gemeinschaft, in eine vernunftrechtliche Form zu bringen, mit dem Ergebnis indes, dass das Konzept der Hausgemeinschaft insgesamt in die Bremsspuren des Aristotelismus gerät.[134] Aber wie schon erwähnt war auch den Vertretern des Dritten Standes in Frankreich der radikale revolutionäre Schwung auf der Schwelle des Hauses verloren gegangen. Erst in den Geschlechter- und Familientheorien des Deutschen Idealismus werden die alten Aristotelischen Relikte endgültig durch ein bürgerlich-modernes – wenngleich restauratives – Geschlechter- und Familienverständnis überwunden sein.

Als modern und liberal stellt sich allerdings das Verständnis der Sexualität dar, die Kant vom Reproduktionsauftrag befreit. Sexualität ist nicht erst – wie es eine lange christlich-kirchliche Tradition dekretiert hatte – durch die Zeugung von Kindern gerechtfertigt. Die sexuelle Praxis ist Selbstzweck, aber gerade dadurch entsteht das menschenrechtliche Problem, das für Kant im Genießen und Sich-genießen-Lassen einer Person liegt. Dass freilich der freiwillig vollzogene sexuelle Akt eine übermäßige Verletzung (*laesio enormis*) der Menschenwürde darstellen soll, mutet uns heute etwas verstiegen an. Ein gewisser Nachhall der kantischen Problemstellung manifestiert sich aber möglicherweise noch dort, wo heute über die Auffassung von Prostitution debattiert wird. Sind sexuelle Dienste nur Dienstleistungen wie andere auch, oder handelt es sich nicht vielmehr um eine Art von Handlungen, die die ganze Person involvieren? Ist ein_e Sex-Arbeiter_in nur eine Servicekraft neben anderen? Für Kant jedenfalls ist auf der Grundlage seiner Prämissen diese Art einer ›Selbstvermietung zu reinen Genusszwecken‹ menschenrechtlich kategorisch verboten.

4. Das Geschlechterverhältnis im Spannungsfeld zwischen Natur und Geist

4.1 Die Ehe als »vollkommene Vereinigung«: Johann Gottlieb Fichte

Der Kontrast zwischen zwei prominenten philosophischen Behandlungen der Geschlechter- und Ehethematik im Jahr 1797 ist beträchtlich. Hier eine Reformulierung des Gattenverhältnisses im Rahmen der angestammten ständischen Hausverfassung mit den Mitteln einer aufgeklärt-freiheitlichen Rechtsphilosophie – so der späte Kant –, dort gleichfalls als Teil einer philosophischen Rechtslehre ein grundlegend neuartiges Modell der Ehe im Sinne einer auf das Gefühl gegründeten selbstzwecklichen Vereinigung – so das romantische Verständnis von Fichte. Fichte präsentiert 1797 seine erste systematische Darstellung der Rechtsphilosophie, die *Grundlage des Naturrechts nach Principien der Wissenschaftslehre*. Diese beruht auf der zuvor in ersten Ansätzen entwickelten Wissenschaftslehre und entwickelt alle Gebiete des Wissens aus einem letzten obersten Prinzip, dem absoluten Ich, das sich selbst in intellektueller Anschauung gegeben ist und aus welchem auch das Recht als der Grundbegriff der Rechtsphilosophie deduziert werden muss. Fichte gewinnt in dieser Deduktion die Rechtssphäre als die Sphäre der wechselseitigen Freiheitseinschränkung.

Fichtes Naturrecht ist originell, und ebenso ist es seine Ehelehre. Hier wird das nachmalig als romantisch bezeichnete Ehe- und Liebesverständnis in die Form des philosophischen Naturrechts gebracht.[135] Aber freilich fällt bei näherem Hinsehen auch ein romantisches Eheverständnis nicht vom Himmel. Einiges, was bei Fichte nun zu einer expliziten Bestimmung wird, hatte sich in den aufklärerischen Ehelehren bereits vorbereitet. Denn auch wenn sich Fichtes Eheauffassung von der Haus- und Ehekonzeption der kantischen Rechtslehre zunächst stark zu unterscheiden scheint, war Kant in einem Punkt, den Fichte explizit betont, allerdings auch schon modern gewesen: Die Ehe ist zwar eine durch den Geschlechtstrieb motivierte Verbindung, aber die Zeugung von Nachkommen bildet nicht den erklärten Zweck der Ehe. Vielmehr, so definiert nun Fichte, ist die Ehe eine »vollkommene Vereinigung« zweier Personen beiderlei Geschlechts, »die ihr eigener Zweck ist«.[136] Die traditionellen Ehezwecke und vor allem der primäre des Gattungserhalts haben im romantischen Ehekonzept endgültig ausgedient. Die Ehe als die innigste Verbindung von Mann und Frau ist Selbstzweck, ein durch Natur und Vernunft bestimmtes Verhältnis. Und damit auch ein rein individuelles, staatsabweisendes Verhältnis: »Sonach hat der Staat über das Verhältnis der beiden Ehegatten gegen einander gar keine Gesetze zu geben, weil ihr ganzes Verhältnis gar kein juridisches, sondern ein natürliches und moralisches Verhältnis der Herzen ist.«[137] Als eine solche vollkommene »Herzensverbindung« ist die Ehe Gefühl, nämlich Liebe. Die Liebe als eine psychische Disposition, nicht länger nur eine zulängliche Voraussetzung zur Eheschließung unter anderen oder in Form von zärtlicher Freundschaft ein Verhaltensgebot für die Verheirateten, wird nun zum Wesen der Ehe selbst. Und dieses ausschließlich auf Liebe fußende sogenannte bürgerliche Ehemodell mit dem Gattenverhältnis als dem wesentlichen Bestandteil wird bis heute, wo es seine heteronormative Engführung überwindet, das für alle Schichten leitende Modell bleiben.

Festzuhalten ist, dass sich das Geschlechterverhältnis, das ja in der Tradition der Philosophie durchgängig als Ehebeziehung thematisiert wird, mit der Epoche der Romantik von einem Herrschaftsverhältnis endgültig zu einer Verbindung gewandelt hat, die wesenhaft auf Liebe beruht – mehr noch: »Ehe *ist* Liebe.«[138] Allerdings ist mit der Ablösung des Herrschaftscharakters der Ehe nicht unbedingt eine rechtliche Gleichstellung der Gatten erreicht, denn die Liebe als die unerlässliche Gefühlsdisposition wird – so zumindest bei Fichte und anders als bei Hegel später – allein der Frau zugeschrieben, welche der Mann seinerseits mit Großmut erwidert: »unbegrenzte Liebe von des Weibes, unbegrenzter Großmut von des Mannes Seite« (Grundriss II § 25) fügen sich zum Ehebund, das Verhältnis von Mann und Frau ist mithin wechselseitig, aber ungleich. Die Begründung dieser polarisierten Dispositionen der Geschlechter ergibt sich, da die Ehe ja eine »natürliche und moralische Gesellschaft«[139] darstellt, aus den natürlichen Voraussetzungen des Geschlechterverhältnisses.

In der Explikation der Naturseite der Geschlechter insistiert denn auch bei Fichte die aristotelische Biologie, insofern er die natürlichen Geschlechtscharaktere aus dem Zeugungsakt ableitet, der sich als aktive männliche Formierung des rein passiven und nur empfangenden weiblichen Stoffs vollzieht. Aus diesem in altbekannter Weise konzeptualisierten biologischen Unterschied wird nun eine ebenso fundamentale wie weitreichende Differenz zwischen den Geschlechtern gefolgert. Bezieht man nämlich die Naturseite auf die Vernunftnatur des Menschen als eines selbsttätigen, sich frei realisierenden Wesens in der Welt, so befinden sich beim Mann Natur und Vernunft in Übereinstimmung, bei der Frau jedoch steht ihre Natur als reine Passivität, die sie auf ein bloßes »Objekt einer Kraft« (ebd. II § 3.1) reduziert, in striktem Widerspruch zu ihrer Vernunft. Im Gegensatz zu Kant ist es bei Fichte also nur die Frau, die sich im *commercium sexuale* zur reinen Sache erniedrigt. Aber ebenso wie bei Kant die Ehe den Ausweg aus der Sackgasse der wechselseitigen Verdinglichung der Ehepartner im Geschlechtsverkehr darstellt, so liefert auch die von Fichte deduzierte Ehekonzeption die Lösung für die einseitige Verdinglichung der Frau. Diese Deduktion folgt dem natürlich-moralischen Doppelcharakter der Ehe und benennt zunächst die allgemeinen natürlichen Voraussetzungen in einer Argumentation, die freilich für moderne Leser_innen eine gewisse Zumutung darstellt. Da nach Fichte die reine Passivität als das Triebziel der Frau nicht mit ihrem Vernunftcharakter zu vereinbaren ist, muss ihr Trieb sich zur Liebe wandeln, denn erst in der Hingabe an den Mann werden Natur und Vernunft kompatibel: Die Liebe ist somit »der innigste Vereinigungspunkt der Natur und der Vernunft« (ebd. II § 4). In der liebenden Hingabe befördert die Frau das vernünftige, weil aktiv verfolgte Triebziel des Mannes und überwindet damit ihre biologisch bedingte Passivität. Zwar will es scheinen, als mache sich die Frau abermals zum reinen Objekt, da sie aber den Zweck des Mannes sich willentlich zu eigen macht, ist die reine physische Passivität zu einer moralisch qualifizierten Gestalt erhoben. Diese Hingabe kann freilich keine begrenzte, temporäre, sondern muss von Dauer, also lebenslang, sein. Und ebenso wie die Liebe der Frau um des sittlichen Charakters willen nur als bedingungslos vorstellbar ist, so ist auch die Überantwortung ihrer Person an den Mann ohne Vorbehalt, d.h., die Frau tritt alle ihre Rechte und ihr Vermögen an ihren Ehemann ab: »Ihre eigene Würde beruht darauf, dass sie ganz, sowie sie lebt und ist, ihres Mannes sey, und sich ohne Vorbehalt an ihn und in ihm verloren habe.« (Ebd. II § 6)

Nicht anders als in den ständischen Hauslehren stellt es sich also im romantischen Ehekonzept dar: Die Frau »hat aufgehört, das Leben eines Individuums zu führen; ihr Leben ist ein Theil seines Lebens geworden« (ebd.). Damit trägt sie als natürliches und vernünftiges Wesen in vollem Umfang zur Verwirklichung der Zwecke des Mannes bei. Aber einen wesentlichen Unterschied setzt Fichte doch zum alten herrschaftsförmigen Eheverhältnis, indem er nämlich eine Wechselseitigkeit von Dispositionen – freilich unterschiedlicher Art – annimmt, denn, wie schon erwähnt, wird die »unbegrenzte Liebe von des Weibes« durch »unbegrenzte Großmut von des Mannes Seite« ergänzt. Aus diesem Ineinander von Liebe und Großmut folgt zwar die »unbegrenzteste Unterwerfung der Frau unter den Willen des Mannes«(ebd. II § 16), die aber deshalb keine Despotie ist, weil auf der Seite des Mannes eben jene Großmut obwaltet, die sich die Realisierung der Zwecke der Frau angelegen sein lässt bzw. ihre Zwecke in seine, des Ehemannes Zwecksetzungen aufgenommen hat. Die Frau ist somit dem Mann nicht untergeordnet, sondern gewissermaßen in ihm »aufgehoben«, wobei sie freilich vollständig von seiner – philosophisch deduzierten – Großmut abhängig bleibt. So kennzeichnet Wechselseitigkeit diesen Ehebund, denn auch der Eheherr gewinnt sich durch seine männliche Form der Hingabe an die Frau in Form der Modifikation seines Willens ebenfalls in der Liebe seiner Gattin zu ihm zurück. Vollendet ist die eheliche Vereinigung schließlich, wenn »jeder Teil [...] seine Persönlichkeit aufgeben [will], damit die des anderen Teils allein herrsche; nur in der Zufriedenheit des anderen findet jeder die seinige; die Umtauschung der Herzen und der Willen wird vollkommen.« (Ebd. II § 7)

Bei Fichte ist deutlich zu erkennen, wie im romantischen Eheideal als eines höchst innerlichen und auf das subjektive Gefühl gegründeten lebenslangen Bundes zwar im Gedanken der Reziprozität der Gatten der revolutionäre bürgerliche Anspruch einer Egalität auch im Geschlechterverhältnis aufgenommen, aber zugleich durch die polarisierten Geschlechtscharaktere wieder unterlaufen ist. Denn Liebe und Großmut verhalten sich zueinander wie der Naturaspekt und der Vernunftaspekt der Moralität, und mit dem Rekurs auf die Biologie gerät letztlich auch im romantischen Geschlechterverständnis alles wieder auf das alte Gleis der Hierarchie von naturaffiner Frau und vernunftdominiertem Mann. Zugleich hat sich auch der mit den polarisierten Geschlechtscharakteren unweigerlich verbundene und bei Rousseau vorgezeichnete Gedanke für das bürgerliche Geschlechterverständnis verfestigt: Erst Mann und Frau gemeinsam realisieren vollkommene Humanität; sie sind *complementa ad totum*, sie ergänzen sich wechselseitig um das jeweils Fehlende zu einer vollkommenen personalen Einheit: dem Paar.

4.2 Geschlecht und Familie im historischen Wandel: G.W.F. Hegel

Auch Hegel thematisiert das Geschlechterverhältnis primär als Ehebeziehung im Rahmen der Familie. Letztere behandelt er in zwei seiner Hauptschriften an prominenter Stelle: In der *Phänomenologie des Geistes* (1807) im Abschnitt »Der wahre Geist, die Sittlichkeit«[140] und in den *Grundlinien der Philosophie des Rechts* (1820) in den §§ 158–181 »Die Familie«. Die *Grundlinien* explizieren das Verhältnis von Mann und Frau in der modernen bürgerlichen Ehe, die *Phänomenologie* behandelt das Geschlechterverhältnis in der griechischen Antike, was zeigt, dass Hegel – und das ist im vorliegenden Kontext originell – das Verhältnis der Geschlechter auch in seiner geschichtlichen Entwicklung betrachtet.[141]

Ebenso wie andere Autoren des Deutschen Idealismus will Hegel in seinem System das philosophische Wissen in seiner Totalität darstellen. Seine *Enzyklopädie der philosophischen Wissenschaften* (1817) kann als der letzte große Systementwurf in der Philosophiegeschichte betrachtet werden. Sie besteht aus den Teilen Logik, Naturphilosophie und Philosophie des Geistes, die untereinander verbunden die Entwicklung der Idee nachzeichnen, also die Entfaltung aller logischen und realen Kategorien aus sich selbst. Während die Logik die Idee in der ihr immanenten Entwicklung abhandelt, gehören die Naturphilosophie und die Philosophie des Geistes zur sogenannten »Realphilosophie«. Systematischer Ausgangspunkt für Hegels Überlegungen zum Thema Geschlecht und Familie ist zunächst der Begriff des »Gattungsprozesses«, den Hegel in der Naturphilosophie der *Enzyklopädie* entwickelt.[142] Denn die Familie ist nach Hegel die Institution, in welcher das natürliche Gattungs- und Geschlechtsverhältnis in ein sittlich-geistiges Verhältnis transformiert wird. Die Hauptaufgabe der Familie ist es, sich um der Freiheit willen Sexualität und Generativität anzueignen, sie nicht zu unterdrücken, aber auch nicht von ihnen dominiert zu werden, sondern sie so in das geistig-sittliche Leben zu integrieren, dass sie zu Aspekten einer freiheitlichen und wechselseitig anerkennenden Lebensgestaltung werden können.

Menschen sind natürlich-geistige Doppelwesen, wobei das Verhältnis von Natur und Geist in Hegels System kein statischer Gegensatz ist, sondern ein Prozess. Um wahrhaft menschlich, vernünftig zu leben, müssen die Menschen das Reich der Natur verlassen und sich als geistige Wesen verwirklichen; dies ist nicht zuletzt die philosophische Lesart des biblischen Sündenfalls. Der Geist kann sich jedoch nicht unmittelbar als freier Geist entfalten, sondern muss zu seiner Verwirklichung verschiedene Entwicklungsstadien durchlaufen. Er hat den Drang, sich in einer von ihm »hervorzubringenden und hervorgebrachten Welt« (Enzyklopädie III, § 385) selbst zu realisieren, und »aus diesem Drang allein ist Weltgeschichte zu begreifen« (ebd. § 384 Anm.). Geschichte ist deshalb Hegel zufolge wesentlich »Fortschritt im Bewusstsein der Freiheit«.[143] Ausdruck dieses Fortschritts ist die allmähliche Durchsetzung der Anerkennung aller Individuen als Rechtspersonen, eine Entwicklung, die sich sukzessive in vier welthistorischen Reichen Gestalt gibt: zunächst in den altorientalischen Hochkulturen, dann im griechischen, römischen und schließlich im germanischen Reich, dem christlich-europäischen Kulturraum.[144] Interessant ist nun, dass dem Fortschritt in der Staatsverfassung ein ebensolcher in der Gestaltung des Familien- und Geschlechterverhältnisses korrespondiert.

Einige Berühmtheit hat hier Hegels Entfaltung der antiken griechischen Familiensittlichkeit in der *Phänomenologie des Geistes* erlangt, vor allem auch deshalb, weil er das Verhältnis von Familie und Staat, von *oikos* und *polis*, in ihrer unauflöslichen und deshalb tragischen Entgegensetzung mittels der bedeutenden sophokleischen Tragödie *Antigone* veranschaulicht. Die diesbezüglichen Ausführungen sind teils so prominent, dass oft übersehen wird, dass Hegel hier nicht von der Familie und den Verhältnissen zwischen den Geschlechtern im Allgemeinen spricht, sondern von der Gestalt, die sich die Familie in der griechischen Antike gibt – expliziert nach Maßgabe der Hegel'schen Geistphilosophie. Hegel zeigt, dass die Etablierung von Rechtsverhältnissen in der griechischen Antike notwendig mit einem Konflikt zwischen den familiären Strukturen und dem sich entwickelnden politischen Willen einhergeht. Indem die Regierung der Polis mit Naturbedingungen bricht und an ihre Stelle bewusste Gesetze stellt, richtet sie sich gegen die gesellschaftliche Macht der Familie, die gerade an Naturvoraussetzungen festhält. Der Konflikt zwischen Polis und Familie ist zugleich ein

Konflikt zwischen Männern und Frauen, da aufgrund ihrer natürlich-sittlichen Bestimmung, ihrer Funktion in der Gesellschaft also, Männer das »menschliche Gesetz« (Phänomenologie 329) der Polis vertreten, Frauen dagegen das »göttliche Gesetz« (ebd. 330) der Familie. Eben diesen Konflikt zwischen dem »menschlichen« und dem »göttlichen Gesetz« sieht Hegel in der *Antigone* des Sophokles dargestellt. Kreon, Herrscher über Theben, erlässt bekanntlich ein Verbot, den gefallenen Thebaner Polyneikes zu bestatten, da dieser die Stadt angegriffen hat, um gegen seinen älteren Zwillingsbruder Eteokles seinen Anspruch auf den Thron durchzusetzen. Antigone, die Schwester von Eteokles und Polyneikes, bestattet ihren Bruder dennoch – in vollem Bewusstsein, dass sie sich, indem sie die höchste Familienpflicht erfüllt, der staatlichen Anordnung widersetzt. Bestimmung der Familie ist es nach Hegel, den Einzelnen als Familienmitglied unangesehen seines individuellen Fehlverhaltens zu ehren und mit der Bestattung zum Ausdruck zu bringen, dass er nicht anonym untergeht, sondern in der Einheit der Familie aufgehoben ist. Darüber hinaus ist in der archaischen Familie gerade das Verhältnis von Bruder und Schwester von besonderer, nämlich sittlicher Bedeutung, denn es stellt eine erste Form der Anerkennung dar. Das Verhältnis der Ehepartner kann anders als in der Moderne noch nicht eigentlich als ein sittliches Anerkennungsverhältnis gelten, weil es noch wesentlich eine Fortpflanzungsgemeinschaft ist. Damit anerkennen sich die Ehepartner vor allem als Geschlechtspartner und sind als solche austauschbar. Auch das asymmetrische Verhältnis der Eltern zu ihren Kindern stellt kein gelungenes Anerkennungsverhältnis dar. Allein Bruder und Schwester können sich sowohl die sexuelle Differenz wie auch die Anerkennung der unterschiedlichen sittlichen Betätigungsfelder der Geschlechter spiegeln, ohne dass diese Form des Geschlechterverhältnisses durch den Naturtrieb bedingt ist. Für die Frau ist insofern in der Antike der Bruder der wichtigste Mann im Leben, wie es Antigone tatsächlich auch selbst formuliert.

Wenn also nun Antigone ihren Bruder Polyneikes bestattet, dann kommt sie ihrer sittlichen Pflicht als Familienmitglied nach, ebenso wie Kreon mit dem Verbot der Bestattung des Staatsfeindes seine Pflicht als Herrscher der Polis erfüllt. Das Tragische des Konflikts zwischen Kreon und Antigone – bzw. zwischen den Geschlechtern in der Antike – besteht mithin darin, dass beide eine absolute Berechtigung, ja sogar die Pflicht haben, ihr jeweiliges Gesetz zu vertreten. Aufgrund der Unmittelbarkeit der griechischen Sittlichkeit sind sie jedoch noch ganz unmittelbar eingenommen von ihrem jeweiligen Gesetz und blind für die Berechtigung des jeweils anderen. Sie setzen ihr eigenes Gesetz absolut, verletzen unweigerlich das andere und werden schuldig. Dieser Konflikt kann erst im modernen Staat mit seinen ausdifferenzierten Institutionen aufgelöst werden. Dort kann der Familie der ihr gebührende Raum gegeben werden, ohne dass sie die Macht des Staates untergraben kann, und erst dort kann der Geschlechterkampf beendet werden.

Zur Weiterentwicklung des Familien- und Geschlechterverhältnisses zur »germanischen Familie« trägt nun Hegel zufolge wesentlich das Christentum mit seiner tendenziellen Gleichordnung von Mann und Frau bei. Darüber hinaus aber sind für das Verständnis dieser Institutionen in der Neuzeit vor allem die ökonomischen Veränderungen von einschneidender Bedeutung, wie sie auch in den *Grundlinien der Philosophie des Rechts* thematisiert werden. Mit der Neuzeit wird das Haus – der traditionelle Familienverband, der zugleich Ort der Produktion und der Reproduktion ist – aufgelöst. Die Familie schrumpft zur Sphäre der reinen Reproduktion, während die bürgerliche Gesellschaft sich als Sphäre der Produktion ausdifferenziert, was bekanntlich die geschlechtsspezifische Arbeitsteilung nach weiblicher Familienarbeit und männlicher familiärer Subsistenzsicherung nach sich zieht. Hegel hat nun den Anspruch, diese Familie seiner Zeit in den *Grundlinien* im Jahr 1820 auf den Begriff zu bringen: die moderne bürgerliche Kleinfamilie.

Tatsächlich ist Hegel eine umfassende begriffliche Explikation dessen gelungen, was sich im Rahmen der bürgerlichen Epoche als Modell der Familie zum Teil faktisch realisiert hat, auf jeden Fall aber schichtenübergreifend als ein allgemeines Ideal etablieren konnte. Hegel nimmt in seinen Familienentwurf viele Aspekte sowohl der überlieferten wie der seinerzeit aktuellen Diskussionen zu Ehe und Familie auf und er vermag ihn als einen nach mehreren Seiten hin vermittelnden – und dabei auch alternative theoretische Ansätze versöhnenden – zu konzipieren. Die Familie ist eine Institution, in der sich Natur und Geist vermitteln, auch Liebe und Recht, nämlich die Innerlichkeit des Gefühls mit der Äußerlichkeit des Vertrags, und die schließlich nicht in einen Gegensatz zum Staat gerät, sondern als eine eigengesetzliche Sphäre gegenüber der bürgerlichen Gesellschaft und dem Staat ihre Existenzberechtigung hat.

Hegel bestimmt die Familie als »unmittelbarer oder natürlicher sittlicher Geist« (Grundlinien § 157). Natürlich und sittlich ist die Familie, insofern sie den natürlichen Reproduktionszusammenhang, der ihre Grundlage bildet, in eine geistige Einheit transformiert.[145] Innerhalb der bürgerlichen Familie kommt die sittlich-geistige Aneignung des familiären Gattungszusammenhangs ganz wesentlich darin zum Ausdruck, dass sie eine intime Gefühlsgemeinschaft ist. Nach Hegel ist die sittliche Grundlage der Familie in der Moderne die Empfindung der Liebe zwischen ihren Mitgliedern. In dieser Liebe erfassen die Familienmitglieder unmittelbar, dass sie Teil eines sie umgreifenden Ganzen, einer substanziellen Einheit sind. Der oder die einzelne Familienangehörige ist in der Familie nicht – wie im abstrakten Recht – eine »Person für sich«,[146] ein vereinzeltes, auf sich gestelltes Individuum, das nur auf äußerliche mehr oder minder zufällige Weise mit anderen Individuen in Gruppen, z.B. Verbänden oder Arbeitszusammenhängen verbunden ist, sondern existiert wesentlich bezogen auf ein umfassendes größeres Ganzes. Die familiale Liebe stellt damit eine spezifische Form der Anerkennung dar, weil die Individuen ihr Selbstbewusstsein als vereinzelte Person in den anderen Individuen aufgeben, sich dabei aber auf einer höheren Stufe in der Gemeinschaft zurückgewinnen.[147] Ganz offensichtlich verhalten sich die Familienmitglieder zueinander nicht als abstrakte Rechtspersonen (vgl. ebd. § 159). Das »Recht« der Familie – wenn man davon überhaupt sprechen will – besteht paradoxerweise darin, innerhalb des Staates als eine rechtsfreie Sphäre zu bestehen und als solche geschützt zu werden. Geschützt wird hier vor allem die Möglichkeit, dass sich die Familienmitglieder in ihrer besonderen Individualität Raum lassen können, von der im abstrakten Recht gerade abstrahiert wird.

Die Familie gibt sich primär Gestalt in der Ehe (vgl. ebd. § 160). Hier wird die bloß natürliche und damit äußerliche Einheit der Geschlechter in der Fortpflanzung umgewandelt in eine geistige im Medium der selbstbewussten Liebe der Ehepartner (vgl. ebd. § 161). Der objektive Ausgangspunkt für die Ehe als sittliche Institution ist »die freie Einwilligung der Personen, und zwar dazu, eine Person auszumachen, ihre natürliche und einzelne Persönlichkeit in jener Einheit aufzugeben« (ebd. § 162). Dieser Gedanke ist nun schon hinlänglich bekannt: In der Ehe geben die Individuen ihre Selbständigkeit als Rechtspersonen auf, machen eine Person aus und gewinnen sich dadurch in der geistigen Einheit der Liebe auf einer höheren Stufe als der ihrer bloß persönlichen Besonderheit wieder. Der gefühlsgegründete »romantische« Vereinigungswunsch der Liebenden bekommt nach Hegel in der Aufgabe der Selbständigkeit als Rechtsperson einen institutionellen, rechtlich-sittlichen und somit zugleich objektiven Ausdruck.

Mit seinem Begriff der Ehe als selbstzweckhafter, sittlicher Liebeseinheit grenzt sich Hegel explizit von drei Formen der Ehebegründung ab, die einseitig bleiben, weil sie jeweils bloße Aspekte der Ehe verabsolutieren und diese als ihren Hauptzweck ausgeben (vgl. ebd. § 164). Wie schon für Kant und Fichte ist auch bei Hegel die Ehe nicht wesentlich dadurch bestimmt, dass sie den Naturzweck der Fortpflanzung realisiert. So machen die Gatten für sich genommen schon eine Familie aus. Zum anderen ist die Ehe – ebenso wenig wie der Staat – ein Vertragsverhältnis (vgl. ebd. §§ 75; 258 Anm.), insofern die Eheschließung ja gerade darin besteht, die Selbständigkeit als Rechtsperson, Grundlage jedes Vertrags, gegeneinander aufzugeben. Man könnte also die Ehe höchstens als einen Vertrag darüber auffassen, den Vertragsstandpunkt zu verlassen (vgl. ebd. § 163). Diese eheliche Wechselseitigkeit führt auch bei Hegel letztlich zu einer geschlechtsasymmetrischen Positionierung, weil die Frau gerade in dem Akt, in dem sie als Rechtsperson anerkannt wird – in der Eheschließung –, diesen Status aufgibt, während der Mann ihn als Familienoberhaupt und rechtlicher Vertreter der Gemeinschaft beibehält. Schließlich kritisiert Hegel noch die Auffassung der Romantiker wie vor allem diejenige Schlegels, dass die Ehe wesentlich ein subjektives Liebesverhältnis sei, das keiner institutionellen Form bedarf, sondern dadurch sogar pervertiert würde (vgl. ebd. §§ 161 Z; 164; 164 Z). Die eheliche Liebe muss aber von der Launenhaftigkeit des reinen Gefühls befreit und deshalb in ein rechtlich-sittliches Verhältnis transformiert werden. Insbesondere für die Frauen bietet die förmliche Eheschließung eine Sicherheit, weil sie nur in Ehe und Familie ihr sittliches

Betätigungsfeld haben und als verführte oder verlassene anders als der Mann ihre sittliche Würde verlieren (vgl. ebd. § 164 Z).

Dass die Ehepartner das Geschlechtsverhältnis als ein geistiges realisieren, hat zur Folge, dass in der Ehe die bloß »*natürliche* Bestimmtheit der beiden Geschlechter [...] durch ihre Vernünftigkeit *intellektuelle* und *sittliche* Bedeutung« (ebd. 165) erhält. Will heißen: Die Geschlechter verwirklichen das Geistige in je unterschiedlicher Weise. Der Mann ist »das Geistige, als das sich Entzweiende in die für sich seiende Persönlichkeit und in das Wissen und Wollen der freien Allgemeinheit« (ebd. § 166), die Frau dagegen stellt das »in der Einigkeit sich erhaltende Geistige als Wissen und Wollen des Substantiellen in Form der konkreten Einheit und Empfindung« (ebd.) dar. Was hiermit angezielt ist, zeigt sich, wenn sich die intellektuell und sittlich unterschiedlichen Profile von Mann und Frau in der entsprechenden Arbeitsteilung konkretisieren. Der Frau wird der Umkreis der Familie, dem Mann die bürgerliche Gesellschaft, also die marktförmig organisierte Erwerbssphäre sowie »das Leben im Staate, der Wissenschaft und dergleichen« (ebd.) als sittliches Betätigungsfeld zugewiesen. Diese Zuordnung ergibt sich konsequenterweise aus den die Geschlechter bestimmenden Begriffsmomenten: Die Familie ist als natürlich-sittlicher Reproduktionszusammenhang Hegel zufolge die Sphäre der unmittelbaren, substanziellen Einheit, während die bürgerliche Gesellschaft aufgrund der Arbeitsteilung und der Anerkennung der Einzelnen als Rechtspersonen die Sphäre der Entzweiung darstellt (vgl. ebd. § 157); Wissenschaft und Staat schließlich bilden die Sphäre der Allgemeinheit. Hegel schreibt damit in seiner Begrifflichkeit die angestammten Charakteristika von Mann und Frau fort. Dem Männlichen werden bereits in der Natur (vgl. Enzyklopädie II § 369 Z) und im Weiteren intellektuell und sittlich alle wesentlichen Bestimmungen der Subjektivität zugeschrieben – Tätigkeit, Vermittlung,

Entzweiung –, dem Weiblichen dagegen Unmittelbarkeit, Indifferenz und Passivität. Aber auch bei Hegel sind die Geschlechter erst in ihrer Komplementarität vollkommen. Zwar wird dem Mann die Seite des Geistigen zugesprochen, die weitere Entwicklung und Entfaltung ermöglicht, aber er bedarf wesentlich der Frau, um diese ihm eigene sittliche Tätigkeit zu realisieren. Ihre wesentliche Bedeutung besteht darin, ihm in der Familie eine unmittelbare, ruhige Anschauung (vgl. Grundlinien § 166) gerade der übergeordneten Einheit zu geben, an welcher er in der bürgerlichen Gesellschaft und auf höherer Ebene auch im Staat mitarbeitet. In der Familie anerkennen Mann und Frau, dass sie, so wie sie in ihrer natürlichen Verschiedenheit nur gemeinsam zur Einheit der Gattung beitragen können, sie ebenso als sittlich-geistig Unterschiedene nur gemeinsam die Totalität der Sittlichkeit, nämlich den Staat, als die geistige Einheit der Gattung realisieren können. Aufgrund dieser wechselseitigen Anerkennung kommt es Hegel zufolge nicht mehr zu einem Konflikt der Geschlechter wie noch in der griechischen Antike. Hegel legitimiert damit allerdings zugleich den Ausschluss der Frauen aus der Sphäre der Öffentlichkeit und der Bildung.

Hegels Familien- und Geschlechtertheorie macht in vielen Hinsichten die Realität der bürgerlichen Familie begreifbar, eignet sich aber ebenso dazu, die ideologischen Voraussetzungen der bürgerlichen Familie herauszuarbeiten. Das harmonische Bild des Geschlechterverhältnisses, das Hegel zeichnet, wurde schon zu seinen Lebzeiten z.B. seitens der Romantikerinnen, noch entschiedener aber in der bald nach Hegels Tod erstarkenden bürgerlichen und proletarischen Frauenbewegung heftig kritisiert. Der Ausschluss der Frauen aus der Sphäre der Öffentlichkeit, der Bildung, der Berufstätigkeit, ihre finanzielle Abhängigkeit von Männern und ihre faktische Rechtlosigkeit konnten nicht länger als Ausdruck des freien Willens begriffen werden, wie Hegel behauptet hatte. Auch wenn im 19. Jahrhundert viele Männer die Frauenbewegung lächerlich machten oder aktiv bekämpften, gab es neben einigen wenigen liberalen Feministen mit der sozialistischen Bewegung doch eine politische Strömung, die am ehesten bereit war, den Befreiungsanspruch der Frauen aufzugreifen. Das schlägt sich auch in der politischen Philosophie nieder: Schon bald nach Hegels Tod arbeiten Marx und Engels im Rahmen der kritischen Auseinandersetzung mit dem Hegel'schen Idealismus auch die ideologischen Seiten seiner Familien- und Geschlechtertheorie heraus. Marx und Engels schätzen an Hegel, dass er das menschliche Denken als einen Prozess versteht und die Geschichte als eine fortschreitende Entwicklung begreift. Aber ihre materialistische Kritik richtet sich darauf, dass der Hegel'sche Idealismus die wahren Voraussetzungen für einen geschichtlichen Fortschritt verkennt und mit dem »Zusichkommen der Idee« in Hegels eigenem System eine weitere gesellschaftliche Entwicklung sogar undenkbar macht. Nicht zuletzt weil sie höchst einflussreich war, soll abschließend die materialistische Kritik von Marx und Engels an der Institution der bürgerlichen Familie noch kurz vorgestellt werden.

4.3 Befreiung der Frau durch den Kommunismus: Friedrich Engels

Marx und Engels diskutieren das Geschlechterverhältnis im Zusammenhang von Ehe und Familie mit dem Hinweis, dass in einer kommunistischen Gesellschaft diese Institutionen aufgelöst sein werden, da dort die Einzelfamilie ihre Funktion als ökonomische Basis der Gesellschaft verliert. Erst dann wird ein freies Zusammenleben der Geschlechter möglich sein, das tatsächlich auf individueller Geschlechtsliebe statt auf wirtschaftlicher Abhängigkeit der Frau vom Mann beruht.

Grundsätzlich geht für Marx und Engels der historische Wandel der Geschlechterverhältnisse nicht auf eine Veränderung der Staatsformen und Rechtsverhältnisse als Ausdruck eines »Fortschritts im Bewußtsein der Freiheit« zurück, sondern liegt in der Entwicklung der Ökonomie begründet. Der idealistischen Geschichtskonzeption Hegels setzen sie ihre materialistische Geschichtsauffassung entgegen, d.h., sie beginnen bei den wirklichen, materiellen Voraussetzungen, wobei »die erste Voraussetzung aller Menschengeschichte [...] natürlich die Existenz lebendiger Individuen [ist]«.[148] Zwar kann der von außen hinzutretende Theoretiker die Menschen durch Bewusstsein oder Religion von den Tieren unterscheiden, aber »sie selbst fangen an, sich von den Tieren zu unterscheiden, sobald sie anfangen, ihre Lebensmittel zu produzieren« (Deutsche Ideologie 21). Die »erste geschichtliche Tat« ist also die Erzeugung der Mittel zur Befriedigung der eigenen Bedürfnisse, »die Produktion des materiellen Lebens selbst« (ebd. 28). Damit Menschen existieren können, müssen sie aber nicht nur die Lebensmittel produzieren, um sich am Leben zu erhalten, sondern sie müssen sich auch fortpflanzen, um die Gattung zu erhalten: Produktion und Reproduktion sind die bleibenden Voraussetzungen für die Menschen und bilden somit seine materielle Basis.

Entscheidend ist nun, dass nach Marx und Engels Produktion wie Reproduktion des menschlichen Lebens eine doppelte Seite haben: Sie sind gleichermaßen natürlich wie gesellschaftlich. Natürlich sind sie, weil Menschen von Natur aus nur leben können, wenn sie Lebensmittel produzieren und sich fortpflanzen, und sie sind gesellschaftlich, weil in beiden Fällen mehrere Individuen zusammenwirken müssen. Eine bestimmte Produktionsweise geht immer einher mit einer bestimmten Weise des Zusammenwirkens der Menschen, und zwar sowohl in der Produktion als auch in der Fortpflanzung. Es ist also weder die Art, wie und was wir produzieren, noch die Art, wie wir uns fortpflanzen bzw. wie wir mit der Fortpflanzung umgehen bloß natürlich, sondern beides ist zugleich gesellschaftlich und historisch. Und wie es in der Fortpflanzung durch die Schwangerschaft und Stillzeit der Frau eine Arbeitsteilung gibt, die sich naturwüchsig (nicht natürlich!) herausbildet,[149] so entwickelt sich auch eine Arbeitsteilung in der Produktion. Nach Marx und Engels zeigt sich also »von vorneherein ein materialistischer Zusammenhang der Menschen untereinander, der durch die Bedürfnisse und die Weise der Produktion bedingt und so alt ist wie die Menschen selbst – ein Zusammenhang, der stets neue Formen annimmt und also eine Geschichte darbietet, auch ohne dass irgendein politischer oder religiöser Nonsens existiert, der die Menschen noch extra zusammenhalte« (ebd. 30).

Eine Analyse der kapitalistischen Produktionsverhältnisse zeigt nun in Hinblick auf die Geschlechter Folgendes: Innerhalb der bürgerlichen Gesellschaft ist die Frau reduziert auf die häuslichen, reproduktiven Tätigkeiten. Damit ist sie einerseits getrennt von einem wesentlichen Ausdruck ihrer Lebensenergie, der mit der produktiven Arbeit verbunden ist, andererseits wird ihre Arbeit nicht als gesellschaftlich notwendige Arbeit anerkannt. Diese Anerkennung ist in der kapitalistischen Gesellschaft nur derjenigen Arbeit vorbehalten, die auf dem Markt ihren Wert als Ware realisieren kann. Indem nun die Hausfrau ihre Hausarbeit im privaten Rahmen und unentgeltlich – bei gleichzeitiger finanzieller Abhängigkeit vom Ehemann – verrichtet, muss ihr Status als sklavisch bezeichnet werden, wie denn auch die Arbeit eines Sklaven oder Leibeigenen nicht über den Markt vermittelt ist, sondern in persönlicher Abhängigkeit vom Hausherrn verrichtet wird. In seiner Schrift *Der Ursprung der Familie, des Privatei-*

gentums und des Staats (1884), die auf Marx' Notizen aus dem Buch *Ancient Society* (1877) des Ethnologen Lewis Morgan beruht, zeigt Engels detailliert, wie diese Versklavung der Frau mit der Entstehung des Privateigentums und der Durchsetzung patrilinearer Vererbung einhergeht – und damit letztlich Resultat des Umsturzes des Mutterrechts zugunsten patriarchaler Verhältnisse ist.[150]

Der Kapitalismus bringt aber nun gerade auch die Bedingungen hervor, die die Frauen aus dieser historisch gewachsenen Rolle herausholen und zur Auflösung des alten Familienwesens führen, indem er – nicht zuletzt mit der modernen Industrie – Voraussetzungen schafft, aufgrund deren Frauen und Kinder in den Produktionsprozess integriert werden können. Und ironischerweise ermöglicht die Bourgeoisie, indem sie zur Auflösung der Familie im Proletariat beiträgt, der Arbeiterklasse genau das, was sie in der bürgerlichen Ehe realisiert wissen will, was diese aber in Wahrheit nicht ist: nämlich eine Verbindung der Geschlechter, die allein auf Liebe beruht. Durch die Abhängigkeit der Frau vom Mann basiert nämlich die bürgerliche Familie allen ideologischen Verschleierungen zum Trotz letztlich auf Geld, und da die Ehepartner sich vor allem aus finanziellen Gründen nicht trennen können, geraten Prostitution und der permanente Ehebruch zur Kehrseite der bürgerlichen Ehe. Im Proletariat hingegen gibt es kein Eigentum zu verlieren und kein anderes Interesse aneinander als die gegenseitige Zuneigung (vgl. Der Ursprung 82). Dennoch kann sich wahre Monogamie als freie Liebesgemeinschaft nicht eher als im Kommunismus durchsetzen, denn dort wird die Reproduktionsarbeit vergesellschaftet und zu einer öffentliche Aufgabe. Und erst dort ist keine Frau mehr gezwungen, sich zu prostituieren, um sich am Leben zu halten (vgl. ebd. 77). Letztlich messen also Marx und Engels die bürgerliche Familie an ihrem eigenen Maßstab und zeigen, dass sie diesem nicht gerecht werden kann. Eine Aneignung der Gattungshaftigkeit in Form eines freien Geschlechterverhältnisses, das allein auf Liebe beruht, kann sich im Kapitalismus nicht realisieren, weil dieser immer noch auf dem Klassengegensatz sowie dem Antagonismus von Mann und Frau basiert und damit auf latenter Sklaverei und Privatreichtum (vgl. ebd. 68). Erst wenn das Privateigentum an Produktionsmitteln und mit ihm der Klassengegensatz aufgehoben ist – im Kommunismus also –, wird eine Aneignung der menschlichen Natur möglich, die sich in einem freien Verhältnis der Geschlechter darstellen wird.

Marx' und Engels' Kritik des Geschlechterverhältnisses im Kapitalismus und die Vision, die sie für das Verhältnis von Mann und Frau im Sozialismus entwerfen, waren Gegenstand heftiger Auseinandersetzungen innerhalb des Feminismus, und es besteht immer noch Uneinigkeit darin, wie ihr Ansatz zu bewerten ist.[151] Eine frühe affirmative Rezeption stellt z.B. Clara Zetkins Schrift *Zur Geschichte der proletarischen Frauenbewegung*[152] dar. Es gibt aber auch zahlreiche kritische Stimmen, die Marx und Engels vorwerfen, die Unterdrückung der Frau zum bloßen »Nebenwiderspruch« degradiert, die Reproduktionsarbeit entwertet und suggeriert zu haben, der Konflikt der Geschlechter würde sich im Kommunismus von selbst lösen.

5. Geschlecht und gesellschaftliche Utopie

5.1 Familie zwischen Autorität und Humanität: Max Horkheimer

Max Horkheimer thematisiert die Geschlechterfrage gleichfalls im Rahmen der Institution der Familie.* Seine Überlegungen zur bürgerlichen Kleinfamilie knüpfen an das Familienmodell Hegel'scher Prägung an, insgesamt fußt seine Position auf der Theorie von Marx. Sein Fokus ist allerdings mehr als auf das Verhältnis von Mann und Frau auf das psychodynamische Geschehen zwischen den Eltern und dem Kind gerichtet. Mann und Frau kommen in ihrer sozialisierenden Funktion und in der Rolle von Vater und Mutter, die Familie insgesamt als eine »Bildungsmacht« und als ein Ort der Formierung von Individuen in den Blick: »Unter den Verhältnissen, welche die seelische Prägung des größten Teils aller Individuen sowohl durch bewußte als durch unbewußte Mechanismen entscheidend beeinflussen, hat die Familie eine ausgezeichnete Bedeutung.«[153] Horkheimer, einer der Hauptvertreter der sogenannten Frankfurter Schule bzw. der Kritischen Theorie, widmet sich der Frage, auf welche Weise sich die »Herrschaft von Menschen über Menschen, welche die bisherige Gestalt der Geschichte bestimmt, im Herzen der Beherrschten selbst« (Autorität 22) befestigt. Er fragt: Worin liegt die Kraft der Selbstreproduktion der bürgerlichen Welt? Welche sind die Mechanismen, über die sich eine als autoritär charakterisierte bürgerliche Ordnung beharrlich wiedererzeugt? Vor dem Hintergrund des Faschismus werden die *Studien über Autorität und Familie* von Max Horkheimer, Erich Fromm und Herbert Marcuse 1935 im amerikanischen Exil abgeschlossen und 1936 in Paris veröffentlicht. Von diesen *Forschungsberichten aus dem Institut für Sozialforschung* verfasst Horkheimer selbst den *Allgemeinen Teil* der ersten Abteilung: *Theoretische Entwürfe über Autorität und Familie.* Diese *Studien über Autorität und Familie* bilden nicht zuletzt das zentrale Anliegen der Kritischen Theorie ab, mittels der wechselseitigen Durchdringung von empirischer Sozialforschung und theoretischer Konstruktion auf der Grundlage marxistischer Prämissen eine kritische und interdisziplinär angelegte Theorie der Gesellschaft zu formulieren. In den Untersuchungen zu *Autorität und Familie* werden also die Stabilitätsbedingungen der herrschenden gesellschaftlichen Ordnung analysiert. Die bürgerliche Kleinfamilie als eine erzieherische Agentur bringt genau die Art von Charaktertypen hervor, die in ihren individuellen Verhaltensdispositionen der Grundstruktur des bürgerlichen Bewusstseins entsprechen: »Die Familie [...] besorgt die Reproduktion der menschlichen Charaktere, wie sie das gesellschaftliche Leben erfordert, und gibt ihnen [...] die unerläßliche Fähigkeit zu dem besonders gearteten autoritären Verhalten, von dem die bürgerliche Ordnung abhängt.« (Ebd. 49 f.)

Nun mag man sich freilich fragen, warum bei Horkheimer die Bestimmungen von Bürgerlichkeit und Autorität in einem Atemzug genannt werden. War es nicht vielmehr so, dass das neuzeitliche bürgerliche Projekt sein Selbstverständnis gerade aus der Kritik an jeder überkommenen Autorität – kirchlicher und ständisch-patriarchaler Art – bezogen hatte? Die Aufklärung hat schließlich alle herrschaftslegitimierenden Weltbilder einer radikalen Kritik unterworfen. Als einzig legitime »Quelle von

Recht und Wahrheit« gilt nur mehr die »Vernunft in jedem Individuum« (ebd. 26) und als einzig rechtmäßige Form der Gesellschaftsordnung der von gleichen Individuen in freier Vereinbarung selbst gesetzte politische Zusammenhang. Wenn also im bürgerlichen Verständnis dem Gesetz Autorität eignet, dann gerade deshalb, weil das Gesetz der Idee nach nichts anderes ist als die Emanation des freien Willens aller Bürger. Ganz anders freilich sieht Horkheimer den Zusammenhang von Bürgerlichkeit und Autorität. Horkheimer steht auf dem Boden des historischen Materialismus, der das bürgerliche Bewusstsein erklärtermaßen von seinen faktischen ökonomischen Grundlagen her versteht und die Bürger in ihrer Rolle als Warenproduzenten betrachtet. Marx' Analyse des Fetischcharakters der Ware hat eine Verkehrung im bürgerlichen Bewusstsein offengelegt und diese als Verdinglichung bezeichnet. Vermittelt durch den Warentausch treten den Individuen ihre eigenen gesellschaftlichen Verhältnisse als Verhältnisse von Dingen gegenüber. Nach Marx erscheinen den bürgerlichen Subjekten die ökonomischen Zusammenhänge undurchschaut letztlich als reine Sachzwänge, die ewig und unveränderlich sind, also als gleichsam naturgegeben. Diese »seelenlose ökonomische Dynamik« bestimmt die Wirklichkeit nunmehr als »neue und machtvolle Autorität«, und ebenso wenig vernünftig, wie diesem »blinden ökonomischen Mechanismus« Widerstand entgegenzusetzen, ist es, sich gegen die Naturgesetze auflehnen zu wollen. Deshalb stellt die »möglichst vollständige Anpassung des Subjekts an die verdinglichte Autorität der Ökonomie« (ebd. 35) auch das einzig angemessene rationale Verhalten dar. Für Horkheimer nimmt also die Vernunft, wie sie sich in der bürgerlichen Wirklichkeit faktisch konkret realisiert, die Gestalt des realitätsgerecht angepassten Individuums an, wobei sich freilich das Individuum von den herrschenden Mächten eine verkehrte, ideologische Vorstellung macht.

Dass die Familie genau diese Aufgabe erfüllt, nämlich Subjekte zur Realitätstüchtigkeit in Hinblick auf bestehende Sachzwänge zu erziehen, stellt für Horkheimer eine Funktionalisierung dar, d.h., die Familie ist in den Dienst gesellschaftlicher Ziele gestellt. Von einer Funktionalisierung kann indes sinnvoll nur gesprochen werden, wenn der Familie selbst ein eigener Zweck eignet.[154] Horkheimer bestimmt diesen genuinen Eigensinn der Familie im Rückgriff auf Hegels Familientheorie, und zwar auf die entsprechenden Bestimmungen der *Phänomenologie des Geistes*, die er – unerachtet der von Hegel herausgestellten spezifischen Eigenart der antiken Sittlichkeit – in die Gegenwart bzw. die jüngste Vergangenheit der bürgerlichen Gesellschaft überträgt.[155] Mit Hegel also stellt er fest: »Der der Familie eigentümliche positive Zweck ist der Einzelne als solcher.« (Ebd. 64) Und weiter: »Im Gegensatz zum öffentlichen Leben hat jedoch der Mensch in der Familie, wo die Beziehungen nicht durch den Markt vermittelt sind und sich die Einzelnen nicht als Konkurrenten gegenüberstehen, stets auch die Möglichkeit besessen, nicht bloß als Funktion, sondern als Mensch zu wirken.« (Ebd. 63) Gesellschaft und Staat verhalten sich der unvertretbaren Eigenart des Einzelnen, seiner unverwechselbaren Individualität gegenüber »absolut gleichgültig«, zumal in der Sphäre der Warenproduktion und des Warentauschs gerade das Absehen von jeder individuellen Besonderheit entscheidend ist und die Einzelnen einander als bloße »Repräsentanten einer ökonomischen Funktion« begegnen (ebd. 65). Im Gegensatz dazu macht es den Eigenwert der Familie aus, dass in ihrem Umkreis »die Individualitäten sich um ihrer selbst willen wertvoll sind« (ebd. 64). Anschaulich und konkret erfahrbar werden die lebendigen Kräfte einer »Liebe zum ganzen Menschen« (ebd. 66), die grundsätzlich zwischen Subjekten herrschen können, in besonderer und exemplarischer Weise in der Geschlechtsgemeinschaft sowie im Verhältnis der

Mutter zum Sohn. Hier werden »die Entfaltung und das Glück des andern« (ebd. 63) gewollt. Horkheimer spricht bezeichnenderweise nicht vom Verhältnis der Eltern zu ihren Kindern, und auch die Liebe zwischen den Geschlechtern erweist sich bei näherer Betrachtung als »die bergende Liebe einer Frau für einen Mann« (ebd. 64). Es sind mithin die weiblich-mütterliche Liebe und Sorge, die einen Vorschein auf Möglichkeiten humaner, unentfremdeter, versöhnter und gemeinschaftlicher Existenz in sich bergen und so die »Ahnung eines besseren menschlichen Zustands« (ebd.) erwecken. Und eben weil die Familie vermittels des weiblichen Elements immer ein Ort war, »wo sich das Leid frei ausgesprochen und das verletzte Interesse der Individuen einen Hort des Widerstands gefunden hat« (ebd. 63), steht die Familie zur bürgerlichen Gesellschaft nicht nur in einem fördernden, sondern auch in einem antagonistischen Verhältnis.

Mit der Liebe zum Gatten und der Fürsorge für den Sohn – beiläufig erwähnt Horkheimer auch die »schwesterliche Liebe der Frau« (ebd. 67) für den Bruder – prägt die »Weiblichkeit« die Sphäre des Familial-Privaten und bildet damit »ein Reservoir von Widerstandskräften gegen die völlige Entseelung der Welt« (ebd.). Das weiblich-familiale Prinzip verleiht der Familie ein antiautoritäres Moment, welches freilich nicht zum Austrag kommt, da die Entfaltung der Weiblichkeit insgesamt durch die Subordination der Frau zurückgedämmt wird. Ökonomisch abhängig steht die Frau »gesellschaftlich und rechtlich weitgehend unter der Botmäßigkeit des Mannes«; ein Abhängigkeitsverhältnis, das nach Horkheimer seit dem Übergang zum Vaterrecht »in den Kulturländern keine Unterbrechung erfahren« (ebd.) hat. Die Männlichkeit in Form der väterlichen Macht, die aus der »doppelten Wurzel seiner ökonomischen Position und seiner juristisch sekundierten physischen Stärke hervorgeht« (ebd. 57), vertritt nun aber die Autorität und damit die Seite der Gesellschaft maßgebend gegen das weiblich-mütterlich-schwesterliche Prinzip. Aufs Ganze gesehen sind es jedoch weniger die bewussten Erziehungsmethoden und -absichten des Vaters, die den kindlichen Charakter so maßgeblich prägen, sondern es ist »die Struktur der Familie selbst« (ebd. 61). Denn die Familie wird in den Personen von Vater und Mutter von mehreren Herrschaftslinien durchkreuzt, welche schon früh vor allem das unbewusste Seelenleben des Heranwachsenden prägen. Horkheimer verweist in diesem Zusammenhang – wenngleich nur kursorisch – auf die Tiefenpsychologie von Freud und Adler.[156]

Aber wer beherrscht hier wen und auf welche Weise? Der Mann herrscht in doppelter Weise über die Frau: unmittelbar als Familienvorstand und mittelbar als ein Mitglied der »bürgerlichen Männergesellschaft« (ebd. 69). In der *Dialektik der Aufklärung* (1944) hat Horkheimer gemeinsam mit Adorno den bürgerlichen Mann als das Produkt des »furchtbaren« geschichtlichen Prozesses der männlichen Subjektwerdung, der vor allem Zwang gegen sich selbst, Versagung und Arbeit an sich bedeutet, nachgezeichnet.[157] Diesem bürgerlichen Mann ist die alleinige ökonomische und soziale Verantwortung für seine Familie aufgebürdet, die ihm seinerseits eine Fügsamkeit gegenüber den wirtschaftlichen und gesellschaftlichen Zwängen abringt. Aus dieser Konstellation ergibt sich ein besonders für die kleinbürgerliche Familie typisches Phänomen: Auch wenn der Vater »im sozialen Leben eine armselige Stellung hat und einen krummen Rücken machen muss« (ebd. 58), kann er diese Zurücksetzung doch mit der Ausübung seiner Autorität im Privaten kompensieren. Die Unterordnung der Frau bleibt demgegenüber auf die Sphäre der Familie beschränkt. Ihr tendenziell oppositioneller Charakter wird durch ihre Abhängigkeit gehemmt, da »ein tiefes ökonomisches, ja physiologisches Interesse [...] die Frau mit dem Ehrgeiz des Mannes« (ebd. 68) verbindet. Nur der Mann kann ihr und den gemeinsamen Kindern eine bürgerliche Existenz sichern und eine nachhaltige Unterminierung der männlich-väterlichen Autorität käme einer gesellschaftlichen Selbstaufgabe gleich. Dementsprechend erleben die Kinder in der Unterordnung der Mutter konkret die Unausweichlichkeit der herrschenden väterlichen Ordnung. Diese autoritätsstärkende Funktion der Mutter wirkt indes noch unmittelbarer durch die »Entwertung des Genusses aus reiner Sinnlichkeit« (ebd. 69), wie sie für die bürgerlich monogame Ehe charakteristisch ist. Sie verhindert eine freie lustvolle Entfaltung der Sexualität durch die ausschließliche Bindung an eine Person, aber vor allem verbirgt sie die elterliche Sexualität vor den Kindern. Diese für die bürgerliche Familie konstitutive Verleugnung der Sexualität manifestiert sich darin, dass die Heranwachsenden »die Mutter nicht in ihrer konkreten Existenz, das heißt nicht als dieses bestimmte soziale und geschlechtliche Wesen begreifen und achten« (ebd.) lernen. Die Negation der Frau als sinnlich-sexuelles Wesen beraubt das Kind – und hier ist nur der Sohn angezielt – eines Großteils seiner libidinösen Energien und damit seiner kreativen Sublimationskräfte. Diese Absorption sinnlich-vitaler Energien befördert eine Tendenz zur Neurotisierung, eine Anfälligkeit für Schwärmereien und eine irrationale Verehrung von Symbolen »dunkler, mütterlicher, erhaltender Mächte« (ebd.).

Der Ausgangspunkt lag in der Frage, worin sich die Kontinuität einer Gesellschaftsordnung begründet. Für eine Antwort analysiert Horkheimer die Wechselwirkung von Individuum und Gesellschaft mit Blick auf die Internalisierung von Autorität, wie sie in der bürgerlichen Familie stattfindet. Die bürgerliche Welt umfasst zwei Sphären: die Familie und die Gesellschaft,[158] wobei die Familie in einem ambitendenten Verhältnis zur Gesellschaft steht. Diese beiden Tendenzen, die stützende einerseits wie die gegenstrebige andererseits, sind in den Gestalten von Mann und

Frau verkörpert. Der Mann passt sich den funktionellen Zwängen und Zumutungen der gesellschaftlichen Wirklichkeit an und trotz ihrer grundsätzlich widerständigen Haltung die Frau schließlich auch dem Mann. Im weiblich-familialen Prinzip der Liebe zum Einzelnen liegt ein Keim zum Anti-Autoritarismus, der jedoch umgebogen wird in sein Gegenteil. Und schließlich trägt das familiale Treibhausklima verdrängter Sexualität das Seine dazu bei, den sogenannten ›autoritären Charakter‹, ein Resultat von Autorität und Triebunterdrückung, zu erzeugen.

Aus einer geschlechterkritischen Perspektive springen mehrere Punkte unmittelbar ins Auge. Dort, wo bei Horkheimer die Familienverhältnisse konkret benannt werden, dominiert durchgängig die Perspektive auf den Sohn der Familie als das künftige Mitglied der »bürgerlichen Männergesellschaft«. Ausgeblendet bleibt der Blick auf die weiblichen Heranwachsenden: Das Vater-Tochter- und das Mutter-Tochter-Verhältnis finden keine Erwähnung, das Bruder-Schwester-Verhältnis wird nur gestreift. Ferner entsprechen die Funktionen von Zuwendung, Schutz, Fürsorge und Pflege, kurz auch Liebe genannt, der Wesensnatur der Frau. Die Gatten gewähren sie sich nicht wechselseitig, sondern die Frau liebt den Mann im Tausch für ökonomische Sicherheit. Und schließlich ist es allein die weibliche Geschlechtlichkeit, die mit der Verleugnung der Sexualität zum Verschwinden gebracht wird. Jessica Benjamin als prominente feministische Kritikerin der Frankfurter Schule hat die patriarchalen Prämissen der Herrschaftsanalyse von Horkheimer et al., die letztlich in den patriarchalen Grundlagen der Freud'schen Theorie wurzeln, überzeugend herausgearbeitet.[159] Für Benjamin liegt das Hauptproblem darin, dass die Vertreter der Frankfurter Schule trotz der tiefgehenden Kritik an der abendländisch-instrumentellen Rationalität in der von Horkheimer und Adorno gemeinsam verfassten *Dialektik der Aufklärung* weiterhin an der Freud'schen Trieblehre und am ödipalen Sozialisationsmodell festhalten. Das hat zur Konsequenz, dass sie auch die geschlechtskonnotierte Polarisierung von Fürsorge und Autonomie nicht hinterfragen. Diese beiden Pole korrespondieren letztlich zwei menschlichen Grundbedürfnissen: dem Bedürfnis nach Zuwendung einerseits und dem nach Freiheit andererseits. Im klassischen Geschlechterarrangement fällt die Befriedigung der kindlichen Bedürfnisse nach Beziehung, Nähe, Bindung und Vertrautheit der Mutter zu, die nach Selbstbehauptung, Aktivität, Erforschung und Differenzierung dem Vater, der sie gleichwohl – wie Horkheimer zeigt – in der bürgerlichen Familie auf repressive Weise beschneidet. Die geschlechtliche Arbeitsteilung, wie sie für die bürgerliche Gesellschaft konstitutiv ist und die von Horkheimer et al. zwar konstatiert, aber in ihrer gesellschaftlichen Tiefenstruktur nicht ausreichend reflektiert wird, transformiert diese anthropologischen Grundantriebe in Aspekte geschlechtlicher Identität. Durch diese Trennung von häuslich-persönlicher und produktiv-öffentlicher Sphäre wird die bereits im Ödipuskomplex eingelassene Geschlechterpolarität noch zusätzlich untermauert, und die Spannung zwischen dem Primitiven, Privaten und Affektiven und dem Erwachsenen, Öffentlichen und Kognitiven ist gleichsam naturwüchsig in den weiblichen und männlichen Individuen verkörpert und wird von ihnen repräsentiert. Kurzum: Auch die Kritische Theorie wiederholt in unreflektierter Weise die historisch eingeschliffenen Formen der Geschlechterdifferenz. Vor diesem Hintergrund stellt für Benjamin die von den Vertretern der Frankfurter Schule diagnostizierte Krise der männlichen Herrschaft in der westlichen Welt vor allem eine Chance dar, diejenigen Aspekte des Lebens wieder zu vereinigen, die voneinander getrennt und als Antagonismen im Geschlechtersystem konserviert sind.

5.2 Die Utopie der Androgynität: Herbert Marcuse

Herbert Marcuse gehört neben Max Horkheimer und Theodor W. Adorno zu den einflussreichsten Theoretikern der Frankfurter Schule. Wie diese widmet er sich der Analyse der Herrschaftsverhältnisse im Spätkapitalismus. Signatur der Epoche ist auch ihm die gesellschaftliche Herrschaft als ein lückenlos geschlossener Zusammenhang, der alle Lebensbereiche durchdringt und für das Bedürfnis nach Befreiung keinen Raum und keinen Ansatzpunkt mehr zu bieten scheint: »Die Epoche neigt dazu, totalitär zu sein, selbst wo sie keine totalitären Staaten hervorgebracht hat.«[160] Adorno und Horkheimer hatten in der *Dialektik der Aufklärung* aus dem Jahr 1944 den Vernunftbegriff der Aufklärung einer radikalen, historisch weit zurückschreitenden Kritik unterzogen, um den totalitären Grundzug der Gegenwart von seinem Ursprung her aufzuklären. Ihre These ist, dass von Beginn der Menschheitsgeschichte an mit der Selbstbehauptung des Subjekts gegenüber der bedrohlichen Natur eine spezifische Form von Vernunft sich als ein Instrument der Herrschaft gegenüber der äußeren wie der inneren Natur etabliert. Auch Marcuse teilt diesen Ausgangspunkt einer instrumentell verkürzten, d.h. auf eine rein technische Rationalität beschränkten Vernunft, die sich zu einer umfassenden Herrschaft aufgeschwungen hat. In seiner Schrift *Der eindimensionale Mensch* von 1964 umreißt er vor dem Hintergrund der amerikanischen Werbe- und Kulturindustrie der Nachkriegszeit »das Bild einer Gesellschaft, deren Mitglieder sich bis in die Tiefenschichten ihrer Persönlichkeit mit den Imperativen technischer Rationalität identifizieren«[161]. Dennoch vermag Marcuse eine Perspektive zu gewinnen, die es ermöglicht, eine Schneise der Befreiung in den gesellschaftlichen Zwangszusammenhang zu schlagen. Angesichts einer Rationalität, die irrational ist in ihrer Eindimensionalität, verheißt der Rückgang auf die innere libidinös-sinnliche Natur den Ausweg. Der technologischen Herrschaft über Natur und Mensch wird eine aus den Quellen der inneren subjektiven Triebnatur sich speisende rebellische Subjektivität entgegengesetzt. Hier nun rückt auch für Marcuse die Auseinandersetzung mit Freud ins Zentrum, wobei es gilt, »die psychologische und politische Substanz der psychologischen Begriffsbildungen zu entwickeln« (Triebstruktur 7). Freuds Denken gibt sich als eine Theorie des Konflikts Gestalt, und zwar des Antagonismus von Trieb und Kultur. Kultur ist auf Triebverzicht errichtet, und alle zivilisatorische Entwicklung beruht letztlich auf einer Kompromissbildung zwischen den Triebwünschen und den Kulturanforderungen. Freud sieht der Tatsache der menschlichen Destruktivität ins Auge und kommt zu dem Schluss, dass, wie Jessica Benjamin es formuliert, die »von der Kultur geforderte Unterdrückung jedenfalls der im Naturzustand herrschenden Rücksichtslosigkeit vorzuziehen sei«[162]. Es ist letztlich Freuds Überzeugung, dass wir ohne verinnerlichte Autorität nicht leben können und uns von daher nichts anderes übrig bleibt, als unter ihren Zwängen zu leiden. Marcuse fragt nun, ob diese Triebrepression wirklich unerlässlich ist, »[o]der läßt dieser Konflikt die Vorstellung einer Kultur ohne Unterdrückung zu, die auf einer völlig anderen Daseinserfahrung, auf einer völlig anderen Beziehung zwischen Mensch und Natur, auf völlig anderen existenziellen Beziehungen beruht« (ebd. 11)?

Denn angesichts des geschichtlich erreichten Kulturlevels, »der spezifisch historische[n] Organisation des menschlichen Daseins« (ebd. 11), scheinen gerade »die Errungenschaften der unterdrückenden Kultur die Vorbedingungen für die allmähliche Abschaffung der Unterdrückung zu bieten« (ebd. 11). Marcuse historisiert also den Konnex von Unterdrückung und Zivilisation[163] und kontextualisiert auch die Parameter der Psychoanalyse selbst, wenn er feststellt, dass die aufdeckende Deutungsarbeit der Psychoanalyse sich unreflektiert an ein Realitätsprinzip spezifischer Prägung gebunden hat: »Das patriarchalische Realitätsprinzip hält die psychoanalytische Deutung unter seinem Einfluss.« (Ebd. 227) Freud hat mithin den Zwang patriarchalischer Denkmuster nicht durchbrochen, sondern ihn vielmehr wiederholt und festgeschrieben. Damit nimmt Marcuse vorweg, was sich in der Folge vor allem feministische Theoretikerinnen und Psychoanalytikerinnen zur Aufgabe machen werden, nämlich die Freilegung der patriarchalen Prämissen bzw. der androzentrischen Perspektivierung von Freuds Theorie.[164] Bei Horkheimer waren die väterliche Autorität und die mütterliche Liebe, das Realitäts- und das Lustprinzip, als zwei invariante anthropologische Größen in antithetischer Weise auf den Mann und auf die Frau verteilt. Für Marcuse gibt es nur historische Konstruktionen von Weiblichkeit und Männlichkeit, und diese sind in unserer Kultur unausweichlich patriarchalisch geprägt.[165] Diese geschlechterkritische Prämisse birgt allerdings Konsequenzen. Denn ein naiver Rückgriff auf ein weibliches Prinzip, das gegen eine repressive männliche Kultur in Anschlag gebracht werden könnte, würde in eine essenzialistische Falle tappen. Ein anderes Realitätsprinzip als das einer männlich-repressiven Kultur seiner Möglichkeit nach an »weibliche Qualitäten« wie Empathie und Rezeptivität, Sinnlichkeit und Zärtlichkeit binden zu wollen verkennt, dass sich diese Zuschreibungen einer historischen Situation, nämlich der Ghettoisierung der Frauen in der Sphäre des Privaten, verdanken. Was das Weibliche und das Männliche unter von Zwang befreiten Verhältnissen sind oder auch erst zu sein vermögen, kann sich weder an den faktischen Geschlechterverhältnissen noch an utopisch ausgemalten Geschlechterbeziehungen orientieren, sondern wird Resultat konkreter Auseinandersetzungen sein und ist von daher in der Theorie offenzuhalten.[166]

Aber die Konsequenzen der geschlechterkritischen Lesart von Freud reichen noch weiter. Marcuse fragt letztlich nach Formen einer nicht-repressiven Sublimierung im Gegensatz zu einer Kultur der Triebunterdrückung und daraus resultierender Natur- und Geschlechterherrschaft, Entsinnlichung und regressiver religiöser Neurotisierung. Dabei bezieht er sich auf Freuds Triebiehre und macht mit Freud und gegen ihn den Eros als eine nicht nur zivilisationsfeindliche, sondern auch »kulturschaffende« Macht stark und entdeckt »die Liebe als Kulturfaktor«,[167] was in der emphatischen These gipfelt: »*Kultur stammt aus der Lust*«.[168] Daraus gewinnt Marcuse Aspekte einer nicht-repressiven, sinnlichen Kultur: »Grunderfahrung wäre nicht länger die des Kampfes ums Dasein, sondern die des Genusses. Die entfremdete Arbeit verwandelte sich in das freie Spiel der menschlichen Fähigkeiten und Kräfte. Die Folge wäre eine Stilllegung allen inhaltslosen Transzendierens, die Freiheit wäre nicht ewig scheiterndes Projekt.«[169] Wo aber liegt der Ansatzpunkt für eine sinnlich-libidinöse Kultur im einzelnen Individuum? Aus welchen psychischen Ressourcen könnte sich eine mögliche »Kulturrevolution« speisen? Auch für Marcuse liegt das ontogenetische Triebfundament jedweden Kulturmodells in der psycho-somatischen Struktur der Individuen. Für Freud ist das zentrale Geschehen der kindlichen Inkulturation im Ödipuskomplex organisiert. Bekanntlich verzichtet der Knabe unter der Kastrationsdrohung auf die Befriedigung der libidinösen Wünsche, die sich auf die Mutter richten, und unterwirft sich dem väterlichen Verbot. Verzicht und Unterwerfung bedeuten gleichzeitig den maßgeblichen Schritt des Knaben zur Reife. Mit der Akzeptanz des Realitätsprinzips und der introjektiven Errichtung des väterlichen Gebots als Über-Ich, das die libidinösen Strebungen des Es in Schach hält, bleibt das Individuum vor der Regression, vor einem Rückfall in einen undifferenzierten entindividualisierenden Zustand bewahrt.

Marcuse nun dekonstruiert dieses Narrativ des Ödipuskomplexes:

»Die Entwicklung des Ich ist eine Entwicklung ›fort vom primären Narzißmus‹; in diesem frühen Stadium ist die Realität ›nicht draußen, sondern sie ist im Vor-Ich des primären Narzißmus enthalten‹. Sie ist dem Ich nicht feindlich und fremd, sondern ›ihm innig verbunden, ursprünglich nicht einmal von ihm unterschieden‹. Diese Realität wird zuerst (und zuletzt?) in der libidinösen Beziehung des Kindes zur Mutter erlebt – in einer Beziehung, die zu Beginn innerhalb des ›Vor-Ichs‹ von statten geht und erst später von ihm getrennt wird. [...] In diesem primitiven Stadium der Beziehung zwischen ›Vor-Ich‹ und Wirklichkeit scheint (sic!) der narzißtische und der mütterliche Eros eins zu sein. Die primäre Erfahrung der Realität ist die Erfahrung einer libidinösen Einheit. Die narzißtische ›Phase der individuellen Prägenitalität‹ erweckt die Erinnerung an die mütterliche Phase der Menschheitsgeschichte. Beide stellen eine Wirklichkeit dar, auf die das Ich mit einer Haltung nicht von Verteidigung und Unterwerfung, sondern von integraler Identifizierung mit der ›Umgebung‹ reagiert. Aber im Licht des väterlichen Realitätsprinzips verwandelt sich die hier sichtbar werdende ›mütterliche Auffassung‹ der Wirklichkeit sofort in etwas Negatives, Schreckliches. Der Impuls, die verlorene narzißtisch-mütterliche Einheit wieder herzustellen, wird als ›Drohung‹ gedeutet, nämlich als Drohung des ›mütterlichen Verschlungenwerdens im überwältigenden Schoß‹. Der feindliche Vater wird wiedereingesetzt und erscheint als Retter, der durch die Bestrafung des Inzestwunsches das Ich vor seiner Vernichtung in der Mutter beschützt. Die Frage, ob unter der Macht des reifen Ich und in einer reifen Kultur die narzißtisch-mütterliche Haltung gegenüber der Realität nicht in weniger urtümlicher, weniger verschlingender Form ›zurückkehren‹ könnte, wird nicht gestellt. Dafür gilt die Notwendigkeit, diese Haltung ein für allemal zu unterdrücken, als selbstverständlich.«[170]

Marcuse sieht den historischen Zeitpunkt als gekommen an, wo die bisherigen Errungenschaften der Kultur die Notwendigkeit von rigider Triebunterdrückung und Unfreiheit überflüssig machen. Mit der Wiedergewinnung des Eros als des umfassenden Lebenstriebs und der Freisetzung der prägenitalen, sogenannten polymorph-perversen Sexualität würde die Arbeit selbst zum Ausdruck der kreativ-spielerisch lustvollen Entfaltung des vom Triebverzicht befreiten Individuums. Das hieße vor allem, die Desexualisierung des Organismus zu revidieren, die mit dem Primat der genitalen, fortpflanzungsbezogenen Sexualität den übrigen Körper zu einem Instrument entfremdeter Arbeit abgerichtet hat. Und damit schließlich den Kreislauf von Versagung, Arbeit und surrogatorischer, weil warenförmiger Bedürfnisbefriedigung außer Kraft zu setzen: »Denn die Triebunterdrückung reproduziert in den Individuen selbst die Entsagung, und der Apparat der Bedürfnisbefriedigung, den sie aufgebaut haben, reproduziert die Individuen selbst als Arbeitskräfte.«[171] So zeigt die tiefenpsychologisch angeleitete Analyse der Triebschicksale ihre gesellschaftliche Sprengkraft: Sie legt die Voraussetzungen für eine alternative Organisation der gesellschaftlichen Produktions- und Reproduktionsverhältnisse frei.

Während sich bei Horkheimer mitunter melancholisch getönte Reminiszenzen an ein von den gesellschaftlichen Imperativen unbeschadetes weibliches Prinzip innerhalb der bürgerlichen Familie finden, adressiert sich demgegenüber Marcuse im Jahr 1974 unmittelbar an die Frauen, die sich im Rahmen der zweiten Frauenbewegung seit den späten 1960er Jahren als politisch handelndes Subjekt formieren.[172] Vor dem Hintergrund der oben entfalteten Thesen Marcuses überrascht es nicht, dass er die Frauenbewegung oder auch »Frauenbefreiungsbewegung« (*women's liberation movement*) für die »derzeit wichtigste und potenziell radikalste politische Bewegung« (Marxismus 131) ansieht, die eine »Revolutionierung der bestehenden Lebensverhältnisse und menschlichen Verkehrsformen, für die Freiheit von Männern und Frauen« (ebd. 132), auf den Weg bringen kann. Es sind

Weichenstellungen von historischer, ja sogar menschheitsgeschichtlicher Reichweite gewesen, die den Kapitalismus und eine spezifische Form von Männlichkeit zusammengeschweißt haben, ebenso wie die Frauen im Zuge dieser Entwicklung die »Antithese zum Leistungsprinzip« (ebd. 136)[173] wurden: »Als Antithese zu den herrschenden maskulinen formuliert wären solche femininen Qualitäten: Rezeptivität, Sensitivität, Gewaltlosigkeit, Zärtlichkeit usw. Diese Qualitäten erscheinen in der Tat als der Herrschaft und Ausbeutung entgegengesetzt.« (Ebd. 134 f.) Die zeitgeschichtliche Veränderung der technisch-sozialen Basis durch sexuelle Liberalisierung, Geburtenkontrolle und steigende Bildung hat die Ausgangsbedingungen dafür geschaffen, dass die Frauen als eine kollektive politische Kraft nunmehr den Kapitalismus herausfordern können. Marcuse imaginiert den Weg, welchen die Frauen für eine gesamtgesellschaftliche Entwicklung hin zu einem allgemeinen *»feministischen Sozialismus«* (ebd. 138) gehen müssen. Dabei kann allerdings das Ziel ihrer ökonomisch-politischen Gleichberechtigung nur eine erste Phase darstellen, denn »Gleichberechtigung ist noch keine Freiheit« (ebd. 137). Wenn Frauen sich lediglich in den Produktionsprozess und die politische Öffentlichkeit eingliedern, so schafft das noch keine neue Qualität in diesen Arenen. Wie allerdings die Frauen gleichzeitig alternative feminine Werte in Kombination mit der im Öffentlichen erforderlichen »wettbewerbsorientierten Aggressivität« (ebd. 138) ›praktizieren‹ sollen, darüber geht Marcuse etwas leichtfüßig hinweg. Deutlicher steht ihm dafür das Ziel der Entwicklung vor Augen: Es kann nicht die Ersetzung der Männerherrschaft durch eine Frauenherrschaft sein, vielmehr geht es für alle Menschen gleichermaßen um »[d]ie Emanzipation der Sinnlichkeit und der Vernunft von der Rationalität der Herrschaft: *kreative Rezeptivität versus repressive Produktivität*« (ebd. 140). Im Zuge dessen formuliert er einen Gedanken, der auch im Differenzfeminimus – vor allem bei Luce Irigaray – immer wieder betont wird: Das, was die Frauen mittels verdinglichender und kommodifizierender Zuschreibungen im männerdominierten Kapitalismus repräsentieren, was sie also *an sich* sind, sollen sie *für sich* werden, indem sie sich die Weiblichkeitsstandards auf eine subversive Art anverwandeln und sie damit zugleich verwandeln. So könnte z.B. »selbst der Kult weiblicher Schönheit in Warenform [...] zu einer Kraft werden, die ihre kapitalistische Realisierung transzendiert. Weibliche Sinnlichkeit könnte die repressive Ratio und Arbeitsethik des Kapitalismus unterminieren. Dann würden die *herrschenden Standards* von Schönheit eine gründliche Umwertung erfahren, entsprechend der Entwicklung der Frau vom Sexualobjekt zum erotischen Subjekt« (ebd. 139). Wenn also schließlich Frauen mit der Entwicklung aller ihrer Fähigkeiten die volle ökonomische, politische und kulturelle Gleichberechtigung erreicht haben, wenn darüber hinaus die femininen Qualitäten in die Infrastruktur der Gesellschaft als ganze eingeflossen sind und damit aufgehört haben, spezifisch feminine zu sein, und wenn schließlich soziale wie persönliche Beziehungen sowie das Verhältnis des Menschen zur Natur durchdrungen sind von einer rezeptiven Sinnlichkeit, dann wäre »die Antithese ›maskulin-feminin‹ [...] zu einer Synthese geworden« (ebd. 141). In dieser Synthese ist die rationale Bedeutung der mythologischen Vorstellung des Androgynismus verkörpert als die »gesellschaftliche Fusion der Qualitäten, die in der patriarchalischen Zivilisation bei Männern und Frauen ungleichmäßig entwickelt waren, einer Fusion, in der feminine Charakteristika sich mit der Aufhebung der männlichen Vorherrschaft frei entfalten« (ebd.). Die Antithese von männlich-weiblich ist zu einer Synthese in jedem einzelnen Individuum verschmolzen, ohne dass allerdings die »natürlichen Unterschiede zwischen Mann und Frau« (ebd.), die Grundlage sexuell-erotischer Attraktion und ursprünglicher Differenzerfahrung, damit aufgehoben wären. Zwischen diese Utopie der androgynen Gesellschaft und die Realität des verfallenden Kapitalismus ist der Feminismus als das prekäre Bindeglied gestellt.

Für die Denker der Kritischen Theorie ist es kennzeichnend, dass sie ausgehend von einem materialistischen Ansatz nach den tieferliegenden psychischen Faktoren fragen, mittels deren die Ökonomie die Menschen bestimmt. Der »seelische Triebapparat« als der maßgebliche »zwischen der ökonomischen Basis und der Ideologiebildung vermittelnde Faktor«[174] ist zentral in ihrer Theoriearbeit. Damit wird die Dynamik von Individuation und Sozialisierung erschlossen und der Blick mit Marx über Marx hinaus neben den Formen der Aneignung der äußeren Natur auch auf die Integration der inneren Natur – des Trieblebens – gelenkt. Der klassisch marxistische Ansatz verschmilzt mit der für das 20. Jahrhundert grundlegenden Theorie der Psychoanalyse, um so den veränderten gesellschaftlichen Verhältnissen theoretisch Rechnung tragen zu können. Marcuses Schriften kann im Vergleich zur älteren Frankfurter Schule nicht der Vorwurf der Geschlechtsblindheit gemacht werden. Vielmehr ließe sich sagen, dass der Autor innerhalb der Frankfurter Schule gleichsam einen feministischen, auf jeden Fall geschlechtskritischen Standpunkt vertritt, insofern er den patriarchalen Zuschnitt der Freud'schen Prämissen problematisiert und damit auf die Tatsache der historischen und kulturellen Situiertheit von Theorie überhaupt reflektiert. Trotz einer gewissen Nähe zur feministischen Theorie und trotz seiner begründeten politischen Sympathie gegenüber der Frauenbewegung als Hoffnungsträger für tiefgreifende gesellschaftliche Veränderungen ist Marcuse aus dem Lager vor allem US-amerikanischer Feministinnen und Psychoanalytikerinnen allerdings auch heftig kritisiert worden. Theoretikerinnen wie Nancy Chodorow und Jessica Benjamin haben mit Bezug auf die Objektbeziehungstheorie sein Festhalten an der Freud'schen Trieblehre und am ödipalen Modell moniert.[175] Auch deutsche feministische Theoretikerinnen haben Marcuse kritisiert, und er hat Rede und Antwort gestanden: Werden Frauen nicht wiederum für gesellschaftliche Belange funktionalisiert, indem das Weibliche erneut zu einem Medium und zum Hoffnungsträger gemacht wird? Inwieweit sitzt auch Marcuse dem männlich-projektiven Charakter der »imaginierten Weiblichkeit« auf? Und wie ist es schließlich zu werten, dass im historischen Moment des Aufbegehrens der Frauen gegen die Geschlechterherrschaft mit einem Mal die Androgynität und die endgültige Überwindung der Geschlechterschranken gepriesen werden?[176] Zuletzt wäre noch vom aktuellen Stand der Gender-Forschung her betrachtet Marcuses Festhalten an einer grundsätzlich heteronormativen Geschlechterordnung anzumerken. So einnehmend die Idee einer androgynen Gesellschaft auch sein mag, die Befreiung der Sexualität zu Formen homosexuellen Begehrens, das immerhin massiver gesellschaftlicher Repression unterworfen war, liegt nicht mehr im Horizont der Utopie Marcuses, auch wenn davon auszugehen ist, dass er in Berkeley Mitte der 1960er Jahre von den sich öffentlich formierenden homosexuellen Protestbewegungen Kenntnis haben konnte.

6. Philosophie der Geschlechterdifferenz

6.1 Feministische Philosophie

Das letzte Kapitel stellt Philosophinnen vor, die das Denken der Geschlechterdifferenz und die Analyse der Geschlechterbeziehungen zum zentralen Thema ihrer Werke gemacht haben. Das unterscheidet diese theoretischen Ansätze von den meisten bisher behandelten Positionen. Bislang wurde bei einer Reihe von kanonischen »Meisterdenkern« rekonstruiert, an welcher Stelle im System das Geschlechterverhältnis berücksichtigt und auf der Basis welcher Prämissen es behandelt wird, hier hingegen geht es um philosophische Entwürfe, die sich ausschließlich und in umfassender Weise der Geschlechtsproblematik widmen. Diesen Werken ist es nicht äußerlich, dass sie von Frauen geschrieben sind. Die Autorinnen verstehen sich als Feministinnen, und ihre Theorien sind erklärtermaßen feministisch, d.h., es handelt sich um ein »Philosophieren am Leitfaden des Interesses an der Befreiung der Frau«[177] oder auch der Frauen. Lassen sich die drei folgenden Autorinnen unter dieser Fahne noch einigermaßen versammeln, geben sich gleichwohl auch rasch die Differenzen zwischen ihnen zu erkennen. Diese sind zunächst zeitlich begründet: Simone de Beauvoirs großer feministischer Aufschlag *Le deuxième sexe*, zu Deutsch *Das andere Geschlecht*[178] aus dem Jahr 1949, mit dem die Autorin zur Vordenkerin der zweiten

Phase der Frauenbewegung wird, fungiert für die poststrukturalistischen Autorinnen, die eine bzw. zwei Generationen später schreiben, als theoretische Basis, bildet aber gleichfalls eine Herausforderung zum Widerspruch. Doch auch diese zeitnäheren Denkerinnen sind wiederum Repräsentantinnen ganz unterschiedlicher theoretischer Richtungen; ihre Differenzen sind bedingt durch theorieimmanente Entwicklungen und divergierende Standpunkte. Wollte man die verschiedenen Theorierichtungen und ihre Autorinnen schlagwortartig bezeichnen, so handelt es sich um die jeweils prominenteste Vertreterin des *Gleichheitsfeminismus* (Beauvoir), des *Differenzfeminismus* (Irigaray) und der *Queer-Theory* (Butler).

6.2 Das Fundament des Gleichheitsfeminismus: Simone de Beauvoir

Simone de Beauvoirs umfangreiche Untersuchung des modernen Geschlechterverhältnisses stellt für die Frauenbewegung der 1960er und 1970er Jahre eine ausführliche Beschreibung und tiefgehende Analyse der gesellschaftlichen Stellung und Situation der Frau bereit. Akademische Ansprüche bedienend, dabei aber keiner disziplinären Methode verpflichtet und auf eine breitere Öffentlichkeit zielend, wählt Beauvoir verschiedene Zugänge: empirisch dichte Beschreibungen, Interpretationen literarischer Werke und anthropologisch-philosophische Reflexionen. Die Wirkmächtigkeit und der Einflussreichtum des Werks speisen sich aus einem umfassenden analytischen Ausgriff auf die Situation der Frauen: auf ihre aktuelle Lebensrealität entlang der biografischen Stationen von der Kindheit bis zum Alter sowie auf die Benennung gesellschaftlicher, historischer und kultureller Bedingungen der weiblichen Existenz im Patriarchat. Verankert werden die materialgesättigten Studien in einem existenzphilosophisch fundierten Konzept von Geschlechterherrschaft. Die theoretische und politische Bedeutung von *Das andere Geschlecht* kann nicht hoch genug eingeschätzt werden. Es handelt sich um das berühmteste feministische Buch überhaupt. Es wirkt bei seinem Erscheinen auf die französische Nachkriegsgesellschaft vor allem durch die ungeschminkte Darstellung von Sexualität und häuslicher Unterdrückung provozierend, auf die Frauen indes, die sich knapp zwanzig Jahre später zu einer sozialen Bewegung formieren, gerade in dieser Rückhaltlosigkeit befreiend. Das fast tausend Seiten umfassende Werk gliedert sich in zwei Teile. Der erste, »Fakten und Mythen«, unternimmt nach einer kritischen Sichtung verschiedener wissenschaftlicher Erklärungsansätze zum Geschlechterverhältnis eine Rekonstruktion des Patriarchats und eine Analyse des herrschaftsstabilisierenden Mythos vom Ewig-Weiblichen. Der zweite Teil mit dem Titel »Gelebte Erfahrung« liefert anhand von literarischem, biografischem und klinischem Material eine gleichermaßen eingehende wie präzise Beschreibung der Lebenssituation von Frauen Mitte des 20. Jahrhunderts.[179]

Folgendermaßen lassen sich die Thesen zu »Sitte und Sexus der Frau«, so der Untertitel der deutschen Übersetzung, resümieren: Die Frau fungiert als die und das Andere des Mannes. Als der von ihm gesetzte Gegensatz verkörpert sie Natur gegenüber seiner Vernunft, eine ursprüngliche Gattungshaftigkeit gegenüber seiner Individuiertheit, Immanenz gegenüber seiner Transzendenz, kurz: Sie ist Objekt für ihn als Subjekt. Der existenzialistischen Fundamentalprämisse folgend, dass die Existenz der Essenz vorangeht, lautet die bekannteste These des Werks, dass dem Frausein keine Natur im Sinne einer Wesensnatur zugrunde liegt, sondern dass es vielmehr sozial konstruiert ist. Der berühmte Schlüsselsatz aus *Das andere Geschlecht* lautet denn auch: »Man kommt nicht als Frau zur Welt, man wird es (on le devient).« Der Text fährt unmittelbar fort: »Keine biologische, psychische oder ökonomische Bestimmung legt die Gestalt fest, die der weibliche Mensch in der Gesellschaft annimmt.«[180] Es existieren also keine naturwüchsigen und gesellschaftlichen Determinanten, mithin keine inneren Zwänge oder zwingenden äußeren Umstände, welche der Frau bestimmte Verhaltens- und Existenzmuster mit unausweichlicher Notwendigkeit auferlegen. Frau-Werden ist kein passiver, sondern ein aktiver Prozess. Beauvoir hat die Frage einer möglichen Determiniertheit der weiblichen Existenz durch biologische, psychologische oder ökonomische Faktoren indes nicht einfach in einem Satz beiseitegeschoben, sondern den ganzen ersten Teil des ersten Buches der Auseinandersetzung mit der Biologie, der Psychoanalyse und dem historischen Materialismus gewidmet, die wissenschaftliche Zugänge zu den Themen Geschlechtlichkeit und Geschlechterverhältnis bieten.

Dieses erste Kapitel ist recht kunstvoll aufgebaut: Beauvoir unterzieht die drei Theorieangebote zu den Dimensionen von Körper, Seele und Geschichtlichkeit einer kritischen Analyse und entfaltet dabei gleichzeitig die Grundlagen ihres eigenen Philosophierens. Unbestreitbar ist, dass der Geschlechtsunterschied ein biologisches Faktum darstellt. Grundsätzlich herrscht in jeder biologischen *species* ein Konflikt zwischen Individuum und Gattung: Je niedriger die Art, umso mehr regieren die Gattung und der Zwang zur Reproduktion, je höher die Art, desto individualisierter sind die einzelnen Exemplare. In der menschlichen Gattung nimmt dieser Konflikt dramatische Züge an und bestimmt in asymmetrischer Weise das männliche und weibliche Geschlecht. Während der Mann die Sexualität seiner Individualität unterordnen kann, sind die Frauen bedingt durch ihre biologische Konstitution hingegen der Gattung subordiniert, sie tragen ein »feindliches Element in sich [...]: die Spezies, die von ihnen zehrt« (Geschlecht 55). Das menschlich Männliche tendiert zu Vereinzelung, Selbstbehauptung und Kampf, das menschlich Weibliche demgegenüber zu Gebären, Erhalten und Bewahren.

Nun ist die Ausgangslage der Frau zwar in verstärktem Maß durch ihre Biologie bestimmt, aber trotzdem nicht schon determiniert. Das Geschlecht gibt eine, aber auch nur eine Weise vor, körperlich zu existieren. Nach Beauvoirs Verständnis ist der Körper ein Instrument des subjektiven Zugriffs auf die Welt und darüber hinaus als ein gedeuteter symbolischer Körper immer in eine kulturelle Situation gestellt: »Eine Gesellschaft ist schließlich keine Species [...] Ihre Sitten leiten sich nicht aus der Biologie ab.« (Ebd. 61) Kurzum: Es hieße Fakten zu überfliegen, wollte man den biologischen Unterschied zwischen den Geschlechtern in Abrede stellen, aber die Biologie allein begründet noch kein Geschlechtsschicksal: »[...] [E]s ist nicht die Physiologie, die Werte begründen könnte: vielmehr nehmen die biologischen Gegebenheiten die Werte an, die der Existierende ihnen gibt.« (Ebd.) Die Tatsache, dass der menschliche Körper grundsätzlich in einen kulturellen Kontext eingebettet ist, legt die Auseinandersetzung mit der Psychoanalyse und dem Geschlechtermodell, wie Freud es aus der Positionierung des männlichen und weiblichen Individuums im Ödipuskomplex ableitet, nahe. Auch hier negiert Beauvoir den Anspruch einer Letztbegründung der Geschlechtsdifferenz, ohne allerdings das Erklärungspotenzial des Ansatzes *in toto* zu verwerfen. Zentral ist die Auseinandersetzung mit der Phallizität, die das Theorem des Kastrationskomplexes strukturiert. In Kürze: Der Knabe hat den Penis und reagiert angstvoll auf die Kastrationsdrohung, das Mädchen besitzt den Penis nicht und entwickelt Neidgefühle. Wie schon im letzten Kapitel erwähnt, führt diese asymmetrische Stellung der Geschlechter gegenüber dem väterlichen Phallus zu einer unterschiedlichen Formierung der Triebschicksale. Das männliche Individuum bahnt sich mittels der Identifizierung mit dem Vater und der Ausbildung des Über-Ichs den Weg in individuelle Autonomie und eine aktive Teilhabe an der kulturellen Sphäre, beim weiblichen hingegen verursacht eine bleibende Über-Ich-Schwäche ein vermindertes Potenzial zu höheren zivilisatorischen Leistungen.[181] Was Freud als einen universellen psychischen Mechanismus beschreibt, stellt für Beauvoir eine Sozialisationstheorie dar, die eine historisch spezifische Enkulturation der Geschlechter nachzeichnet. Die Überlegenheit des Vaters und die Wertigkeit des Phallus bilden soziale Tatsachen in einer patriarchalen Gesellschaft. Somit verlegt die Psychoanalyse gleichsam nach »innen«, was »außen« ist, und macht aus der Beschreibung der herrschenden Geschlechterverhältnisse eine psychische Gesetzmäßigkeit.

Unerachtet dieser Kritik geht es Beauvoir aber darum, den existenziellen Sinn der Phallizität zu verstehen. Der Besitz des Penis stellt auch für Beauvoir ein anatomisches Privileg dar, das den Knaben in eine besondere Situation versetzt, insofern dieses Organ »vom Subjekt als es selbst und als Anderer gesetzt« (ebd. 73) werden kann. Sein Geschlecht ermöglicht dem Knaben die primordiale Erfahrung einer Überschreitung hin auf die Welt, denn in ihm »verkörpert sich die spezifische Transzendenz in greifbarer Weise, und er ist eine Quelle des Stolzes. Weil der Phallus für sich ist, kann der Mann das über ihn hinausreichende Leben in seine Individualität integrieren.« (Ebd.) Demgegenüber kann das kleine Mädchen »sich nicht in einem greifbaren Ding entfremden« und tendiert dazu, »sich ganz zum Objekt zu machen, sich als das Andere zu setzen« (ebd.). Die Zurücksetzung des Mädchens gegenüber dem Knaben resultiert mithin nicht aus dem Vergleich und dem Gefühl des Zu-kurz-gekommen-Seins, sondern seine Anatomie erschwert es dem weiblichen Menschen, »sich selbst als Geschlecht zu vergegenwärtigen« (ebd.), und gerät ihm dadurch gewissermaßen zu einem Individuierungsnachteil. Freilich ist auch Anatomie nicht schon Schicksal, denn »[n]ur innerhalb der in ihrer Totalität erfassbaren Situation begründet das anatomische Privileg ein menschliches. [...] Die Psychoanalyse kann ihre Wahrheit nur im historischen Kontext finden.« (Ebd.) Dies motiviert den Übergang zum historischen Materialismus und die Auseinandersetzung mit der Begründung der Geschlechterherrschaft, wie sie Friedrich Engels in seiner Schrift *Der Ursprung der Familie* skizziert.

Für den historischen Materialismus existiert der Mensch als gesellschaftlich-historisches Wesen im Stoffwechsel mit der Natur. Das Verhältnis der Geschlechter ist also auf der Basis des Entwicklungsstands der Produktionsverhältnisse und vor allem der technischen Produktionsmittel zu explizieren. Für Engels bildet der Übergang vom Gemeinschaftseigentum zum Privateigentum den Angelpunkt für eine Erklärung der männlichen Geschlechtsherrschaft. Aber zwei entscheidende Dinge bleiben nach Beauvoir auch bei Engels ungeklärt: Warum kann die Institution des Privateigentums sich überhaupt menschheitsgeschichtlich durchsetzen, und aus welchem Grund folgt daraus unvermeidlich die Unterdrückung der Frau? Nach Beauvoir setzt Engels den nutzenkalkulierenden männlichen *homo oeconomicus* mitsamt seinem Wunsch nach gesicherter Vaterschaft und patrilinearer Vererbung voraus, anstatt ihn zu erklären, vor allem aber bleibt das Motiv zur Beherrschung und Unterwerfung unabgeleitet, für das Habsucht und Expansionsdrang allein nicht hinreichend sind. Beauvoir führt an dieser Stelle einen für das ganze Werk entscheidenden Gedanken ein: Das Phänomen der Herrschaft ist »eine Folge des imperialistischen menschlichen Bewusstseins, das seine Souveränität objektiv erlangen will« (ebd. 82). »Imperialistisch« kann ein Bewusstsein freilich nur angesichts eines anderen Bewusstseins auftreten, dem gegenüber es seine Souveränität im Sinne eines Alleinherrschaftsanspruchs geltend macht. Der Struktur des Bewusstseins ist also wesensmäßig »die Kategorie des Anderen« (ebd.) eingeschrieben.

Es lässt sich festhalten: Im Zuge ihrer Kritik an Biologie, Psychologie und am historischen Materialismus kann Beauvoir gleichsam drei Existenzialien als Grundlage ihrer eigenen Position gewinnen: die Situiertheit des geschlechtlichen Körpers, das psychische Streben hin zu Entfremdung und Transzendenz und schließlich den Imperialismus des Bewusstseins als den Ursprung menschlicher Herrschaft. »Unsere Perspektive ist die der existenzialistischen Ethik« (ebd. 25), erklärt Beauvoir, und Freiheit und Transzendenz sind die deskriptiven und normativen Grundbestimmungen dieser Ethik. Transzendenz bezeichnet die Überschreitungspotenz auf unabschließbare Existenzmöglichkeiten hin. Das Individuum ist frei, insofern es als Entwurf seiner selbst existiert; weder wird es von einem festumrissenen Wesenskern begrenzt, noch ist es teleologisch auf dessen Entfaltung hin angelegt; vielmehr geht seine Existenz der Essenz voran, und es existiert als das, zu was es sich frei in der Welt verwirklicht. Demgegenüber stellt Immanenz das »absolute Übel« (ebd.) dar. In Immanenz zu existieren heißt einer Begrenzung von Freiheitsspielräumen, der Beschneidung von Entwicklungsmöglichkeiten und Repressionen aller Art unterworfen zu sein, seien sie auferlegt oder auch bewusst bzw. unbewusst selbst gewählt. Es bedeutet vor allem ein Verfehlen des Sinnes der Existenz, denn »es gibt keine andere Rechtfertigung der gegenwärtigen Existenz als ihre Ausdehnung in eine unendlich offene Zukunft« (ebd.). Es stellt nun das spezifische »Drama der Frau« dar, »zum Objekt zu erstarren und zur Immanenz verurteilt« (ebd. 26) und dennoch als Subjekt wesentlich zur Selbstbehauptung und Selbstüberschreitung aufgefordert zu sein. Denn *in praxi* verhält es sich so, dass Immanenz die erzwungene Erfahrung von

Frauen ist. Die Möglichkeiten einer freien Verwirklichung ihrer Existenz sind durch die gesellschaftlichen Erwartungen an ein weibliches Subjekt maßgeblich eingeschränkt. Daher existieren Frauen in einem Widerspruch. Es ist ihnen nahezu unmöglich, »[g]leichzeitig ihr Sein als autonomes Individuum und ihr weibliches Schicksal auf sich zu nehmen« (ebd. 329). Von ihrer eigentlichen menschlichen Seinslage einerseits und von ihrer weiblichen Berufung andererseits ergehen widersprüchliche Aufforderungen an sie.[182]

Freilich ist noch nicht geklärt, was letztlich den immanenten Status der Frau im Gegensatz zur realisierten transzendenten Existenzweise des Mannes bedingt und verfestigt. Bislang hatte die Reflexion auf die Situiertheit der Existenz, auf die Tatsache, in einem kulturell gedeuteten sexuierten Körper als geschichtliches und gemeinschaftlich produzierendes Individuum zu existieren, erhellt, dass die geschlechtliche *condition humaine* für den Mann eher die Möglichkeit bereithält, sich in riskanten Tätigkeiten und mittels Werkzeuggebrauch und Technik in der Welt zu verwirklichen. Diese unterschiedliche Ausgangslage allein kann aber den offenkundigen Verzicht auf ein entwurfhaftes Leben seitens der Frau nicht in zureichender Weise erklären. Worin also wurzelt letztlich die Geschlechterhierarchie? Auf der Basis existenzialistischer Voraussetzungen können keine Wesensbestimmungen des Männlichen und des Weiblichen herangezogen werden, ebenso wenig kann der Grund – angesichts der epochalen Beständigkeit der Geschlechterherrschaft – in einer kontingenten historischen Weichenstellung liegen. Das Vorhaben von Beauvoir zielt also darauf, die tiefere Ursache der hierarchischen Geschlechterrelation aus den in der Subjektivität selbst liegenden Quellen plausibel zu machen.[183] Bereits in der Einleitung zu ihrer Studie stellt Beauvoir die These auf, dass die »Kategorie des *Anderen* (*altérité*) [...] so ursprünglich wie das Bewußtsein selbst [ist]« (ebd. 20). Dieser Bezug auf den Anderen entfaltet sich allerdings nicht als ein in Solidarität und Freundschaft gegründetes *»Mitsein«*, sondern das Bewusstsein ist auf ein anderes Bewusstsein im Medium des Kampfes bezogen. Mit Hegel hält Beauvoir fest:[184] »Das Subjekt setzt sich nur, indem es sich entgegensetzt: es hat den Anspruch, sich als das Wesentliche zu behaupten und das Andere als das Unwesentliche, als Objekt zu konstituieren.« (Ebd. 12) Wobei freilich das andere Bewusstsein mit dem gleichen Anspruch auftritt. Das Subjekt gewinnt allein ein Bewusstsein von sich, indem es sich an einer Begrenzung, einer Negation seiner selbst bewusst wird, wobei die Natur mit dem Widerstand, den sie dem Menschen entgegensetzt, diese Erfahrung nur ansatzweise liefern kann. Der Mensch kann sich an den Dingen der Natur abarbeiten, aber er findet sich im Ding gerade nicht in seiner Subjekthaftigkeit, die sich auf etwas anderes hin transzendiert, widergespiegelt. Erst vermittels einer fremden Freiheit vermag das Subjekt sich als das anzuerkennen, was es ist: als sich selbst behauptende Freiheit. Dieses Anerkennungsgeschehen gerät allerdings zu einem Kampf, denn das eine sowie das andere Bewusstsein streben danach, sich als eben dies souveräne Subjekt zu setzen, als welches es jeweils anerkannt sein möchte. Doch schließlich kann »[d]as Drama, durch das freie Sicherkennen jedes Individuums im anderen überwunden werden, indem jeder gleichzeitig sich und den anderen in einem wechselseitigen Hin und Her als Objekt und als Subjekt setzt« (ebd. 191).

Dies geschieht z.B. in Freundschaft und liebender Hingabe; in diesen Verhältnissen gewinnt das Individuum sich im Anderen und gelangt zu seiner Wahrheit: »Aber diese Wahrheit ist die eines unentwegt aufgenommenen, unentwegt zunichte gemachten Kampfes« (ebd.). Diese agonale Grundstruktur des Bewusstseins vorausgesetzt, besteht nun die Eigentümlichkeit des Verhältnisses von Mann und Frau darin, dass es zwischen ihnen gerade nicht zu einem Kampf um Anerkennung kommt. Die Frau bleibt »das Unwesentliche, das nie zum Wesentlichen wird, [...] das absolut Andere ohne Wechselbezug« (ebd. 192). Mit der Frau erfüllt der Mann sich einen Traum, also einen tiefen Wunsch: Sie bietet ihm eine alternative Form von Anerkennung, eine, die nicht im Kampf errungen und deshalb auch nicht unablässig behauptet werden muss. Vielmehr bietet die Frau »Ruhe in der Unruhe«, sie ist »opake Fülle, in der dennoch Bewußtsein herrscht«, ist der »ersehnte Mittelweg zwischen der dem Mann fremden Natur und dem Gleichen, der zu identisch mit ihm ist« (ebd. 191). So setzt sie »dem Mann weder das feindselige Schweigen der Natur noch den rigorosen Anspruch einer wechselseitigen Anerkennung entgegen«. Sie ist kurzum »die zur Transparenz erhobene Natur, sie ist ein von Natur aus untergeordnetes Bewußtsein« (ebd. 192). Die Beschreibung, wie dieser Wunsch des Mannes als Mythos der »Weiblichkeit« sich im Kult, in Legenden und literarischen Fiktionen Gestalt gibt, wird den größten Teil des Ersten Buchs ausmachen. Der Preis, den die Frau für den Traum des Mannes zu bezahlen hat, ist ihre Objektivierung, ihr Verzicht auf Transzendenz und damit das Verhaftetbleiben in der Immanenz. Es bezeichnet ihr Schicksal, als die und das »Andere« des männlichen Subjekts zu existieren.

Man fragt sich nun allerdings, warum das weibliche Geschlecht – seinsmäßig ja nicht anders verfasst als das männliche – sich in diese Objektivierung widerstandslos hineinschickt, warum die Frau nicht in den Kampf um Anerkennung eintritt. Oder anders gesagt: Wie kommt es, dass die Geschlechterherrschaft ein so dauerhaftes und unverrückbares Arrangement bildet? Für die Beantwortung lässt sich Beauvoir offensichtlich von einem Gedanken leiten, der in den Bereich der politischen Theorie hineinreicht: Jede Herrschaft ist umso stabiler, je mehr auch die Beherrschten ihren Vorteil darin finden können. Hinzu tritt noch eine weitere Einsicht, die Rousseau folgendermaßen formuliert hat: »le maître et l'esclave se dépravent mutuellement«, die Erkenntnis, dass der Herrschende und der Beherrschte sich wechselseitig korrumpieren.[185] Es handelt sich also bei Mann und Frau um ein Herrschaftsverhältnis zum beiderseitigen Vorteil, welches gleichwohl beide Seiten deformiert. Das Ergebnis dieser relationalen Herrschaftsanalyse[186] lautet: »Die Frau verfolgt einen Traum der Selbstaufgabe und der Mann einen Traum der Entfremdung.« Von daher rühren ihr »heimliches Einverständnis« und die »Schwierigkeit der ganzen Angelegenheit« (ebd. 885). Dieses Zusammenspiel von weiblicher Selbstaufgabe und männlicher Entfremdung lässt sich auf der Basis der existenzphilosophischen Voraussetzungen von Immanenz und Transzendenz, von Faktizität und Freiheit aufklären, die als Grundbestimmungen der Existenz in einem unhintergehbar spannungsvollen Verhältnis stehen, denn »man kann den immanenten und den transzendenten Aspekt der lebendigen Erfahrung nie trennen« (ebd. 217). Dies trägt sich für den Mann in der ambivalenten Erfahrung der Geschlechtlichkeit aus, er erlebt seine sexuelle Potenz als »eine Freiheit, die die ganze Kontingenz des Gegebenen enthält« (ebd.). Als Subjekt setzt sich der Mann die Welt gegenüber, macht sie zum Feld seiner Entwürfe und Gestaltung, er macht sich zu ihrem Herrscher; »[w]enn er sich aber als Körper, als etwas Geschlechtliches erfaßt, ist er nicht mehr autonomes Bewußtsein, transparente Freiheit: er ist in die Welt engagiertes, ist ein begrenztes, vergängliches Objekt« (ebd. 218). Geschlechtlichkeit, Sexualität »verneinen die stolze Einzigartigkeit des Subjekts« (ebd.). Fleischlichkeit, Animalität, Passivität, Endlichkeit und Tod sind die Anteile seines Seins, die der Mann in der Frau externalisiert, um sie dort als abgespaltene Teile seiner eigenen Existenz zu kontrollieren und zu beherrschen. Der Mann entfremdet sich der realen Totalität seiner Existenz, weil er, verfangen in Allmachtsfantasien und Selbstherrlichkeit, seine leibhaft-kreatürliche Begrenztheit nicht hinzunehmen bereit ist. Die Frau hingegen erliegt der Verlockung der Selbstaufgabe und wählt damit den entgegengesetzten Weg einer verfehlten Existenz.

Freiheit ist die zentrale Bestimmung menschlichen Daseins, aber sie ist auch ein Risiko. Ein Leben des reinen Entwurfs ist kein leicht zu realisierendes Projekt, es ist unbequem und erfordert auf jeden Fall Mut. Grundsätzlich stellt die Flucht vor der Freiheit für jeden Menschen eine Versuchung dar: »ein bequemer Weg: man vermeidet so die Angst und die Spannung einer selbstverantwortlichen Existenz« (ebd. 17). Beauvoir ist eine Theoretikerin der Freiheit, aber sie sieht die Ambivalenz, die dem Freiheitsanspruch innewohnt, sehr deutlich. Ebenso wie der Wille zur Freiheit menschlich ist, so sind es auch die Furcht und die Flucht vor der Freiheit. Diese Ambivalenz ist ungleichgewichtig auf die Geschlechter verteilt. Beauvoirs Analyse der Geschlechterherrschaft leistet es, »das Zusammenspiel von Männern und Frauen zur Aufrechterhaltung männlicher Herrschaft zu durchschauen«[187]. Beide Geschlechter sind also in ein uneigentliches Existieren verstrickt. Wie aber könnte ein Ausweg aussehen? Ein Konzept der »Gleichheit in der Ungleichheit« kann für Beauvoir nicht überzeugen, da es nur den Despotismus des Mannes und die Feigheit der Frau zu verschleiern droht. Ändern müssen sich die Frauen. Um sich als autonome, tätige Subjekte zu verwirklichen, ist es notwendig, dass sie den Weg des Mannes gehen und ihre eigene ökonomische Unabhängigkeit durch Arbeit sichern.[188] Welche die Bedingungen der Frauenemanzipation sein können, hatten die Versprechen der Russischen Revolution gezeigt: Gleichberechtigte Arbeitsmöglichkeiten, legale Geburtenkontrolle und Abtreibung, schließlich die Vergesellschaftung der Reproduktion. Das zeitigt auch Wirkung für den Mann: »Man würde ihn befreien, indem man sie befreit.« (Ebd. 886) Anstelle eines Halbgotts und seinem Kunstprodukt »Frau« begegnen sich dann Kameraden, Freundinnen, Partner und Partnerinnen, die einander »als Gleiche anerkennen und das erotische Drama in Freundschaft leben« (ebd. 895). Beide stellen sich damit gleichermaßen der »seltsame[n] Doppeldeutigkeit der Fleisch gewordenen Existenz« (ebd.). Wie darüber hinaus die Zukunft des Geschlechterverhältnisses beschaffen sein wird, ist für Beauvoir noch nicht absehbar: »unter den Geschlechtern werden neue körperliche und affektive Beziehungen entstehen, die wir uns nicht vorstellen können« (ebd. 898). Bislang jedenfalls hat das geschlechtliche Paar seine Chance in der Geschichte noch nicht gehabt, zumindest nicht in einer authentischen, nicht-deformierten Weise.

Beauvoir vertritt eine Position des feministischen Denkens, die nachfolgend als »humanistischer Feminismus«[189] bezeichnet worden ist. *Das andere Geschlecht* kann als die theoretisch fundierteste und gründlichste Ausarbeitung dieser Richtung angesehen werden. Der humanistische Feminismus definiert die Unterdrückung der Frau als Verkürzung und Beeinträchtigung ihrer Entfaltungsmöglichkeiten durch eine Gesellschaft, die Individuierung und Selbstverwirklichung den Männern vorbehält. Diese historisch gewachsenen Einschränkungen kondensieren im Konzept »Frau«, dementsprechend revoltiert der humanistische Feminismus gegen »die Frau«, die als das Andere des männlichen Subjekts auf Passivität, auf Abhängig- und Dienstbarkeit hin abgerichtet ist. Die philosophischen Koordinaten für Beauvoirs umfangreiche Analyse der Stellung der Frau im Patriarchat bilden der Existenzialismus und eine Intersubjektivitätskonzeption, die sich an Hegels Herr-Knecht-Dialektik anlehnt, ohne dass freilich das Verhältnis von Mann und Frau sich einfachhin auf das Verhältnis Herr/Knecht abbilden ließe.

Die Kritik, die an Beauvoirs Werk geübt wurde, ist kaum je eine rein philosophische gewesen, sondern hat sich immer auch aus einer feministischen Motivation gespeist. Es sind zwei Aspekte, die in der feministischen Theoriebildung der 1970er und 1980er Jahre zunehmend kritisch herausgestellt wurden.[190] Für Beauvoir sind – wie übrigens auch in der französischen Sprache – Mensch /*homme* und Mann identisch, sie identifiziert Menschsein im existenzialistischen Sinn mit Männlichkeit. Frauen hingegen erleben einen Widerspruch zwischen Menschsein und Weiblichkeit. Um Mensch zu werden, müssen deshalb die Frauen die diversen Privilegien der Männer erobern, was zweifellos das Geschlechterverhältnis verändert, nicht aber die Vorstellung von Mensch sein. Damit hängt unmittelbar zusammen, was sich bereits in der Auseinandersetzung mit der Biologie herauskristallisiert und das ganze Werk Beauvoirs durchziehen wird: die Abwertung der reproduktiven Potenz der Frau als Versklavung an die Gattung und Beschränkung ihrer Individuierungsmöglichkeiten. Freilich war in den 1940er Jahren die (weibliche) Sexualität noch nicht von den Naturzwängen der Generativität befreit, aber auch in ihrer Beschreibung von weiblicher Körperlichkeit, von Sexualität, gelebter Mutterschaft und der angestammt weiblichen Fürsorgetätigkeiten wiederholt Beauvoir unreflektiert den habituellen Abwertungsgestus der patriarchalen Kultur.[191] Ihre Studie ist von einer intellektuellen Körperfeindlichkeit durchzogen, die vor allem den weiblichen Körper betrifft. Darüber hinaus reproduzieren Beauvoirs ethische Prämissen die in der westlichen Tradition verankerten Gegensätze von Körper und Geist, Natur und Kultur, von immanentem bloßen Leben und transzendentem guten Leben und damit hierarchische Dualismen, die immer geschlechtskonnotiert waren, nicht zuletzt weil ihnen geschlechtssegregierte Lebenssphären korrespondiert haben. An diesem Punkt wird der Differenzfeminismus ansetzen und das von Beauvoir auf den Weg gebrachte Projekt feministischer Philosophie maßgeblich vorantreiben und weiterentwickeln.

6.3 Ethik der sexuellen Differenz: Luce Irigaray

Auch wenn Simone de Beauvoir unbezweifelbar einen Gleichheitsfeminismus vertritt, finden sich in *Das andere Geschlecht* gleichwohl Passagen, die man ähnlich auch bei der Differenztheoretikerin Luce Irigaray lesen kann: »Die Vorstellung der Welt ist, wie die Welt selbst, das Produkt der Männer: sie beschreiben sie von ihrem Standpunkt aus, den sie mit der absoluten Wahrheit gleichsetzen.« (Geschlecht 194) Die menschliche Welt ist durch und durch männlich geprägt, alle symbolischen, d.h. alle forschenden, interpretierenden, deutenden und dichtenden Netze, die über die Welt geworfen werden, sind von Männern fabriziert und an ihre Position geknüpft. In diesem Netzwerk von Deutungen, Projektionen und Zurichtungen ist auch die Frau gefangen. »Jeder Mythos impliziert ein Subjekt, das seine Hoffnungen und Ängste auf einen transzendenten Himmel hin projiziert. Da Frauen sich nicht als Subjekt setzen, haben sie keinen männlichen Mythos geschaffen, in dem sich ihre Entwürfe spiegeln. Sie haben keine Religion und keine Dichtung, die ihnen selbst gehört: sogar wenn sie träumen, tun sie es auf dem Weg über die Träume der Männer.« (Ebd.) Wenn Beauvoir und Irigaray beide darin übereinkommen, dass die Frau bislang nur als das vom Mann gesetzte Andere existiert hat, da sie von der männlichen Subjektposition aus entworfen, definiert, gedeutet, reguliert und beherrscht worden ist – wo liegt dann der Unterschied zwischen beiden Theoretikerinnen? Für Beauvoir muss die Frau ihre heteronome Verpuppung abstreifen, um in gleicher Weise menschlich wie der Mann existieren zu können, sie muss als die

Andere verschwinden zugunsten einer von Männern und Frauen in gleicher Weise geteilten Menschlichkeit. Für Irigaray hingegen ist es unabdingbar, dass ein wirkliches Anderes, welches das männliche Eine und sein uniformes symbolisches Universum auf sein gegengeschlechtliches Gegenüber hin dezentriert, allererst in Erscheinung tritt. Dass Menschen grundsätzlich als zwei verschiedene Geschlechter existieren – die Tatsache der sexuellen Differenz –, hat sich bislang in der Welt nicht realisieren können. Was die Frau für sich und nicht als die Frau des Mannes wäre, kann deshalb nur ein Unternehmen der tastenden Suche und einer allmählichen weiblichen Subjektwerdung sein.

Irigaray hat sich in allen ihren Texten diesem Denken der sexuellen Differenz verschrieben. Ihr letztes Hauptwerk *Ethik der sexuellen Differenz* aus dem Jahr 1984/1991 beginnt nicht ganz ohne Pathos: »Die sexuelle Differenz stellt eine der Fragen oder die Frage dar, die in unserer Epoche zu denken ist. Jede Epoche hat – Heidegger zufolge – eine Sache zu ›bedenken‹. Nur eine. Die sexuelle Differenz ist wahrscheinlich diejenige unserer Zeit.«[192] Dieses philosophische Projekt von Irigaray kann in drei Phasen bzw. drei systematische Schritte gegliedert werden. Am Beginn steht der Aufweis des Phallogozentrismus des abendländischen Denkens, daran schließen sich die Bemühungen um Möglichkeiten einer eigenständigen weiblichen Artikulation an, die schließlich in die Umrisse einer neuartigen Beziehung von Mann und Frau unter der Bedingung der sexuellen Differenz münden. Auch für Irigaray ist die Auseinandersetzung mit Freud als dem Theoretiker der Geschlechtlichkeit zentral sowie initial. Irigaray ist Philosophin sowie ausgebildete und praktizierende Psychoanalytikerin, was ihren Theoriestil insofern prägt, als sie beide Theoriestränge in einem sich überkreuzenden hermeneutischen Verfahren verwebt. Die Philosophie erweist sich aus psychoanalytischer Perspektive als das Resultat der Sublimationspraxis konkreter, von Wünschen und Begehrungskräften geleiteter Individuen, an der Psychoanalyse selbst kann wiederum mit den Mitteln der philosophischen Methode der Dekonstruktion ihr phallogozentrischer Charakter offengelegt werden.[193] Beauvoir hatte nicht nur von der Frau als Projektion des Mannes gesprochen, sondern viel weitgehender darauf hingewiesen, dass Mythos, Religion und Dichtung rein männliche kulturelle Schöpfungen darstellen. Irigaray nun ergänzt diese Reihe um die Philosophie und um Theorie überhaupt und unterzieht vor diesem Hintergrund Freuds Text *Die Weiblichkeit* (1933)[194] einer umfänglichen feministisch-dekonstruktiven Lektüre.[195] Diese Art des Lesens zielt nicht auf eine explizite Widerlegung von Freuds Thesen.[196] Geschärft wird vielmehr – gemäß der psychoanalytischen Methode des Hörens auf das Sprechen des Analysanden – die Aufmerksamkeit für »die Prozeduren der Verdrängung und der Strukturierung der Sprache«, das Gespür für ihre »syntaktischen Gesetze oder Zwänge, ihrer imaginären Konfigurationen, ihrer metaphorischen Gespinste«[197] ebenso wie die Sensibilität für das Schweigen, mithin für das, was sich im Text gerade nicht ausspricht.

Irigaray versteht ihr Schreiben als eine Intervention, ein dialogisches Eingreifen, als eine unablässige enthüllende Einrede. Dieser Prozess fördert die Struktur der Phallogozentrik zutage. Die These ist, dass Freud auf dem ihm eigensten Wissensfeld der sexuellen Differenz zugleich aufdeckend und verdeckend operiert. Aufdeckend, weil er zeigen kann, dass Männlichkeit und Weiblichkeit nicht rein physiologisch bedingte Charaktere bilden, sondern die sexuelle Identität der interpretierten Wahrnehmung der geschlechtlich-anatomischen Differenz entspringt. Dies ist die Schlüsselsituation: Der Knabe und das Mädchen werden ihrer genitalen Differenz gewahr, sie sind konfrontiert mit dem Erlebnis eines grundsätzlichen Anders-Seins. Die Beschreibung dieser fundamentalen Differenzerfahrung wird allerdings im Fortgang von Freuds Darstellung dem »Apriori des Gleichen«[198] untergeordnet. Die Geschlechterdifferenz wird als ein kontradiktorischer und nicht als konträrer Gegensatz gefasst: Der Knabe hat den Penis, und das Mädchen hat den Penis nicht. Damit verschreibt sich Freud in einer männlich-narzisstischen Weise dem Parameter der Sichtbarkeit und er wird »als Gefangener einer gewissen Ökonomie des Logos die sexuelle Differenz gemäß dem Apriori des Gleichen« definieren und substanzialisieren. Was als eine relationale Differenz von zwei unvergleichbar Verschiedenen beginnt, verschiebt sich hin zu einer Binarität von Haben und Nicht-Haben, zum Besitz des Geschlechts und zu seinem Mangel. In der Folge fühlt das männliche Kind sich in seiner Vollständigkeit bedroht, das weibliche hingegen beneidet die Komplettheit des Gegenübers. Diese Analyse liefert drei strukturbildende Aspekte: a) Das bzw. die Andere wird der Logik des Gleichen einverleibt. b) Die sexuelle Differenz – obgleich das zentrale Thema – verschwindet als solche. Schließlich, c) der Autor der Theorie spricht nicht von einer geschlechtsneutralen Position aus.

Freuds Text *Die Weiblichkeit* bildet nur das prominenteste Beispiel für die Effekte des männlich-monosexuellen Imaginären im Prozess von Theoriebildung, da aber Irigaray besonders der Philosophie eine fundamentale Relevanz für Weltverstehen und menschliche Selbstdeutung zuschreibt, »ist es natürlich der philosophische Diskurs, den man befragen und zerrütten muß, insofern er das Gesetz jedes anderen ausmacht, insofern er den Diskurs der Diskurse konstituiert«[199]. Die Autorin bezieht eine voraussetzungsreiche Position innerhalb des Spektrums des französischen Poststrukturalismus. Sie ergänzt die Metaphysikkritik der Dekonstruktion um den entscheidenden Aspekt der Sexuierung des Logos. Gemäß der dekonstruktivistischen Kritik ist der abendländische Logozentrismus charakterisiert durch das Prinzip der Identität, das Nicht-Widerspruchsprinzip und eine Reihe binärer Oppositionen. Irigaray nun bezeichnet eine philosophische Begrifflichkeit, oder auch Metaphorizität, die um die Konzepte von Form, Einheit, Identität, Abgrenzung und Stabilität organisiert ist, als »phallomorph«. Damit verbindet sie Jacques Derridas Konzept des Logozentrismus mit dem Theorem des Spiegelstadiums der psychoanalytischen Theorie Jacques Lacans.[200] Irigarays zentrale und kontrovers diskutierte Behauptung ist, dass das Imaginäre als männlich-phallisches auch die abendländische philosophische Tradition prägt, denn das Imaginäre – gemäß Jacques Lacans Spiegelstadium – ist immer ein Imaginäres, das die ideale Morphologie des (männlichen) Körpers widerspiegelt.[201]

In einem vom männlichen Imaginären durchherrschten symbolischen Universum »hat die Frau noch immer keinen Ort gefunden, sie ist noch immer nicht geworden«.[202] Freilich ist sie in den vielgestaltigen Entwürfen des Mannes – Irigaray spricht zumeist vom »Subjekt« – nicht komplett abwesend oder inexistent, aber gezwungen, als Exilierte zu existieren. Auf der anderen Seite ist der Mann in einen Solipsismus verstrickt und versucht seiner Gefangenschaft zu entkommen:

»Aber wie sehr er sich auch anstrengt, diese spiegelnde Matrix zu zerbrechen, die Diskursivität, die ihn umschließt, den Text-Körper, in dem er zum Gefangenen geworden ist, es ist doch immer noch sie, auf die er stößt: Natur, die ohne ihr Wissen sein Projekt, seinen Entwurf und deren Produktion genährt hat. Und die für ihn nun verschmilzt mit jenem eisig spiegelnden Schoß, der alle Reflexe wie ein Grab verschluckt, zu dem sie ihre Differenz nicht artikulieren kann, weil ihr das Imaginäre fehlt. Also läßt sie sich weiterhin für neue Spekulationen verzehren oder als ungeeignet zurückweisen. Ohne ein Wort zu sagen.«[203]

Zur Erläuterung: Da Irigaray ein grundsätzlich anderes Sprechen und Schreiben anvisiert, sind die Mehrdeutigkeit und das Oszillieren der Gedanken in ihren Texten beabsichtigt. Angezielt ist eine Eröffnung von Denk-Räumen, weniger eine Bündelung griffiger Aussagen und Resultate. Dennoch lassen sich aus diesem Abschnitt einige wichtige Bestimmungen in Hinblick auf die Frau – »sie« – gewinnen. Der Ort der Frau ist in mehrfacher Weise das Exil. Innerhalb der männlichen symbolischen Systeme wird sie konsumiert für die männliche Spiegelung. Dies hatte die Lektüre von Freuds Text gezeigt: Das »Weibliche« wird im Rahmen der Logik des Selben konstituiert, und indem es diese Logik stützt, verschwindet es zugleich in ihr, ohne einen Reflex auf sich selbst werfen, ohne sich selbst darin reflektieren zu können. Damit wird die Frau zu einer Trope des inneren Auslands des Diskurses, wie es wiederum Freud im Bild der Frau als des »dunklen Kontinents«[204], der sich der Erforschung widersetzt und der Aufklärung entzieht, zum Ausdruck bringt. Darüber hinaus sind die Frauen in ein radikales Außen verbannt: Sie bilden den mütterlich-elementaren, weiblich-materiellen Nährboden, die Matrix, welche die Reproduktions- und Regenerationsressourcen für die Kulturfähigkeit und -tätigkeit des Mannes bereitstellt. Weil Frauen im Lauf der Geschichte nur als das Substrat männlicher Repräsentationen gedient haben, sind sie selbst nicht repräsentierbar ohne eine fundamentale Transformation der symbolischen Ordnung. Die zentrale Frage lautet also: »Wie kann man die existierende Sprache umformen, um einer geschlechtlich differenzierten Kultur Platz zu schaffen?«[205] Daran wird deutlich, dass Irigaray den Kampf um die Verwirklichung einer tatsächlich geschlechtsdifferenten Kultur nicht auf der Ebene von realpolitischen Strategien für geschlechtliche Gleichstellung ansiedelt, sondern in der Dimension der symbolischen Ordnung, vor allem im Medium von Sprache und Philosophie, aber auch in Dichtung, Mythos, Religion und Kunst. Allein eine Ausarbeitung von Möglichkeiten eines weiblichen Imaginären, d.h. von Repräsentationsformen von Frauen, von Bildern und Sprechweisen, die für Frauen selbstgewählte, selbstbestimmte und autonom definierte Identifikationsmodi bereitstellen, vermag die monosexuelle symbolische Totalität auf eine wahrhaft hetero-sexuelle Dualität hin zu überschreiten.

Irigarays Konzept des Imaginären verbindet das psychoanalytische Verständnis dieses Begriffs mit dem phänomenologischen und es umfasst damit die bewusste kreative Produktivität ebenso wie die unbewusste wunschdominierte Fantasie; unbewusste Struktur sowie Schöpfungen der produktiven Einbildungskraft. Da das Imaginäre an das Körpererleben und das Körperselbstbild mitsamt den inhärierenden Fantasien geknüpft ist, ist es entweder männlich oder weiblich imprägniert. Irigaray versucht nun, durch die Beschreibung des weiblichen Geschlechts einen spezifisch weiblichen imaginären Raum zu eröffnen, des »Geschlecht(s), das nicht eins ist« in seiner Form der »zwei Lippen, die sich unaufhörlich berühren« und die »sich« darüber hinaus auch »sprechen«.[206] Dass die Möglichkeit der symbolischen Repräsentation der Frau an das weibliche Genital geknüpft wird, wirkt provozierend, handelt es sich doch um einen »Bereich, der normalerweise am anderen Ende der Kultur vermutet wird«.[207] Vor allem aber nährt das Konzept der »Lippen, die sich sprechen« den Verdacht, dass hier eine auf dem Körper fußende Essenzialisierung vorgenommen wird, also eine Festlegung von weiblichen Individuen auf ihre Anatomie. Das entspricht freilich nicht der Intention der Autorin, denn mit dem Rekurs auf das weibliche Geschlecht ist nicht der Körper »an sich« angezielt, sondern seine sprachlichen Figurationen. Versteht man das Konzept der weiblichen Körperbilder – später ergänzt Irigaray die »zwei Lippen« noch um das »Muköse«[208] – als eine Intervention in das Diskursfeld der poststrukturalistischen Theorien, so ergibt sich noch dazu ein weites Interpretationsspektrum.[209] Irigarays vulvomorphisches Modell nimmt die Anatomie gewissermaßen nur zum Anlass, um ein neuartiges Wahrnehmungsmuster weiblicher Sexualität zu formulieren, welches sich zu großen Teilen postmoderner Ästhetik verdankt, insofern »das Geschlecht, das nicht eins ist« die postmoderne Emphase für Nicht-Eindeutigkeit und Vielgestaltigkeit aufnimmt. Andere Interpretationen sehen in den »zwei Lippen« eine Antwort auf den Phallozentrismus von Lacan. Aber ebenso wie Lacan darauf insistiert, dass sein Konzept des Phallus[210] nicht den Penis meint, entsprechen auch die »zwei Lippen« von Irigaray nicht den anatomischen Labia. Und gleichermaßen wie die ambivalente Nachbarschaft zu Lacan kann auch die theoretische Nähe zu Derrida in Anschlag gebracht werden. Dann figurieren die zwei Lippen als ein dritter Term zwischen männlich-konnotierter Klitoris und weiblich-konnotierter Vagina, als ein Zwischen-Raum zwischen Innen und Außen, eine Schwelle, sichtbar und unsichtbar zugleich, eine Dimension der Unentscheidbarkeit. Nicht zuletzt gibt es auch Lesarten, die originären Intentionen Irigarays Rechnung tragen. Dann können die zweimal zwei Lippen des weiblichen Körpers – horizontal und vertikal gerichtet – als ein Sinnbild der Nähe weiblicher Individuen verstanden werden, einer Nähe, die innerhalb der phallozentrischen Ordnung mit Konflikten belastet ist. Die Lippen allegorisieren mithin die vertikalen Verhältnisse weiblicher Genealogie, konkret der Mutter-Tochter-Beziehung, und die horizontalen der vertrauensvollen Beziehungen unter Frauen insgesamt.

Die sprechenden Körperbilder verweben sich schließlich mit einer Metaphorik des Raumes und des Ortes, je mehr sich Irigarays Texte vom Kreisen um den verschütteten und verschwiegenen Ort des Weiblichen hin zu einer Philosophie der Geschlechterbeziehung bewegen. Die Beziehung von Mann und Frau vollzieht sich als eine Folge von Begegnungen zweier geschlechtlich und d.h. einander nicht substituierbar Verschiedener, zwischen denen sich ein Zwischenraum des heterosexuellen Begehrens aufspannt.[211] Die sexuelle Differenz, verstanden als das Durchqueren eines Zwischen-Raumes um willen der Begegnung mit der Andersheit und der Rückkehr zu sich, »würde den Horizont einer noch unbekannten Fruchtbarkeit eröffnen«.[212]

Irigaray erhebt den Anspruch, die Geschlechterdifferenz im Rahmen der philosophischen Fundamentalproblematik von Raum und Zeit neu zu konzipieren und damit zu einer neuartigen transzendentalen Ästhetik zu gelangen. Die sich beständig erneuernde Begegnung der Geschlechter als wechselseitige Umhüllung kann sich nur unter der Bedingung ereignen, dass jedem Geschlecht ein eigener Ort der Selbstumhüllung zuerkannt wird. Damit die »Selbstliebe« und »die Liebe zum anderen«[213] allererst möglich werden, muss eine epochale Verschiebung in der Ordnung der Geschlechter und des Diskurses stattfinden: Von der reduzierenden, deformierenden und hierarchisierenden Logik des Gleichen zu einem freilassenden, raumgebenden anerkennenden Wechselspiel zweier aufeinander nicht reduzierbarer Verschiedener. Bislang hat die Frau der Konstitution der Selbstliebe des Mannes gedient. Ohne selbst einen Ort zu haben, bildete sie als umhüllende Mutter und als umschließende Geliebte den Ort für den Mann. Das Mütterlich-Weibliche ist Ursprungsort für das männliche Begehren und erhält darüber hinaus nährend und spiegelnd die männliche Identität aufrecht. »Aber welchen Ort bietet das Männliche dem Weiblichen als Anziehungsursache? Seine Seele? Sein Verhältnis zum Göttlichen? Kann sich das Weibliche darin einschreiben, darin ansiedeln? Ist dies nicht [...] der einzige Ort, in dem es wohnen kann? Denn das Männliche muß sich als ein *Gefäß* konstituieren, um aufnehmen, um empfangen zu können.« (Sexuelle Differenz 52)

Zwischen den Geschlechtern muss sich eine epochale Verschiebung ereignen. Der Mann müsste sich aus seiner grandiosen Selbstbespiegelung lösen und auf ein eigenständiges »Außen« hin öffnen, damit er der Frau anstelle des Exils einen Ort, einen Empfang bieten kann. Die Frau hingegen muss aus ihrer Verobjektivierung in ein insistierendes »Innen« zurückkommen. »Sie muß zu einer Liebe zu sich selbst gelangen, zu einer Empfindung des Unsichtbaren und im Unsichtbaren, die in dem, was sich fortwährend berührt, aber dennoch nicht verbraucht, ihren Ausdruck findet.« (Ebd. 86) Als eines ihrer identifikatorischen Bilder für Frauen, das dieses weibliche »Innen« veranschaulichen kann, wählt Irigaray mit der Fusion von Sinnlichkeit und Spiritualität das an die Tradition der Mystikerinnen anknüpfende Sinnbild der Ikone, in der etwas Unsichtbares im Sichtbaren insistiert (vgl. ebd.). Im Zentrum der *Ethik der sexuellen Differenz* stehen vor allem die Bemühungen, Umrisse einer Philosophie des heterosexuellen Paares zu gewinnen.

Für Irigaray stellt die geschlechtliche Differenz das Ungedachte der Philosophie dar, das gleichwohl die philosophischen Texte heimsucht. Dies gilt es aufzuspüren, was bedeutet, abermals in einer dekonstruktivistischen Lektüre den philosophischen Begriffen dasjenige »abzuhandeln«, was sie nur auf eine verschobene oder uneigentliche Weise sagen, um damit ein Denken der Hetero-Sexualität auf den Weg zu bringen. Irigaray liest die Philosophen von Platon bis Levinas mit einer doppelten Geste, um das bislang Ungedachte freizulegen und dabei zugleich den Text in den Dienst der Ausarbeitung einer Philosophie der Geschlechterdifferenz zu stellen. Mit ihren Interventionen in das Textcorpus der Klassiker formt Irigaray Ausblicke auf unverkürzte Erfahrungs- und Begegnungsweisen des Geschlechtlichen, wie z.B. der Fruchtbarkeit, der Verwunderung, des Göttlichen, der Sublimation und der Liebkosung. Diese Art des Durchquerens der philosophischen Tradition versteht sich als theoretische Intervention, die nicht zu Wissensresultaten führt, sondern allein im Vollzug Veränderungen hervorrufen kann.[214]

Für Irigaray ist die Geschlechterdifferenz fundamental und unhintergehbar. Vor dem Hintergrund einer jahrtausendealten monosexuellen symbolischen Ordnung steht sie deshalb einer Pluralisierung der Geschlechtsidentitäten ebenso skeptisch gegenüber wie dem »mit Fallstricken versehenen ›Fortschritt‹«[215] hin zu einer Androgynität der Geschlechter, die das »Weibliche« in dem historischen Moment, wo es in Erscheinung tritt, wieder verschwinden lässt. Aber auch die Forderungen nach der gewissermaßen nur additiven gesellschaftlichen Teilhabe von Frauen, wie Beauvoir sie erhebt, greifen zu kurz, da die bestehende Kultur ja gerade am Mangel einer ethischen Verwirklichung der geschlechtlichen Differenz krankt. Die Symptome dieses universell deformierten menschlichen Erfahrungszusammenhangs sind an den Dimensionen von Sprache, Wissenschaft, Ökonomie und Technik zu entziffern: Jede Sphäre der Gesellschaft schließt sich zusammen zu einem funktionalen, aber unbewohnbaren Körper. An dieser Stelle zeigt sich, dass Irigarays Ethik der sexuellen Differenz von einer Kultur- und Zivilisationskritik nicht zu trennen ist. Die Ausgrenzung der Potenz des Weiblichen durch eine monosexuelle Kultur unterwirft alle Gestalten des Lebendigen der Herrschaft von Funktionalitäts- und Verwertungsimperativen. Die Sprache wird ihres Gabencharakters beraubt und die Natur auf einen Vernutzungszusammenhang reduziert, wo ein Wirtschaften in Geld und Gütern Schutz und Behausung sucht. Wenn Irigaray herausstellt, dass in allen diesen Phänomenen das Vergessen waltet, dass es allein der/die konkrete geschlechtlich Andere ist, der/die mit seinem/ihrem lebendigen Sein Behausung gewähren kann, dann sind die Anklänge an Heideggers Seinsvergessenheit nicht zufällig. Das bislang nicht verwirklichte Andere birgt Möglichkeiten einer geheilten Welt in sich, wobei freilich nicht ausschließlich dem Weiblichen das utopische Potenzial zuwächst, wie es ein trivialisierendes Missverständnis dem Differenzfeminismus unterstellt, sondern die Hoffnung auf versöhnte menschliche Verhältnisse sich an eine umfassende Symbolisierung der Zweigeschlechtlichkeit knüpft.

Durchweg alle feministischen Ansätze haben zu ihrer Zeit irritiert. Beauvoir provoziert durch die auch sprachlich schonungslose Analyse der depravierten Lebensrealität von Frauen, Irigaray durch ihre Herausforderung der gesamten abendländischen Theorietradition, Judith Butler schließlich durch die radikale Infragestellung der Zweigeschlechtlichkeit überhaupt. Irigarays Grundthese ist es, dass weibliche Bemühungen um Autonomie in einer innerlichen Abhängigkeit zur abendländischen Denk- und Wissenstradition stehen und dementsprechend die Möglichkeitsbedingungen einer emanzipatorischen Praxis nur fruchtbar im Ausgang und in der Dekonstruktion dieses Kanons entfaltet werden können. Dabei ist zweierlei angezielt: die Eröffnung eines Denk- und Vorstellungsraums für ein weibliches Imaginäres und die Entzifferung der im Rahmen des philosophischen Erbes nur chiffrenhaft thematisierten sexuellen Differenz. Diese Form der philosophischen Lektüre ist innovativ, sie ist aber auch singulär und ohne Nachahmung geblieben. Fruchtbar hat der differenztheoretische Ansatz über die Philosophie hinaus innerhalb der Literaturwissenschaft gewirkt und im Feld feministischer Politiken. Irigaray wird oft in einem Atemzug mit anderen französischen Poststrukturalistinnen genannt wie Hélène Cixous und Julia Kristeva und dem Konzept eines »weiblichen Schreibens/*écriture féminine*«. Dies bezeichnet eine spezielle Art, wie Frauen gegen die herrschende, festgefügte, phallische Ordnung anschreiben, um diese mit der Verflüssigung von Bedeutungen und linguistischer Strukturen zu unterminieren. Dabei versuchen sie zugleich, mit einer an Rhythmus, Klang und assoziativen Verbindungen orientierten Sprache eine literarische Nähe zur verdrängten vorödipalen Mutter herzustellen. Im politischen Raum ist es der Differenzfeminimus italienischer Provenienz, der sich auf Grundgedanken Irigarays bezieht. Er wendet sich dezidiert gegen jede Form von Gleichstellungspolitik, da Frauen in einer männlich geprägten Gesellschaft noch gar keinen eigenen weiblichen Bezugsrahmen bilden konnten. Um sich als Frau allererst in Beziehung zur Welt setzen zu können, ist es nötig, dass Frauen Beziehungen untereinander eingehen, die einen Austausch von Erfahrungen und Wissen ermöglichen. Diese italienischen Feministinnen haben ein Programm aus dem Begriff des *Affidamento* entwickelt. *Affidamento*/Vertrauen bedeutet die Knüpfung von wechselseitigen Vertrauensbeziehungen unter Frauen, aber auch ein dankbares Sich-Anvertrauen einer weiblichen Autorität, einer Frau, die bereit ist, ihr Wissen und ihren Erfahrungsreichtum an eine jüngere Frau weiterzugeben. Mit dieser Politik einer Stärkung der in einer patriarchalen Kultur konstitutiv belasteten Beziehungen von Frau zu Frau, insbesondere der von älterer Frau/Mutter zu jüngerer Frau/Tochter, wird es Frauen allererst ermöglicht, ein genuin eigenes Werte- und Bezugssystem zu erschaffen.

Mit Bezug auf den Differenzfeminismus hat sich – zumindest in Deutschland – die Sichtweise durchgesetzt, dass das Theorem der sexuellen Differenz »einer zwar wichtigen, aber definitiv vergangenen Epoche feministischer Theoriebildung angehört«.[216] Das dekonstruktive Denken der sexuellen Differenz scheint schließlich in die radikale Dekonstruktion der Zweigeschlechtlichkeit selbst zu münden. Irigaray, die sich spätestens mit der *Ethik der sexuellen Differenz* dem Vorwurf ausgesetzt sah, Männer, Frauen und die Zweigeschlechtlichkeit insgesamt in einer essenzialistischen Weise festzuschreiben, scheint mit der Frage, ob es überhaupt eine Ordnung der Zweigeschlechtlichkeit gibt – eine Frage, die gewissermaßen eine Ebene tiefer ansetzt und damit dem Differenzdenken einen Schritt voraus zu sein scheint –, überholt zu sein. Das Konzept Gender, für das maßgeblich die amerikanische Theoretikerin Judith Butler steht, wird ab den 1990er Jahren und bis heute für das Denken über Geschlecht und Geschlechtlichkeit den Rahmen abstecken.[217] Nun gilt freilich auch für die feministische Theorie, was allgemein in der Philosophie gilt: Auch wenn die Späteren auf den Schultern der Früheren stehen, so ist freilich nichts unangemessener, als die Geschichte des Denkens in einer Bahn des geradlinigen Fortschritts zu imaginieren.

6.4 Die Dekonstruktion der Geschlechterdifferenz: Judith Butler

Die zeitliche Abfolge der Positionen zum Geschlechterverhältnis soll also nicht nahelegen, dass die vorangegangenen Auffassungen in der letzten gleichsam aufgehoben sind, wie schließlich das feministische Denken und das Bedenken der Frage des Geschlechts mit Judith Butler sicher nicht enden. Ein gewisser Endpunkt ist allerdings mit der Theorie Judith Butlers insofern erreicht, als diese den unhinterfragten Bezugspunkt aller bisher behandelten Positionen auflöst, nämlich die Geschlechterdifferenz als solche. Die Schriften Butlers stellen mittlerweile die zentrale theoretische Referenz für alle aktuell in der Geschlechterforschung und den Gender Studies involvierten Disziplinen dar, ihr theoretisches Spektrum umfasst aber vielfältige Themenbereiche, wobei die Frage der Subjektivierung, also das Verhältnis von Bewusstsein und Subjektivität in Abhängigkeit von gesellschaftlichen Machtstrukturen, im Zentrum steht. Über das Problem der geschlechtlichen Identität hinaus spüren Butlers Texte also grundsätzlich dem Zusammenhang zwischen dem Gesellschaftlichen und dem Psychischen nach. In der letzten Zeit widmet sie sich ferner zunehmend sozialphilosophischen Überlegungen, die die Verletzlichkeit des Subjekts in seiner Abhängigkeit vom Anderen thematisieren. Gleichwohl hat Butler kontinuierlich wichtige Beiträge zu Fragen des Geschlechts und der Geschlechterpolitik veröffentlicht.[218] Für den vorliegenden Kontext der philosophischen Geschlechtertheorien bzw. der Philosophie der Geschlechterdifferenz ist in erster Linie das einflussreiche Buch *Gender Trouble* von 1990 relevant, das rasch in der deutschen Übersetzung *Das Unbehagen der Geschlechter* (1991) vorlag und dem bald der Band *Körper von Gewicht/Bodies that Matter* (1995/1993) folgte, der in einigen Punkten auf die Einwände, Kritiken und Fehldeutungen reagierte, die *Gender Trouble* provoziert hatte. Diese Schrift hat vielfach zu Missverständnissen Anlass geboten, die, wie es Butler immer wieder vorgeworfen wird, auch der tendenziellen Unlesbarkeit ihrer Texte geschuldet sind.[219] Nun bilden allerdings philosophische Texte häufig eine tendenziell mühsame Lektüre, was aber bei poststrukturalistischen Philosophinnen wie Irigaray und Butler eher zu Unmut führt und nicht zu Bewunderung wie bei den männlichen Zunftvertretern. Von Hause aus Philosophin, lehrt Butler Rhetorik und Literaturwissenschaft und durchkreuzt dabei akademische Grenzziehungen, indem sie diverse disziplinäre Stränge zusammenführt: Psychoanalyse, Philosophie, Sprachtheorie, Sozialwissenschaften, politische Theorie und Ethik; nicht zuletzt spielen auch politisch-intellektuelle Engagements eine entscheidende Rolle. Wie schon herausgestellt: Butlers entscheidender Beitrag zum Denken der Geschlechterdifferenz besteht darin, diese fundamental infrage zu stellen. Was für alle bisherigen Positionen – auch für die feministischen – den Ausgangspunkt gebildet hat, nämlich die Zweiteilung der Menschheit in Frauen und Männer als Grundlage für die daran geknüpften Ordnungspolitiken, Herrschaftsformen und Subjektivierungsweisen, genau diese Basis wird nun radikal problematisiert. Damit spitzt Butler den Gedanken, den Beauvoir in Hinblick auf »die Frau« formuliert hatte, dass nämlich ein Individuum nicht als Frau geboren, sondern zur Frau gemacht wird, dahingehend zu, dass Männer *und* Frauen, dass Geschlechter und Geschlechtsidentitäten überhaupt gemacht werden, es letztlich gar keine Frauen und Männer an sich »gibt«. Diese These muss unweigerlich eine Provokation darstellen, rüttelt sie doch an der lebensweltlich selbstverständlichen Wahrnehmung *par excellence*. Wie begründet nun Butler ihre These?

Ihre Argumentation kann entlang von drei Aspekten entfaltet werden, die im *Unbehagen der Geschlechter* als die maßgeblichen Bestimmungen von Geschlechtsidentität benannt werden, nämlich *sex*, *gender* und *desire*. Für Butler setzt sich die Geschlechtsidentität von Männern und Frauen aus drei Faktoren zusammen: aus *sex*, dem natürlichen Geschlechtskörper, *gender*, der gesellschaftlich normierten Geschlechtsrolle und den daran gebundenen Rollenerwartungen, kurz auch soziales Geschlecht genannt, und dem sexuellen Begehren des Gegengeschlechts, *desire*. Wann also ist ein Mann ein Mann? Ein Mann ist dann ein Mann, wenn er einen männlichen Körper besitzt und sich in erwartbarer Weise wie ein Mann verhält, wozu allem voran beiträgt, dass er eine Frau begehrt. Das Gleiche gilt *mutatis mutandis* auch für eine Frau. Entlang dieser Bestimmungen lässt sich auch die These von der Konstruktion des Geschlechts explizieren. Dass mittlerweile im akademischen Raum nicht mehr von Frauenforschung, sondern von Gender Studies gesprochen wird, es transdisziplinäre Gender-Zentren gibt, Gender in aller Munde ist und aktuell ein sogenannter »Genderismus«[220] zur politischen Kampfvokabel avanciert ist, lässt sich zu großen Teilen auf die Wirkungen von *Gender Trouble* zurückführen. Dort ist Gender nicht länger nur ein sozialwissenschaftlicher Begriff, der dazu dient, die soziale Geschlechtsrolle von den biologischen Geschlechtseigenschaften zu unterscheiden, sondern Gender wird zu einem umfassenden Konzept, das die Entstehungsbedingungen des sozialen Geschlechts zu erklären unternimmt:

»In diesem Sinne ist die Geschlechtsidentität (*gender*) weder ein Substantiv noch eine Sammlung freischwebender Attribute. Denn wie wir gesehen haben, wird der substantivische Aspekt der Geschlechtsidentität durch die Regulierungs-Verfahren der Geschlechter-Kohärenz (*gender coherence*) performativ hervorgebracht und erzwungen. Innerhalb des überlieferten Diskurses der Metaphysik der Substanz erweist sich also die Geschlechtsidentität als performativ, d.h. sie selbst konstituiert die Identität, die sie angeblich ist. In diesem Sinne ist die Geschlechtsidentität ein Tun, wenn auch nicht das Tun des Subjekts, von dem sich sagen ließe, daß es der Tat vorangeht.«[221]

Einfacher gesagt: Die Geschlechtsidentität ist diskursiv erzeugt. Da Butler den Diskursbegriff von Foucault übernimmt, ist mit den Begriffen Diskurs oder diskursive Praxis ein gesamtgesellschaftlicher Zusammenhang von Wissens-, Denk- und Sprechweisen bezeichnet, der strukturiert und reguliert, was als Wirklichkeit erfahrbar ist. Butler erweitert diesen Diskursbegriff noch um »Praxen« im engeren Sinne, also um allgemeine körperliche Verhaltensstile und gewohnheitliche Handlungsmuster. Sie behauptet also, dass es keinen determinierenden Konnex zwischen dem biologischen Körper und der Geschlechtsidentität gibt, sondern letztere aus einem dichten Gefüge von Wissen, Sprechen, institutionellen Regelungen, Rollenerwartungen und Verhaltensstereotypen heraus entsteht. So ist z.B. der Satz »Es ist ein Mädchen/Junge!« für jedes Individuum der Anfang einer bis in die kleinsten Winkel des Alltagslebens vordringenden Sozialisationsgeschichte zum Mann oder zur Frau, die u.a. mit einer streng codierten Farbwahl für Säuglingskleidung beginnt.

Butler verwendet für »diskursiv« oft den Begriff »performativ«, im Rückgriff auf die Sprechakttheorie von Austin.[222] Damit ist auf die Kraft der Sprache, Zustände in der sozialen Welt erzeugen zu können, abgehoben; auf die Tatsache, dass auch Sprechen ein Handeln, gewissermaßen ein Sprachhandeln ist. »Es ist ein Mädchen/Junge« ist so gesehen eben nicht nur eine bloße Feststellung, sondern vielmehr eine »Anrufung« eines neugeborenen Individuums *als* eine künftige Frau/ein künftiger Mann. Und nicht zufällig schwingt im Begriff performativ auch die Konnotation von *performance*, von Aufführung und Darstellung, mit. Inwieweit die Geschlechterrollen von den Individuen immer auch »performt«, also regelrecht aufgeführt werden, wird für Butler am Phänomen der Travestie modellhaft sichtbar. Die Travestie veranschaulicht auf eine frappierende Weise, dass Weiblichkeit bzw. Männlichkeit »das Tun eines Subjektes ist«. Mit diesem *doing gender* erzeugt sich das Geschlechtssubjekt allererst als ein weibliches/männliches, ganz entgegen der geläufigen Vorstellung, dass ein Subjekt in seinem spezifisch männlich oder weiblich codierten Verhalten nur ausdrückt, was es von Natur aus ist und als einen geschlechtlichen Wesenskern bereits in sich trägt. Bei der alltäglich – allerorts und immerzu – zu beobachtenden Geschlechterperformanz hat man es keineswegs mit einer spielerischen Darbietung zu tun, die so oder auch anders ausfallen könnte, sondern alle diese Praxen unterliegen einer strikten gesellschaftlichen Normierung und orientieren sich am Parameter einer Normalität, die in erster Linie eine kohärente, also bruchlose und irritationsfreie Geschlechtsidentität einfordert. Es ist z.B. nur schwer vorstellbar, dass jemand ankündigt, alle geraden Jahre als Frau und alle ungeraden als Mann leben zu wollen.

Obwohl doch gelten könnte: »Wenn wir den kulturell bedingten Status der Geschlechtsidentität als radikal unabhängig vom anatomischen Geschlecht denken, wird die Geschlechtsidentität selbst zum freischwebenden Artefakt. Die Begriffe Mann und männlich können dann ebenso einfach einen männlichen wie einen weiblichen Körper bezeichnen wie umgekehrt die Kategorien Frau und weiblich.« (Unbehagen 23)

Geschlechtlich aus der Norm zu fallen, nicht normal bzw. nicht eindeutig identifizierbar zu sein oder ein gegengeschlechtlich markiertes Verhalten zu zeigen war allerdings zu keiner Zeit eine harmlose Angelegenheit und ist es auch heute noch nicht. Hinter den Geschlechtsidentitäten walten Zwänge, liegen mehr oder minder offenkundige Gebote und zuweilen massive Verbote. Eine zentrale These des feministischen Denkens – wie auch der Rassismus- und Intersektionalitätsforschung – besagt, dass Differenzen gesellschaftlich konstruiert werden, um auf ihrer Basis Herrschaft zu errichten. Zumeist werden diese Differenzen als natürlich behauptet, um so der Herrschaft einen legitimen Anstrich zu verleihen, denn der Rekurs auf die Natur suggeriert immer eine Rechtmäßigkeit, die weitere Begründungen überflüssig macht. Butler gibt diesem alten Gedanken der Herrschaft vermittels natürlicher Differenz eine neue Wendung, insofern sie nicht die hierarchische Differenz zwischen Männern und Frauen analysiert, sondern vielmehr die Art und Weise, wie der Zwang zur vermeintlich natürlichen Heterosexualität alle anderen Formen von Geschlechtsidentitäten und Spielarten von Begehren unterdrückt. Heterosexualität, oder um den Aspekt der zwangsbewehrten Normierung zu akzentuieren: Heteronormativität, muss als Effekt eines hegemonialen Diskurses angesehen werden. Wie bei Foucault sind auch bei Butler im Diskurs Wissen und Macht innerlich verknüpft. Macht wird dabei nicht als eine unterdrückende Instanz *per se*, sondern primär als ein produktives Geschehen der Wirklichkeitskonstitution verstanden. Freilich setzt die Macht immer bestimmte Spielformen des Sagbaren, Wissbaren und Erfahrbaren gegen andere durch, die damit ausgeschlossen sind. In diesem selektiven und exklusiven Zuschnitt liegt die Hegemonialität des Diskurses begründet, die Ausschnittshaftigkeit des Normalen ist an ihren Rändern von unterdrückten, verworfenen und unerhörten alternativen Verwirklichungsformen gesäumt.

Heteronormativität stellt also das Ergebnis von mit sozialem Zwang verbundenen und über Normalisierungs- und Disziplinierungstechniken operierenden gesellschaftlichen Diskursen und Praxen dar. Dem heteronormativen Zwang ist vor allem das Gebot des eindeutig heterosexuellen Begehrens inhärent. Denn zu einer heteronormativen Geschlechtsidentität gehört ganz wesentlich das sexuell-erotische Begehren des Gegengeschlechts, was als natürliche und normale Veranlagung betrachtet wird. Für Butler hingegen stellt dies eine Naturalisierung und Essenzialisierung der vielschichtigen und komplexen, verschiedenartigen und auch fluiden Formen zwischenmenschlichen Begehrens dar, die nur mittels einer massiven Regulierung durchgesetzt werden können. Die Geschlechterordnung ist repressiv, nicht weil Männer über Frauen herrschen, sondern weil die kulturellen Konstrukte »Mann« und »Frau« auf dem Verbot der Vielfalt und Verschiedenartigkeit menschlicher Geschlechtlichkeit, ihrer Körper und ihrer Praxen, errichtet sind. Die Konsequenzen dieser radikalen Kritik der Zweigeschlechtlichkeit liegen auf der Hand: An die Stelle der Geschlechterdifferenz muss theoretisch wie praktisch-politisch Geschlechterdiversität treten. Nicht eine egalitär ausgestaltete Geschlechtsbinarität ist zu bedenken, sondern vielmehr geschlechtliche Vielfalt, nicht für die Emanzipation der Frauen muss gekämpft werden, sondern für die gesellschaftliche Anerkennung jeglicher Ausprägung von Geschlechtlichkeit.

Aber lässt sich die Heterosexualität einfachhin abschaffen? Möglicherweise, so ließe sich sagen, kann man die heteronormative Kultur liberalisieren und dem gleichgeschlechtlichen und diversifizierten Begehren, homosexuellen und queeren Liebes- und Lebensverhältnissen gleichberechtigten Entfaltungsraum gewähren, aber das natürlich-biologische Faktum der Zweigeschlechtlichkeit lässt sich doch wohl kaum abschaffen. Und auch wenn wir in der Geschichte und in den verschiedenen Kulturen eine variable Ausgestaltung von Geschlechtlichkeit feststellen können, sind es denn nicht die weiblichen und männlichen Geschlechtskörper, welche die Grundlage dieser Spielarten bilden? Aber Butler macht beim Natürlichen nicht Halt, sie will auch den »performativen Status des Natürlichen selbst enthüllen«,[223] denn »[d]as ›Reale‹ und das ›sexuell Faktische‹ sind phantasmatische Konstruktionen – Illusionen von Substanz« (Unbehagen 214). Will heißen: Auch das natürliche, biologische Geschlecht ist eine Konstruktion. Zwar bildet die Unterscheidung von *sex* und *gender* den Ausgangspunkt für die Analyse der Geschlechtsidentitäten, es stellt sich aber schließlich heraus, dass auch *sex* nichts anderes als *gender* ist.

Weil diese These Butlers am meisten Verwirrung gestiftet hat, bietet es sich an, verschiedene Aspekte zu unterscheiden, die alle die philosophische Frage nach dem Verhältnis von Natur und Kultur umkreisen. Zunächst: Die Natur und das Natürliche sind immer sprachlich-symbolisch vermittelt. Die Biologie ist eine Theorie über die Natur, ebenso wie die Anatomie der Beschreibungs- und Erklärungsmodelle bedarf. Wir sind nie in Besitz von nackten Tatsachen, sondern immer nur von beschriebenen, gedeuteten, mittels sprachlicher Kategorien erfassten und in einen Interpretationszusammenhang eingebetteten Fakten. Demzufolge unterliegt auch das anatomische Geschlecht historisch variablen Konzeptualisierungen: Das Ein-Geschlechtermodell wird erst im

Lauf der Aufklärung vom heute selbstverständlichen Zwei-Geschlechtermodell abgelöst.[224] Daraus erhellt, dass ein Modell immer auch eine Konstruktion ist, was sich in einer nicht unproblematischen Weise daran zeigt, dass alles, was nicht in das definierte Schema der zwei und nur zwei Geschlechter passt, ignoriert, als Fehlbildung bezeichnet und/oder passend gemacht wird.[225] Diese Aspekte sind von Butler mitbedacht und -gemeint, wenn sie vom Geschlechtskörper als einem Konstrukt spricht, sie machen aber nicht die eigentliche Pointe des Arguments aus. Diese liegt in dem Gedanken, dass auch die Materialität der Geschlechtskörper, seine sinnlich-kompakte Realität ein Effekt von Diskursen ist, die Geschlechtskorper also gewissermaßen wie oben zitiert »Illusionen von Substanz« darstellen. Nun erwecken freilich solche Charakterisierungen den Eindruck, als seien Materie und Körper, kurz das Reale, nur Phantasmen, nichts anderes als sprachlich erzeugte Einbildungen. Butler selbst hat allerdings den Vorwurf, sie vertrete einen »linguistischen Idealismus«, dem zufolge auch noch Natur und Materie allein durch die Sprache und das Sprechen erzeugt werden, zurückgewiesen und die radikalkonstruktivistische Auffassung, »der Körper werde vollkommen oder erschöpfend linguistisch konstituiert«, als »unannehmbar« bezeichnet.[226]

Was aber besagt ihre These im positiven Sinne? Jenseits des Dilemmas, die Materialität des Geschlechtskörpers entweder einfachhin vorauszusetzen oder idealistisch negieren zu müssen, versucht Butler einen alternativen Begriff von Materialität zu entwickeln.[227] Dafür unterzieht sie zunächst den Begriff der Materie einer kritischen Analyse und zeigt, in welchem Maße hier bereits eine patriarchale Macht- und Herrschaftsgeschichte sedimentiert ist: »Wir können dann allerdings entdecken, daß Materie vollständig erfüllt ist mit abgelagerten Diskursen um das biologische Geschlecht und Sexualität, die die Gebrauchsweisen, für die der Begriff verwendbar ist, präfigurieren und beschränken.« (Körper 53) Die Frage ist mithin, ob und inwieweit Materialität überhaupt jenseits der fundmentalen Unterscheidung von Materie und Geist zu erfassen ist, einem der fundamentalen metaphysischen Gegensätze, der mit den Dichotomien von weiblich und männlich sowie passiv und aktiv geradezu verbacken ist. Denn schließlich bildet ja gerade der Begriff Materie in der abendländischen Tradition einen Bestandteil der »Aushandlung der sexuellen Differenz« (ebd.), wie z.B. in der Vorstellung der Materie des weiblichen Körpers als dem passiven Gefäß der männlichen Reproduktion, und ist damit bereits in sich »geschlechtet«. Wenn aber das Regime der Heteronormativität alle und insbesondere die kulturell grundlegenden Begriffe geprägt hat, wie könnte dann ein alternativer Begriff von Materialität überhaupt aussehen? Anstatt Materie als etwas passiv Vorgängiges zu denken, dem sich eine Form aufprägt und es dergestalt »informiert«, versucht Butler im Rückgriff auf Foucault die Materialität des Geschlechtskörpers als die materielle Wirkung einer Machtdynamik zu fassen, »als kulturelle Norm, die die Materialisierung von Körpern regiert« (ebd. 22). Dabei wird Materie »nicht als Ort oder Oberfläche vorgestellt, sondern als ein *Prozeß der Materialisierung, der im Laufe der Zeit stabil wird, so daß sich die Wirkung von Begrenzung, Festigkeit und Oberfläche herstellt, die wir Materie nennen*« (ebd. 31). Diese Vorstellungen zu einer alternativen Konzeptualisierung von Materie bedürfen sicher einer ausführlicheren Diskussion, als sie hier geführt werden kann.

Was aber ist das Entscheidende in Hinblick auf den Geschlechtskörper? Die These lautet, dass der Geschlechtskörper auch in seiner materiellen Substanzialität von der hegemonialen heteronormativen Diskurspraxis hervorgebracht ist. Innerhalb dieses diskursiven Machtkomplexes werden die *Wirkungen*, die der Materialität zugeschrieben werden, die Wahrnehmung von Körperlichkeit, Substanzialität, Begrenzung und Festigkeit ebenso wie die subjektiv erlebten und erfahrenen *Bedeutungen* des biologischen Geschlechtskörpers und die damit verbundenen Gefühle, Sensibilitäten und Auffassungsweisen, produziert und verstetigt. Wie es der Originaltitel des Buches *Bodies That Matter* verknappt andeutet, liegt der Gedanke Butlers darin, dass Materie/*matter* dasjenige ist, dem eine gravierende, unhintergehbare und unter Umständen auch letztfundierende Bedeutung zugeschrieben wird: Materie ist »what matters«. Diese Ge-Wichtigkeit kommt der Körperlichkeit wegen der ihr zugeschriebenen Wirkungen und Bedeutungen zu, also nicht zuletzt wegen der eminenten Relevanz, die der körperlichen, anatomisch-materiellen »Wahrheit« der Zweigeschlechtlichkeit im heteronormativen Diskurs zugesprochen wird. Der entscheidende Punkt für Butler ist, dass die Referenz auf ein Außerhalb des Diskurses – Natur, Materie, Körperlichkeit – nicht vollständig zugunsten des erwähnten linguistischen Idealismus suspendiert wird, aber dessen Relevanz als eines letztbegründenden invarianten Fundaments, das sich nur in historisch und kulturell variablen Einkleidungen Gestalt gibt, zu einem Effekt des Diskurses erklärt wird.

Fassen wir zusammen: Männlichkeit und Weiblichkeit sind diskursive Konstruktionen. Es handelt sich um Anrufungen und Zuschreibungen, um Rollen und daran gekoppelte Erwartungshaltungen, die in einem komplexen Geflecht von mit sozialem Zwang verbundener Interaktion immer wieder neu stabilisiert und am Leben erhalten werden. Dieses Konzept des *doing gender* kehrt das herkömmliche expressive Verständnis der Geschlechtsrolle um zu einem performativen: Das Verhalten von Männern und Frauen folgt nicht ihrer angeborenen Geschlechtsnatur, sondern es bringt diese im Medium des Rollenverhaltens allererst hervor. Auch die biologisch-anatomischen Geschlechtskörper können in diesem Verständnis nicht länger als der vermeintlich letzte und unhintergehbare Bezugspunkt von Geschlechtlichkeit dienen, denn der hegemoniale Diskurs der Heteronormativität strukturiert auch noch die Bedeutsamkeit und die Erfahrungsweisen von Materialität und Natur. Butlers Thesen haben nicht zuletzt bedeutsame Verschiebungen im Feld der politisch-sozialen Bewegungen und der gesellschaftlichen Kämpfe um Anerkennung bewirkt. So läuft für sie z.B. der klassische Feminismus, der die Sache der Frauen vertritt, dem heteronormativen Regime gewissermaßen in die Falle, da die »Kategorie ›Frau(en)‹ ihre Stabilität und Kohärenz nur im Rahmen der heterosexuellen Matrix« (Unbehagen 21) gewinnt. Butler hat im feministischen Feld kontroverse und auch schmerzhafte Diskussionen angestoßen. Es hieße, theoretische Entwicklungen zu überschätzen, wollte man in ihnen allein die Ursache für gesellschaftliche Transformationen vermuten, doch die eminente Bedeutung, die Butler für die aktuellen LGBTIQ- Bewegungen gewonnen hat, liegt vor allem darin, dass sie mit ihren Schriften das intellektuelle und konzeptionelle Reservoir für diese gesellschaftlichen Emanzipationsprozesse gebündelt und bereitgestellt hat. Darüber hinaus wird sich jedes künftige Denken der Geschlechterdifferenz(en) unweigerlich der Herausforderung einer radikalen Dekonstruktion der Zweigeschlechtlichkeit zu stellen haben.

Anhang

Anmerkungen

1 Die deutsche Übersetzung des Titels verfehlt eine entscheidende Konnotation. Die Frau als »sexus sequior«, als das »nachfolgende«, auch »schwächere« oder »schlechtere« und in diesem Sinne »zweite« Geschlecht, stellt eine klassische Definition dar.

2 Wolfgang Kersting, Politik und Recht, Weilerswist 2000, 68.

3 Otto Schönberger (Hg.), H. Cornelius Agrippa von Nettesheim: De nobilitate et praecellentia foeminei sexus. Von Adel und Vorrang des weiblichen Geschlechtes, Würzburg 1997; Irmgard Hierdeis, ›Die Gleichheit der Geschlechter‹ und ›Die Erziehung der Frauen‹ bei Poullain de la Barre (1647–1723): Zur Modernität eines Vergessenen, Frankfurt/M. 1993 (mit Abdruck der Quellen); Mary Wollstonecraft, Ein Plädoyer für die Rechte der Frau, Weimar 1999; Theodor Gottlieb von Hippel, Über die bürgerliche Verbesserung der Weiber, mit einem Nachwort von Ralph-Rainer Wuthenow, Frankfurt/M. 1977; John Stuart Mill/Harriet Taylor Mill/Helen Taylor, Die Hörigkeit der Frau, Königstein/Taunus [2]1997.

4 Philosophische Geschlechtertheorien. Ausgewählte Texte von der Antike bis zur Gegenwart, hrsg. und eingeleitet von Sabine Doyé, Marion Heinz, Friederike Kuster, Stuttgart 2002; Geschlechterordnung und Staat. Legitimationsfiguren der politischen Philosophie (1600–1850), hrsg. von Marion Heinz und Sabine Doyé unter Mitwirkung von Friederike Kuster, Berlin 2012. Erwähnt seien auch: Brigitte Rauschenbach, Politische Philosophie und Geschlechterordnung, Frankfurt/M./New York 1998, und Seyla Benhabib/Linda Nicholson, »Politische Philosophie und die Frauenfrage«, in: Iring Fetscher/Herfried Münkler (Hg.), Pipers Jahrbuch der politischen Ideen, Bd. 5, München 1987, 513–568.

5 Platon, Politeia 368d-e. Übersetzung Friedrich Schleiermacher. Im Folgenden zitiert als Politeia. Vgl. dazu Volker Gerhardt, »Der groß geschriebene Mensch. Zur Konzeption der Politik in Platons *Politeia*«, in: Internationale Zeitschrift für Philosophie 7 (1997), 1, 40–56.

6 Mögliche Lesarten werden ausführlich diskutiert bei Brian Calvert, »Plato and the Equality of Women«, in: Phoenix, 29 (1975), 3, 231–243, und Christine Pierce, »Equality: Republic V«, in: The Monist 57 (1973), 1, 1–11.

7 Utopische Staatsentwürfe der Neuzeit und der Moderne werden diesen Gedanken wieder aufnehmen. Radikale politische Gegenentwürfe experimentieren oft mit der Geschlechter- und Generationenordnung, so z.B. Campanella in der Frühen Neuzeit oder Fourier im 19. Jahrhundert, die feministischen Utopien ohnehin.

8 Vgl. Natalie H. Bluestone, »Why Women Cannot Rule: Sexism in Plato Scholarship«, in: N. Tuana (Hg.), Feminist Interpretations of Plato, Pennsylvania State University 1994, 109–132.

9 Vgl. hierzu: Marion Heinz, »Das metaphysische Fundament der Geschlechterordnung in den Staatsidealen von Platon und Aristoteles«, in: G. Völger (Hg.), Sie und Er. Frauenmacht und Männerherrschaft im Kulturenvergleich, Bd. 1, Köln 1997, 99–108.

10 Jean-Jacques Rousseau, Emil oder Über die Erziehung, Paderborn/München u.a. [11]1993, 391.

11 Die Anonymisierung der Verwandtschaftsverhältnisse bedeutet nicht nur Verzicht auf Partnerschaft, eigene Kinder und Besitz, sondern reicht tief in die Identität der Wächter_innen hinein, insofern als sie keine Vorfahren und keine Eltern benennen und sich nicht in eine Familiengeschichte einordnen können: Sie wissen nichts über ihre Herkunft zu erzählen. Vgl. dazu Wolfgang Kersting, Platons »Staat«, 174.

12 Vgl. hierzu Gregory Vlastos, »Was Platon a Feminist?«, in: N. Tuana (Hg.), Feminist Interpretations of Plato, Pennsylvania State University 1994, 11–25.

13 Die Kritik an Buch V der *Politeia* findet sich in der *Politik* des Aristoteles in Buch II, 2-5.

14 Aristoteles, Politik, II, 1261a15. Übersetzung Olof Gigon. Aristoteles' *Politik* wird im weiteren Verlauf aus der Übersetzung von Franz Susemihl als Politik zitiert.

15 Vgl. hierzu auch Günther Bien, Art. »Haus«, in: Historisches Wörterbuch der Philosophie, hrsg. v. J. Ritter, Bd. 3, Basel/Darmstadt 1974, Sp. 1007–1010.

16 Der Sklave als »beseeltes Werkzeug« zählt zum Besitz des Herrn, vgl. Aristoteles, Politik, III, 1277a5.

17 Aristoteles, Politik, I, 4-7. Vgl. hierzu: Pierre Pellegrin, »Hausverwaltung und Sklaverei«, in: O. Höffe (Hg.), Aristoteles: Politik, Berlin 2001, 37–58.

18 Vgl. W. W. Fortenbaugh, »Aristotle on Slaves and Women«, in: J. Barnes/ M. Schofield/R. Sorabji (Hg.), Articles on Aristotle, Bd. 2 Ethics and Politics, London 1977, 135–140, hier: 139.

19 »In short, women are by nature unnatural.« So Elizabeth V. Spelman, »Aristotle and the Politization of the Soul«, in: S. Harding/M. B. Hintikka (Hg.): Discovering Reality: Feminist Perspectives on Epistemology, Metaphysics, Methodology, and Philosophy of Science, Dordrecht/Boston u.a. 1983, 17–30, hier: 22.

20 Aristoteles, Nikomachische Ethik 1104a13. Übersetzung Olof Gigon.

21 So die Auseinandersetzung von Spelman mit Fortenbaugh. Siehe Elizabeth V. Spelman, »Aristotle and the Politization of the Soul«, 28 f.

22 Zur Polarität von »männlich – weiblich« in der Kosmologie und Naturphilosophie vgl. Margarita Kranz, Art. »Weiblich/männlich« (II. Vormoderne), in: Historisches Wörterbuch der Philosophie, hrsg. v. Joachim Ritter u.a., Bd. 12, Basel/Darmstadt 2004, Sp. 346–349. Zu Aristoteles vgl. Lynda Lange, »Woman Is Not a Rational Animal: On Aristotle's Biology of Reproduction«, in: S. Harding/M. B. Hintikka (Hg.), Discovering Reality, 1–17.

23 Vgl. Curtis Johnson, »Who Is Aristotle's Citizen?«, in: Phronesis 29 (1984), 73–90, und Dorothea Frede, »Staatsverfassung und Staatsbürger« (III 1-5), in: O. Höffe (Hg.), Aristoteles: Politik, 75–92.

24 Aristoteles, Politik, III, 1283b42.

25 Eine Ausnahme bildet Klaus Held, »Generative Zeiterfahrung«, in: J. Sanchez de Murillo (Hg.), Edith Stein-Jahrbuch, Bd. 2 »Das Weibliche«, Würzburg 1996, 265–282.

26 Aristoteles, Nikomachische Ethik, VIII, 1160b35. Übersetzung Franz Dirlmeier.

27 Eine andere Stelle macht die Besonderheit der ehelichen Herrschaft *ex negativo* deutlich, wenn Aristoteles für das Kind und den Sklaven geltend macht, dass sie unmittelbar dem Vater angehören wie dessen eigene Glieder: Hand, Fuß usw. Vgl. Aristoteles, Magna Moralia 1194b5-23.

28 Es handelt sich hier um eine immanente Rekonstruktion eines aristotelischen Arguments, nicht um Aussagen über die historischen Wirklichkeiten nicht-griechischer Völker der Antike.

29 Friedrich Engels, Herrn Eugen Dührings Umwälzung der Wissenschaft, in: MEW 20, 242. Vgl. auch Jean Paul: »Je verdorbener ein Zeitalter ist, desto mehr Verachtung der Weiber. Je mehr Sklaverei der Regierungsform oder -unform, desto mehr werden jene zu Mägden der Knechte.« Ders., Werke in zwölf Bänden, hrsg von N. Miller, München 1975, Bd. 10, 686 (§ 84).

30 Vgl. Günther Bien, Art. »Haus«, a.a.O., 1007.

31 Eine viel zitierte Definition, die auf den antiken Schriftsteller Apuleios zurückgeht.

32 Seyla Benhabib, Linda Nicholson, »Politische Philosophie und die Frauenfrage«, in: I. Fetscher/H. Münkler (Hg.), Pipers Handbuch der politischen Ideen, Bd. 5, München 1987, 513–568, hier: 526.

33 Die aristotelische Definition wird durchweg in der von Thomas von Aquin geprägten lateinischen Kurzform angeführt. Thomas schreibt in der *Summa theologiae*: »femina est mas occasionem passus« (I, a92, 1). Wörtlich übersetzt bedeutet dies »ein durch widrige Umstände versäumter Mann«, was auf die aristotelische Zeugungslehre verweist: Ungünstige Umstände, die den Zeugungsakt begleiten, führen zum Verfehlen eines männlichen und zur Hervorbringung eines weiblichen Individuums.

* Ich danke Eva Bockenheimer, dass ich für dieses Kapitel in weitreichendem Maß auf das von ihr verfasste Kapitel zu Augustinus und Thomas von Aquin im gemeinsam erstellten Studienbrief der Fern-Uni Hagen zum Thema »Philosophische Geschlechtertheorien – Philosophien der Geschlechterdifferenz« zurückgreifen konnte.

34 Diese vier Themenfelder hat Kari Elisabeth Børresen in ihrer Pionierarbeit zur Rolle der Frau bei Augustinus und Thomas von Aquin herausgearbeitet. Vgl. dies., Subordination et Equivalence. Nature et Rôle de la Femme d'après Augustin et Thomas d'Aquin, Oslo 1968. Im Folgenden zitiert als Subordination.

35 Die historisch-kritische Ausgabe des lateinischen Textes findet sich im Corpus Scriptorum Ecclesiasticorum Latinorum (CEL) 28,1,3-435. Wir verwenden hier die einzig vorliegende deutsche Übersetzung Aurelius Augustinus, Über den Wortlaut der Genesis. Der große Ge-

nesiskommentar in zwölf Büchern, zum erstenmal in deutscher Sprache von Carl Johann Perl, 2 Bde., Paderborn 1961 f. (im Folgenden angegeben als Gn. litt.) Zur Entwicklung der augustinischen Interpretation der Schöpfungslehre vgl. Larissa Carina Seelbach, »Schöpfungslehre«, in: Augustinus-Handbuch, hrsg. v. V.H. Drecoll, Tübingen 2007, 470–479.

36 Kari Elizabeth Børresen wählte deshalb für ihre Pionierarbeit zur Rolle der Frau im Werk von Augustinus und Thomas von Aquin auch den treffenden Titel »Subordination et Equivalence«.

37 Vgl. ebd. Der Begriff »innerer Mensch« geht ebenfalls auf Platon zurück (vgl. *Politeia* 589a7-b1), wird von Plotin weitergedacht und taucht auch im Neuen Testament auf in den Paulus-Briefen, 2 Kor, 4,16–18.

38 Vgl. Aurelius Augustinus, Vom Gottesstaat (De civitate dei), Buch 21, Kapitel 10.

39 Wir zitieren die Bibel nach der Einheitsübersetzung (EÜ).

40 Vgl. Judith Ch. Stark, »In God's Image, but Less So«, in: dies. (Hg.), Feminist Interpretations of Augustine (Re-Reading the Canon, University Park, PA 2007, 215–241, hier: 230 f.

41 Vgl. dazu Judith Ch. Stark, »In God's Image«, 227 ff.

42 Vgl. 1 Kor 9,5; dazu auch Børresen, Subordination et Equivalence, 40.

43 Vgl. z.B. Aurelius Augustinus, Vom Gottesstaat (De civitate dei), Buch 14, Kapitel 16.

44 Vgl. dazu Clark, St Augustine on Marriage and Sexuality, Washington 1996, 9 f.

45 Während Augustinus in den früheren Schriften noch vermittelt, dass die Menschen vermöge ihres freien Willens die Wollust beherrschen können, zeichnen sich seine späteren Schriften gegen die Pelagianer durch eine große Skepsis hinsichtlich der Willensfreiheit aus. Vgl. dazu Clark: »Introduction«, in: St. Augustine, 7 f., und Clark, St. Augustine, 77 ff.

46 Die historisch-kritische Ausgabe von *De bono coniugali* findet sich im Corpus Scriptorum Ecclesiasticorum Latinorum (CSEL) 41, 187–231. Wir nutzen hier die leider stark veraltete, aber einzig vorliegende deutsche Übersetzung Aurelius Augustinus, Das Gut der Ehe, übertragen von Dr. Anton Maxsein, Würzburg 1949 (im Folgenden zitiert als Bono coniugali).

47 Vgl. dazu auch 1 Kor 7,1-7.

48 Vgl. Aurelius Augustinus, Das Gut der Witwenschaft, übertragen von Dr. Anton Maxsein, Würzburg 1952, 11, 12. (Augustinus, *De bono viduitatis*, CSEL 41, 305–343, 11).

49 Zu Anna vgl. Lk 2,36-38.

50 Vgl. Bono coniugali 35, 44; Zu Susanna vgl. Dan 13,1-64.

51 Vgl. Papst Pius XI., Enzyklika Casti Connubii über die Würde und Hoheit der reinen Ehe, 2. Aufl., Luzern 1952.

52 Zur Bedeutung der Aristoteles-Rezeption in der Scholastik für die Auffassung des Geschlechterverhältnisses vgl. Mary Prudence Allen, The Concept of Women. The Aristotelian Revolution 750 BC – AD 1250, Montreal 1985.

53 Im Folgenden zitieren wir nach der deutschen Thomas-Ausgabe. Vollständige, ungekürzte deutsch-italienische Ausgabe der Summa theologica, übers. und komm. von Dominikanern und Benediktinern Deutschlands und Österreichs, hrsg. v. der Albertus-Magnus-Akademie Walberberg bei Köln. Hauptschriftleitung: Heinrich M. Christmann, Graz u.a. 1933 ff., 34 Bde. Im Folgenden zitiert als Summa theologica.

54 Vgl. dazu Arno Anzenbacher, »Das Bild der Frau bei Thomas von Aquin«, in: Christian Spieß/Katja Winkler (Hg.), Feministische Ethik und christliche Sozialethik, Berlin 2008, 17–37.

55 Anzenbacher verweist hier auf den etymologischen Zusammenhang von *materia* (Materie) und *mater* (Mutter) hin. Vgl. Anzenbacher, »Bild der Frau«, 23.

56 Vgl. Aristoteles, De Generatione I, 20; vgl. auch Anzenbacher, »Bild der Frau«, 20.

57 Vgl. z.B. Aristoteles, De Generatione II, 1; vgl. auch Thomas von Aquin, Summa theologica III 31, 4 ad 1.

58 Thomas führt diesen Satz häufig an. Vgl. dazu Philipp W. Roseman, Omne agens agit sibi simile. A »Repetition« of Scholastic Metaphysics, Leuven 1996.

59 Aristoteles, De Generatione II. 3. In einem anderen Zusammenhang bezeichnet Aristoteles die Frau auch als einen zeugungsunfähigen Mann, weil sie nicht in der Lage sei, einen funktionstüchtigen Samen hervorzubringen. Vgl. ebd. I, 20.

60 Vgl. dazu Isnard Wilhelm Frank, »Femina est mas occasionatus: Deutung und Folgerung bei Thomas von Aquin«, in: Peter Segl (Hg.), Der Hexenhammer. Entstehung und Umfeld des Malleus maleficarum von 1487, Köln 1988, 71–102, hier: 80.

61 Vgl. Aristoteles, De Generatione IV, 2; auf diese Stellen bezieht sich Thomas in Summa theologica I, 92, 1 ad 1.

62 Der Gedanke, dass das Entstehen von Frauen eine Absicht der Gesamtnatur (*intentio naturae univeralis*) ist, geht wohl auf Avicenna zurück und wird von zahlreichen scholastischen Aristoteles-Kommentatoren vorgetragen. Vgl. dazu Theodor W. Köhler, Homo animal nobilissimum. Konturen des spezifisch menschlichen in der naturphilosophischen Aristoteles-Kommentierung des 13. Jahrhunderts, Teilband 1, Leiden 2008, 490 (Studien und Texte zur Geistesgeschichte des Mittelalters, Bd. 94).

63 Vgl. Aristoteles, De historia animalium III, 583b 2–5.

64 Vgl. Anzenbacher, »Bild der Frau«, 25 f., der hier Summa theologica I 85, 7 zitiert.

65 Vgl. Summa theologica II, 177, 2. Das Schweigegebot für Frauen reicht allerdings bis weit in die Antike zurück. Vgl. dazu jüngst Mary Beard, Frauen und Macht, Frankfurt/M., 2018.

66 Vgl. Summa theologica Suppl. 44, 2 (corpus). Vgl. dazu auch Frank, »Femina«, 83, Anm. 19.

67 Zur Ehekonzeption von Thomas vgl. Summa theologica Suppl., Quaestio 41–68.

68 Summa theologica Suppl. 69–86, komm. von Adolf Hoffmann, Heidelberg 1958, 81. Frage, Art. 3, ad 3 (Quaestio 81, Art. 3), 338.

69 Vgl. Frank, »Femina«, und Anzenbacher, »Bild der Frau«.

70 Vgl. z.B. Frank, »Femina«, 87.

71 Zur Diskussion der Zwei-Samen-Lehre des Corpus Hippocraticum und der Ein-Samen-Lehre des Aristoteles vgl. Hans-Jürgen Voss, Making Sex Revisited. Dekonstruktion des Geschlechts aus biologisch-medizinischer Perspektive, Bielefeld 2010, 57–66. Dort finden sich auch Verweise auf weitere Sekundärliteratur zum Thema. Zum Thema der feministischen Wissenschaftskritik siehe Karin Hausen/Helga Nowotny (Hg.), Wie männlich ist die Wissenschaft?, Frankfurt/M. 1986.

72 Vgl. Aristoteles, De Generatione I, 19–20.

73 Wir beschränken uns hier exemplarisch auf die beiden für die politische Aufklärung maßgeblichen englischen Philosophen. Zur Behandlung des Geschlechterverhältnisses im deutschen Naturrecht des 17. und 18. Jahrhunderts siehe Sabine Doyé, »Das Eherecht der deutschen Frühaufklärung im Spiegel des neuzeitlichen Naturrechts. Hugo Grotius, Samuel Pufendorf, Christian Thomasius, Christian Wolff«, in: M. Heinz/S. Doyé (Hg.), Geschlechterordnung und Staat, Berlin 2012, 57–118.

74 Christian Wolff, Grundsätze des Natur- und Völkerrechts, Halle 1754, III. I. 2, 835.

75 Thomas Hobbes, Leviathan, hrsg. u. eingel. v. Iring Fetscher, übersetzt v. Walter Euchner, Frankfurt/M. [4]1991, 5 f. Im Folgenden zitiert als Leviathan.

76 Jürgen Habermas, Theorie und Praxis. Sozialphilosophische Studien, Frankfurt/M. [5]1988, 69.

77 Bis zu Hegels Umdeutung des traditionellen Begriffs der bürgerlichen Gesellschaft in den *Grundlinien der Philosophie des Rechts* steht der Ausdruck *societas civilis* (bürgerliche Gesellschaft) synonym für den Staat.

78 Thomas Hobbes, Vom Menschen. Vom Bürger (Elemente der Philosophie II/III), eingel. u. hrsg. v. Günter Gawlick, Hamburg 1959, 161 f.

79 Um Missverständnisse zu vermeiden, sollte betont werden, dass der Begriff Gewalt rechtliche Verfügungsgewalt meint und nicht physische Gewaltanwendung.

80 Hobbes, Vom Bürger, 69.

81 Diana H. Coole, Women in Political Theory. From Ancient Misogyny to Contemporary Feminism, New York u.a. [2]1993, 58. Sie bezieht sich damit auch auf die Interpretation von Teresa Brennan und Carol Pateman: »›Mere Auxiliaries to the Commonwealth‹: Women and the Origins of Liberalism«, in: Political Studies XXVII (1979), 183–200.

82 Brennan/Pateman: »›Mere Auxiliaries to the Commonwealth‹: Women and the Origins of Liberalism«, 190. Diana H. Coole diskutiert ausführlich mehrere Lösungswege für das Problem, die alle keine abschließende Antwort bieten. Siehe Anm. 82.

83 Samuel von Pufendorf, Acht Bücher vom Natur- und Völcker-Rechte, Franckfurt a. M. 1711 (Nachdruck: Hildesheim 2001), VI. I. i2.

84 Zu Locke existiert im angelsächsischen Spektrum eine breite feministische Diskussion. Einen Überblick bietet: Nancy J. Hirschmann/Kirstie McClure (Hg.), Feminist Interpretations of John Locke, University Park (PA) 2007.

85 John Locke, Zwei Abhandlungen über die Regierung, hrsg. u. eingel. v. Walter Euchner, Frankfurt/M. 1992, II. Abhandlung, § 3. Im Folgenden zitiert als Abhandlungen.

86 Hierzu unter geschlechtertheoretischer Rücksicht Beate Rosenzweig: »John Locke: Zwischen kontraktualistischer Gleichheit und residualem Patriarchalismus. Die liberale Begründung der Trennung von Familie und Politik«, in: M. Heinz/S. Doyé (Hg.), Geschlechterordnung und Staat, Berlin 2012, 119–137.

87 Auf Lockes äußerst einflussreiche Begründung des Eigentums als eines natürlichen Rechts kann hier nicht eingegangen werden. Aus der umfangreichen Literatur sei exemplarisch genannt: Manfred Brocker, Arbeit und Eigentum, Darmstadt 1992.

88 Locke argumentiert hier sehr differenziert. Die Ausübung der väterlichen Gewalt muss in der Weise erfolgen, dass das Kind vom künftigen Standpunkt des Vollbesitzes seiner Vernunft grundsätzlich zustimmen kann. Diese Limitierung der väterlichen Gewalt ist für die anti-patriarchale Ausrichtung von Lockes Theorie entscheidend. Vgl. dazu Kuster, »Vaterschaft und Vaterland. Das Vaterkonzept im Republikanismus des 18. Jahrhunderts«, in: D. Thomä (Hg.), Vaterlosigkeit, Frankfurt/M. 2010, 65–83.

89 Locke war selbst Arzt.

90 Zitiert nach Melissa A. Butler, »Early Roots of Feminism: John Locke and the Attack on Patriarchy«, in: The American Political Science Review 72 (1978), 1, 135–150, hier: 148, Anm. 29.

91 Mary Lyndon Shanley, »Marriage Contract and Social Contract in Seventeenth-Century English Political Thought«, in: J.B. Elshtain (Hg.), The Family in Political Thought, Brighton 1982, 65–88.

92 Vgl. Rosenzweig, »John Locke: Zwischen kontraktualistischer Gleichheit und residualem Patriarchalismus«, 135.

93 Zur Begründung der modernen Kulturkritik durch Rousseau: Georg Bollenbeck: Eine Geschichte der Kulturkritik, München 2007, Kap. II.

94 Vgl. hierzu: Claudia Honegger, Die Ordnung der Geschlechter. Die Wissenschaften vom Menschen und das Weib 1750–1850, Frankfurt/M. 1991.

95 Vgl. Jörn Garber/Heinz Thoma (Hg.), Zwischen Empirisierung und Konstruktionsleistung. Anthropologie im 18. Jahrhundert, Tübingen 2004, Vorwort, VII–X.

96 Zu diesem Kreis zählen vor allem Denis Diderot und Jean d'Alembert als Herausgeber der *Encyclopédie ou Dictionnaire raisonné des sciences, des arts et des métiers* und einige ihrer maßgeblichen Autoren.

97 Vgl. Irmgard Hierdeis, ›Die Gleichheit der Geschlechter‹ und ›Die Erziehung der Frauen‹ bei Poulain de la Barre (1647–1723), Bern u.a. 1993.

98 Ausführlich hierzu: Kuster, Rousseau – Die Konstitution des Privaten, Berlin 2005.

99 Damit ist ein zentrales Problem der politischen Philosophie von Rousseau berührt und die Debatte über den Vorschein modernen totalitären Denkens. Klassisch hierzu Jacob Leib Talmon, Die Ursprünge der totalitären Demokratie, Köln/Opladen 1961. Aktuelle Einschätzungen bei Wolfgang Kersting (Hg.), Die Republik der Tugend, Baden-Baden 2003.

100 Jean-Jacques Rousseau, Emil oder Über die Erziehung, Paderborn u.a. [11]1993, 392. Im Folgenden zitiert als Emil.

101 Weiterführend hierzu: Elisabeth Badinter, Die Mutterliebe. Geschichte eines Gefühls vom 17. Jahrhundert bis heute, München/Zürich 1991.

102 Ausführlich hierzu vgl. im Kapitel 7.

103 Rousseau, Œuvres complètes. Bibliothèque de la Pléiade, Bd. IV, Paris 1969, 700 (Übers. F.K.).

104 Rousseau, Émile oder Über die Erziehung, Stuttgart 1963, 720 (Übers. von mir verändert, F.K.).

105 Ausführlich hierzu und zum Folgenden: Kuster, Rousseau – Die Konstitution des Privaten, 175–182; ebenso Marion Heinz, »Zur Konstitution vergeschlechtlichter Subjekte bei Rousseau«, in: dies./S. Doyé (Hg.), Geschlechterordnung und Staat, Berlin 2012, 171 ff.

106 Heinz, »Zur Konstitution vergeschlechtlichter Subjekte bei Rousseau«, 172.

107 Ebd., 385: »Es ist nicht gut, wenn der Mensch allein ist. Emil ist ein Mann, wir haben ihm eine Gefährtin versprochen, jetzt müssen wir

sie ihm geben.« Dies erinnert nicht zufällig an Genesis 2,18: »Gott, der Herr, dachte sich: Es ist nicht gut, dass der Mensch allein lebt. Er soll eine Gefährtin bekommen, die zu ihm passt!«

108 Rousseau, Diskurs über die Ungleichheit, Paderborn u.a [3]1993, 37.

109 Vgl. Kersting (Hg.), Die Republik der Tugend.

110 Darauf hat Penny A. Weiss hingewiesen: Gendered Community. Rousseau, Sex and Politics, New York/London 1993, Kap. 4.

111 Pia Schmid, »Rousseau Revisited«, in: Zeitschrift für Pädagogik 6 (1992), 839–854.

112 Die Texte von Olympe de Gouges und Condorcet sind in Übersetzung abgedruckt in: Hannelore Schröder (Hg.), Die Frau ist frei geboren. Texte zur Frauenemanzipation 1789–1870, Bd. I, München 1990; hierzu auch: Ute Gerhard, Gleichheit ohne Angleichung. Frauen im Recht, München 1990, und dies. u. a. (Hg.), Differenz und Gleichheit. Menschenrechte haben (k)ein Geschlecht, Frankfurt/M. 1990. Ferner Andrea Maihofer, »Der Ausschluss der Frauen aus den Menschenrechten. Die Menschenrechtserklärung von 1789 aus feministischer Perspektive«, in: Die Neue Gesellschaft/Frankfurter Hefte 7 (1989), 626–636.

113 Beck/Beck-Gernsheim sprechen von den »ständischen Vorgaben des Geschlechts«. Das ganz normale Chaos der Liebe, Frankfurt/M. 1990, 42.

114 Allgemeine deutsche Real-Encyklopädie für die gebildeten Stände. Conversations-Lexikon, Bd. 6, Leipzig [11]1865, 553–556.

115 Den Auslöser für diese Debatte bildete Carol Gilligan, Die andere Stimme, München/Zürich [6]1988; dazu: Gertrud Nunner-Winkler (Hg.), Weibliche Moral. Die Kontroverse um eine geschlechtsspezifische Ethik, Frankfurt/M./New York 1991.

116 Immanuel Kant, Grundlegung zur Metaphysik der Sitten, AA, 6, 277. Im Folgenden zitiert als Grundlegung.

117 Kant, Beobachtungen über das Gefühl des Schönen und Erhabenen, AA, 2, 218. Im Folgenden zitiert als Beobachtungen.

118 Vgl. hierzu: Wolfgang Kersting, »Immanuel Kant: Vom ästhetischen Gegenverhältnis der Geschlechter zum rechtlichen Besitzverhältnis in der Ehe«, in: M. Heinz/S. Doyé (Hg.), Geschlechterordnung und Staat, Berlin 2012, 186.

119 Kersting, »Immanuel Kant: Vom ästhetischen Gegenverhältnis der Geschlechter zum rechtlichen Besitzverhältnis in der Ehe«, 185.

120 Paradigmatisch, Kant, Beobachtungen, 231: »Ebenso werden sie von dem Weltgebäude nicht mehr zu kennen nötig haben, als nötig ist, den Anblick des Himmels an einem schönen Abend ihnen rührend zu machen, wenn sie einigermaßen begriffen haben, daß noch mehr Welten und daselbst noch mehr schöne Geschöpfe anzutreffen sind.«

121 Zur Polarisierung der Geschlechtscharaktere siehe auch den wegweisenden Aufsatz der Sozialhistorikerin Karin Hausen, »Die Polarisierung der ›Geschlechtscharaktere‹. Eine Spiegelung der Dissoziation von Erwerbs- und Familienleben«, in: W. Conze (Hg.), Sozialgeschichte der Familie in der Neuzeit Europas. Neue Forschungen, Stuttgart 1976, 363–393.

122 Für eine umfassende Darstellung vgl. Kersting, Wohlgeordnete Freiheit. Immanuel Kants Rechts- und Staatsphilosophie, Frankfurt/M. 1993.

123 Kants erster Rezensent Bouterwek bezeichnete das auf dingliche Art persönliche Recht als eine »Sternschnuppe am iuristischen Himmel«, worauf Kant konterte, dass es sich allenfalls um eine »*Stella mirabilis*« handele, um ein in seiner Erscheinungsform sonderbares, also schwer fassbares Theoriegestirn. Vgl. Friederike Kuster, »Verdinglichung und Menschenwürde. Kants Eherecht und das Recht der häuslichen Gemeinschaft«, in: Kant-Studien 3 (2011), 335–349.

124 Diese Kritik formulieren u.a. Kersting, Wohlgeordnete Freiheit, 321; Reinhard Brandt, Eigentumstheorien von Grotius bis Kant, Stuttgart-Bad Cannstatt 1974, 198 f.

125 Kant, Moralphilosophie (Handschriftlicher Nachlass), AA, 19, 461, Randnotiz 7580.

126 Kant, Die Metaphysik der Sitten, AA, 6, 236. Im Folgenden zitiert als Metaphysik.

127 Kant, Eine Vorlesung über Ethik, hrsg. v. Gerd Gerhardt, Frankfurt/M. 1990, 177.

128 Kant, Bemerkungen zu Beobachtungen über das Gefühl des Schönen und Erhabenen (Handschriftlicher Nachlass), AA, 20, 464.

129 Kant, Bemerkungen zu Beobachtungen über das Gefühl des Schönen und Erhabenen (Handschriftlicher Nachlass), AA, 20, 464.

130 Kant, Moralphilosophie (Handschriftlicher Nachlass), AA, 19, 544, Randnotiz 7880.

131 Kant, Vorlesung über Ethik, 181.

132 Kant, Bemerkungen zu Beobachtungen über das Gefühl des Schönen und Erhabenen (Handschriftlicher Nachlass), AA, 20, 463.

133 Zum Zusammenhang von ökonomischer Selbständigkeit und Staatsbürgerschaft bei Kant vgl. Günther Bien, »Revolution, Bürgerbegriff und Freiheit. Über die neuzeitliche Transformation der alteuropäischen Verfassungstheorie in politische Geschichtsphilosophie«, in: Z. Batscha (Hg.), Materialien zu Kants Rechtsphilosophie, Frankfurt/M. 1976, 77 f.

134 Ebenfalls Kersting, »Immanuel Kant: Vom ästhetischen Gegenverhältnis der Geschlechter zum rechtlichen Besitzverhältnis in der Ehe«, 192 f.

135 Vgl. Dieter Schwab, »Jena und die Entdeckung der romantischen Ehe«, in: ZNR 27 (2005), 177–189. Ausführlich zu Fichtes Ehelehre siehe auch Marion Heinz/Friederike Kuster »›Vollkommene Vereinigung‹. Fichtes Eherecht in der Perspektive feministischer Philosophie«, in: DZphil 5 (1998) 5, 823–839.

136 Johann Gottlieb Fichte, Grundlage des Naturrechts nach Principien der Wissenschaftslehre. Zweiter Teil oder angewandtes Naturrecht, Grundriss des Familienrechts (als erster Anhang des Naturrechts) I § 8, in: J. G. F. Fichte, Gesamtausgabe der Bayerischen Akademie der Wissenschaften, hrsg. von R. Lauth und H. Gliwitzky. Bd. 4: Werke 1797–1798, Stuttgart-Bad Cannstadt 1970. Im Folgenden zitiert als Grundriss.

137 Ebd. II § 15; auch die typisch romantische Eheauffassung Humboldts ist in dieser Weise liberal: Wilhelm von Humboldt, Ideen zu einem Versuch, die Grenzen der Wirksamkeit des Staats zu bestimmen. III, 3.

138 Dieter Schwab, »Jena und die Entdeckung der romantischen Ehe«, 179.

139 Vgl. Anm. 137.

140 Vgl. Georg W. F. Hegel, Phänomenologie des Geistes, TWA 3, 327–359. Die Werke Hegels werden nach der Theorie Werk-Ausgabe (TWA), auf der Grundlage der Werke von 1832–1845 neu edierte Ausgabe, Redaktion Eva Moldenhauer und Karl Markus Michel, Frankfurt/M. 1969 ff., zitiert. Im Folgenden zitiert als Phänomenologie.

141 Eine umfassende Rekonstruktion von Hegels Theorie zu Geschlecht und Familie hat Eva Bockenheimer geleistet: Eva Bockenheimer, Hegels Familien- und Geschlechtertheorie, Hamburg 2013.

142 Vgl. Hegel: Enzyklopädie II, §§ 367–376. Die folgende Darstellung bezieht sich auf die letzte Fassung der Enzyklopädie von 1830 (TWA 8–10) und wird im Weiteren als Enzyklopädie zitiert.

143 Hegel, Vorlesungen über die Philosophie der Geschichte, TWA 12, 32.

144 Vgl. Hegel, Grundlinien der Philosophie des Rechts oder Naturrecht und Staatswissenschaft im Grundrisse, TWA 7, §§ 354–358. Im Folgenden zitiert als Grundlinien.

145 Vgl. Herbert Schnädelbach, Hegels praktische Philosophie, Frankfurt/M. 2000, 252.

146 Ebd.

147 Vgl. dazu Susanne Brauer, Natur und Sittlichkeit. Die Familie in Hegels Rechtsphilosophie, Freiburg 2007.

148 Karl Marx/Friedrich Engels, Die deutsche Ideologie. Kritik der neuesten deutschen Philosophie in ihren Repräsentanten Feuerbach, B. Bauer und Stirner, und des deutschen Sozialismus in seinen verschiedenen Propheten, MEW 3, 20. Im Folgenden zitiert als Deutsche Ideologie.

149 Diese Arbeitsteilung wird naturwüchsig genannt, um zu zeigen, dass sie sich auf der Grundlage von bestimmten natürlichen Voraussetzungen von selbst entwickelt. Sie ist aber dennoch nicht natürlich, sondern bereits ein bestimmter gesellschaftlicher Umgang mit dieser natürlichen Voraussetzung, der somit auch veränderbar ist.

150 Vgl. Engels, Der Ursprung des Privateigentums, der Familie und des Staats, MEW 21, 25–173. Diese Schrift ist gewissermaßen die materialistische Antwort auf Hegels Darstellung der Geschichte des Familien- und Geschlechterverhältnisses. Im Folgenden zitiert als Der Urspung.

151 Vgl. dazu Frigga Haug, Art. »Marxismus – Feminismus«, in: Historisch-kritisches Wörterbuch des Marxismus, Bd. 8/II, Hamburg 2015, Sp. 1182–1899.

152 Vgl. Clara Zetkin, Zur Geschichte der proletarischen Frauenbewegung, Frankfurt/M ^{3}1984.

* Ich danke Sabine Doyé, dass ich für dieses Kapitel auf die Texte zu Horkheimer und Marcuse im Band »Philosophische Geschlechtertheorien« (Stuttgart 2002) zugreifen durfte.

153 Max Horkheimer, Autorität und Familie, Lüneburg ^{2}1987, 49. Im Folgenden zitiert als Autorität.

154 Vgl. Sabine Doyé, »Autoritäre Familienstruktur und bürgerliche Ordnung«, in: dies./M. Heinz/F. Kuster (Hg.), Philosophische Geschlechtertheorien. Ausgewählte Texte von der Antike bis zur Gegenwart, Stuttgart 2002, 380.

155 Es ist zumindest auffallend, dass Horkheimer nicht auf die einschlägigen Paragraphen der Hegel'schen Rechtsphilosophie zurückgreift, die explizit die bürgerliche Familie zum Thema haben.

156 Eine ausführliche Darstellung der Freud'schen Thesen zum Zusammenhang von Autorität und Bildung des Über-Ichs liefert Erich Fromm im zweiten Abschnitt »Sozialpsychologischer Teil« der *Studien über Autorität und Familie.*

157 »Furchtbares hat die Menschheit sich antun müssen, bis das Selbst, der identische, zweckgerichtete, männliche Charakter des Menschen geschaffen war, und etwas davon wird noch in jeder Kindheit wiederholt.« Theodor W. Adorno/Max Horkheimer, Dialektik der Aufklärung. Gesammelte Schriften Bd. 5, Frankfurt/M. 1987, 56.

158 Hegels Aufriss der bürgerlichen Welt umfasst drei Sphären der Sittlichkeit: Familie, bürgerliche Gesellschaft und Staat. Für die Kritische Theorie ist indessen der Staat eine Agentur der ökonomisch dominanten Klasse und insofern eine Funktion der bürgerlichen Gesellschaft.

159 Jessica Benjamin, »Die Antinomien des patriarchalischen Denkens«, in: W. Bonß/A. Honneth (Hg.), Sozialforschung als Kritik. Zum sozialwissenschaftlichen Potenzial der Kritischen Theorie, Frankfurt/M. 1982, 426–455. Instruktiv zur feministischen Kritik an Horkheimer: Barbara Umrath, »Emanzipation und Geschlechterverhältnis. Feministische Kritik an und mit Max Horkheimer«, in: M. Jacobson/D. Lehmann/F. Röhrbein (Hg.), Kritische Theorie und Emanzipation, Würzburg 2014, 143–168.

160 Herbert Marcuse, Triebstruktur und Gesellschaft. Ein philosophischer Beitrag zu Sigmund Freud, Frankfurt/M. 1967, 7. Im Folgenden zitiert als Triebstruktur.

161 Sabine Doyé, »Die Utopie der androgynen Gesellschaft: Herbert Marcuse«, in: dies./Heinz/Kuster (Hg.), Philosophische Geschlechtertheorien, 401.

162 Jessica Benjamin, Die Fesseln der Liebe, Basel 1990, 7.

163 Marcuse selbst weist darauf hin, dass er die Begriffe Kultur und Zivilisation synonym verwendet. Triebstruktur 13.

164 Orientierend hierzu: Christa Rohde-Dachser, Expedition in den dunklen Kontinent. Weiblichkeit im Diskurs der Psychoanalyse, Berlin u.a. 1991.

165 »Hierin dokumentiert sich ein entfaltetes Bewußtsein von der historischen Abhängigkeit der eigenen Kriterien, Grundzug kritischer Theorie.« Vgl. Barbara Brick, »Marcuses Rekurs auf das verdrängte Weibliche. Feministische Implikationen seiner Freud-Kritik«, in: Institut für Sozialforschung (Hg.), Kritik und Utopie im Werk von Herbert Marcuse, hrsg. vom Institut für Sozialforschung, Frankfurt/M. 1992, 155–170, hier: 155.

166 Ebd.

167 Hier zitiert Marcuse Freud, Massenpsychologie und Ich-Analyse, in: Sigmund Freud, Gesammelte Werke Bd. XIII, Frankfurt/M. 1940, 63–165, hier: 112.

168 Alle Zitate Herbert Marcuse, Trieblehre und Freiheit, in: ders., Psychoanalyse und Politik, Frankfurt/M. 1968, 26f.

169 Ebd., 50.

170 Marcuse, Triebstruktur und Gesellschaft, 226 f. Marcuse zitiert im Text Hans W. Loewald, »Ego and Reality«, in: International Journal of Psychoanalysis 32 (1951), 10–18.

171 Marcuse, Trieblehre und Freiheit, 30.

172 So in einem 1974 am *Center for Research on Women* der Stanford University gehaltenen Vortrag. Abgedruckt unter dem Titel »Marxismus und Feminismus« in: Marcuse, Schriften, Bd. 9, Frankfurt/M. 1987, 131–142. Im Folgenden zitiert als Marxismus. Vgl. hierzu auch Doyé, »Die Utopie der androgynen Gesellschaft: Herbert Marcuse«, 404–407.

173 Ebd., 136. Marcuse bezieht sich hier auf den Aufsatz »Women and Capitalism« (1971) von Angela Davis, den sie im Gefängnis schrieb. Angela Yvonne Davis, »Women and Capitalism: Dialectics of Oppression and Liberation«, in: J. James, A.Y. Davis (Hg.), The Angela Y. Davis Reader, Malden (Mass.)/Oxford 1998, 161–209.

174 Doyé, Art. »Kritische Theorie I. Philosophisch«, in: Gerhard Müller (Hg.), Theologische Realenzyklopädie, Bd. 20, Berlin 1990, 81–96, hier: 83.

175 Nancy Chodorow, »Beyond Drive Theory: Object Relations and the Limits of Radical Individualism«, in: Theory and Society 14 (1985), 271–319, und Benjamin, »Opposition and Reconciliation: Reason & Nature, Reality & Pleasure«, in: Kritik und Utopie im Werk von Herbert Marcuse, 124–141. Zur Diskussion der feministischen Kritik siehe Barbara Brick, »Marcuses Rekurs auf das verdrängte Weibliche« im gleichen Band.

176 Vgl. Jürgen Habermas/Silvia Bovenschen u.a., Gespräche mit Herbert Marcuse, Frankfurt/M. 1978, 65–91.

177 Herta Nagl-Docekal, Feministische Philosophie. Ergebnisse, Probleme, Perspektiven, Frankfurt/M. 1999, 15. Der Band bietet insgesamt eine systematische Orientierung über das mittlerweile in unterschiedliche Teildisziplinen ausdifferenzierte Feld der feministischen Philosophie.

178 Der Titel *Le deuxième sexe* nimmt auf die christlich-mittelalterliche Unterscheidung von *sexus potior* und *sexus sequior* Bezug, die besagt, dass der Mann das mächtigere, würdigere und deshalb höherwertige Geschlecht ist und die Frau das nachfolgende, zurückstehende, minderwertige. Darin reflektiert sich, dass in einer hierarchisch gegliederten Gesellschaft die Rangfolge entscheidend ist. Die Übersetzung von »le deuxième sexe« mit »das andere Geschlecht« verschiebt die Bedeutung in Richtung der bürgerlich-modernen Geschlechterpolarität.

179 Beauvoirs Studie hat einen transdisziplinären Zuschnitt. Im vorliegenden Zusammenhang wird allein das philosophische Grundgerüst expliziert; auf den stupenden Materialreichtum der Studie kann hier nur hingewiesen werden. Dieses Kapitel ist eine leicht gekürzte Fassung von Verf., »Simone de Beauvoir. Das andere Geschlecht (1949)«, in: M. Brocker (Hg.), Geschichte des politischen Denkens. Das 20. Jahrhundert, Frankfurt/M. 2018.

180 Simone de Beauvoir: Das andere Geschlecht. Sitte und Sexus der Frau, Reinbek 2000, 334. Im Folgenden zitiert als Geschlecht.

181 Vgl. Sigmund Freud, 33. Vorlesung: Die Weiblichkeit, in: ders., Studienausgabe, Bd. 1: Vorlesungen zur Einführung in die Psychoanalyse. Und Neue Folge, hrsg. v. A. Mitscherlich u.a., Frankfurt/M. 1969, 544–565.

182 Da die vorangegangenen Kapitel die gesellschaftlichen Platzanweisungen für Frauen, auf die Beauvoir sich umfänglich bezieht, ausführlich entfaltet haben, können wir hier auf eine erneute Darstellung verzichten.

183 Vgl. Marion Heinz, »Humanistischer Feminismus: Simone de Beauvoir«, in: S. Doyé/M. Heinz/F. Kuster (Hg.), Philosophische Geschlechtertheorien. Ausgewählte Texte von der Antike bis zur Gegenwart, Stuttgart 2002, 422–429, hier: 425.

184 Beauvoir hat wie viele ihrer philosophischen Zeitgenossen in den 1930er Jahren Hegel verstärkt durch die einflussreichen Vorlesungen von Alexandre Kojève zur *Phänomenologie des Geistes* und insbesondere zur Dialektik von Herr und Knecht kennengelernt. Vgl. Alexandre Kojève, Hegel. Eine Vergegenwärtigung seines Denkens. Kommentar zur Phänomenologie des Geistes, hrsg. v. I. Fetscher, Stuttgart 1958.

185 Vgl. Jean-Jacques Rousseau, Émile oder Über die Erziehung, Stuttgart 1963, 63.

186 Vgl. Barbara Holland-Cunz, Die alte neue Frauenfrage, Frankfurt/M. 2003, 104 ff.

187 Holland-Cunz, Die alte neue Frauenfrage, 107.

188 Zum Folgenden siehe den Schluss von Beauvoir, Das andere Geschlecht, 882–900.

189 Zum Folgenden vgl. Iris Marion Young, »Humanismus, Gynozentrismus und feministische Politik«, in: E. List/H. Studer (Hg.), Denkverhältnisse. Feminismus und Kritik, Frankfurt/M. 1989, 37–65.

190 Vgl. ebd. 42 ff.

191 Vgl. Eva Lundgren-Gothlin, »The master-slave dialectic in *The Second Sex*«, in: E. Fallaize (Hg.), Simone de Beauvoir: A Critical Reader, London/New York 1998, 93–108.

192 Luce Irigaray, Ethik der sexuellen Differenz, Frankfurt/M. 1991, 11.

193 Zur Verbindung von Dekonstruktion und Feminismus siehe Barbara Vinken (Hg.), Dekonstruktiver Feminismus. Literaturwissenschaft in Amerika, Frankfurt/M. 1992, inbes. die Einleitung der Herausgeberin, 7–32.

194 Siehe oben Anm. 181.

195 Irigaray, Speculum. Spiegel des anderen Geschlechts, Frankfurt/M. 1980.

196 Kontroverse Interpretationen weiblicher Sexualität nach Freud ausgehend von klinischem Material sind zusammengestellt in: Janine Chasseguet-Smirgel (Hg.), Psychoanalyse der weiblichen Sexualität, Frankfurt/M. 1974.

197 Irigaray, Das Geschlecht, das nicht eins ist, Berlin 1979.

198 Irigaray, Das Geschlecht, das nicht eins ist, 74.

199 Ebd., 76.

200 Jacques Lacan, »Das Spiegelstadium als Bildner der Ichfunktion, wie sie uns in der psychoanalytischen Erfahrung erscheint«, in: ders., Schriften I, Weinheim/Berlin 1986, 61–70. Das Spiegelstadium ist eine frühe Phase in der Konstituierung des Subjekts. Das Kind antizipiert imaginär die Einheit seines Körpers anlässlich der Wahrnehmung seiner selbst im Spiegel. Vgl. dazu den Art. »Spiegelstufe«, in: J. Laplanche/J.-B. Pontalis (Hg.), Das Vokabular der Psychoanalyse, Frankfurt/M. 1973, 474–476.

201 Auf die massive innertheoretische Kontroverse, die diese theoretische Überblendung des Imaginären und des Symbolischen, nach Lacan zwei strikt getrennte »Register« der Existenz, ausgelöst hat und die zum Ausschluss von Irigaray aus der *École freudienne* geführt hat, kann hier nur hingewiesen werden. Vgl. exemplarisch die Kritiken von Edith Seiffert an Irigarays Totalisierung des Imaginären und der Sexualisierung des philosophischen Diskurses: Edith Seifert, Was will das Weib?, Weinheim/Bern 1987, 173–195, und Monique David-Ménard, »Geschlechtlicher Unterschied und philosophische Methode«, in: M. Andreas-Grisebach/B. Weisshaupt (Hg.), Was Philosophinnen denken II, Zürich 1986, 172–189.

202 Irigaray, Speculum, 282.

203 Ebd., 283.

204 »... ist doch auch das Geschlechtsleben der erwachsenen Frau ein dark continent für die Psychologie.« Freud, »Die Frage der Laienanalyse«, in: ders., Gesammelte Werke Bd. XIV, Frankfurt/M. [3]1963, 207–284, hier: 241.

205 Irigaray, Die Genealogie der Geschlechter, Freiburg 1989, 283.

206 Irigaray, Das Geschlecht, das nicht eins ist, 211 ff.

207 »... a realm normally considered to be at the antipodes of culture, the female genitals.« (Übers. F.K.) Jane Gallop, Thinking through the body, New York 1988, 95.

208 Der Begriff »mukös« findet im Deutschen nur im medizinischen Kontext Verwendung. Er übersetzt im vorliegenden Kontext das französische le muqueux: das Schleimige, der Schleim, die Schleimhaut.

209 Instruktiv hierzu: Margret Whitford, »Irigaray's Body Symbolic«, in: Hypatia 3 (1991), 97–109.

210 Das Konzept des Phallus bei Lacan ist komplex. Die grundlegende Dimension des Phallus, die sich im Symbolischen niederschlägt, gilt für beide »biologischen« Geschlechter. Der Phallus firmiert als »Signifikant des Wunsches« insofern, als Männer und Frauen sich als unvollständig oder gespalten erleben. Vgl. dazu Peter Widmer, Subversion des Begehrens. Jacques Lacan oder Die Zweite Revolution der Psychoanalyse, Frankfurt/M. 1990, Kap. 6.

211 Auch Jessica Benjamin operiert mit dem Bild des Zwischenraums als der Möglichkeitsbedingung einer wechselseitigen Anerkennung der Geschlechter. Sie lehnt jedoch Irigarays »Suche nach einer spezifisch weiblichen Repräsentation des Begehrens [...], abgeleitet aus dem Bild der weiblichen Geschlechtsorgane«, ab. (Benjamin, Die Fesseln der Liebe, 122) Für Benjamin geht es nicht darum, ein weibliches Gegenstück zum Phallus, sondern vermittels einer Theorie der Intersubjektivität eine andere Repräsentanz des Begehrens zu finden. Zu Gemeinsamkeiten und Differenzen von Benjamin und Irigaray vgl. Katharina Liebsch, Vom Weib zur Weiblichkeit? Psychoanalytische Konstruktionen in feministischer Theorie, Bielefeld 1994, 249–259.

212 Irigaray, Ethik der sexuellen Differenz, Frankfurt/M. 1991, 11. Im Folgenden zitiert als Sexuelle Differenz.

213 Vgl. Kap. II und Kap. IV der Ethik der sexuellen Differenz.

214 Irigaray knüpft hier an Roland Barthes' Unterscheidung von »Objektsprache« und »Metasprache« an. Im Gegensatz zur Metasprache ist die Objektsprache eine Sprache, die gesprochen wird, »um das Wirkliche zu verändern und nicht, um es als Bild zu bewahren«. Diese Sprache bleibt politisch. Roland Barthes, Mythen des Alltags, Frankfurt/M. 1964, 135.

215 Irigaray, Zur Geschlechterdifferenz. Interviews und Vorträge, Wien 1987, 86.

216 Tove Soiland, Luce Irigarays Denken der sexuellen Differenz, Wien/Berlin 2006, 10. Soiland weist in der Einleitung ihrer Studie auf die national verschiedenen Rezeptionsverläufe des Differenzfeminismus hin.

217 Zu Gemeinsamkeiten und Divergenzen zwischen Irigaray und Butler jenseits einer simplifizierenden Polarisierung vgl. ebd. 121–181.

218 Eine Sammlung von Beiträgen findet sich in dem Band: Judith Butler, Die Macht der Geschlechternormen und die Grenze des Menschlichen, Frankfurt/M. 2011.

219 Exemplarisch Martha Nussbaum, die ihre Kritik an Butler zu einer philosophischen Grundsatzfrage ausweitet. Martha C. Nussbaum, »The Professor of Parody: The Hip Defeatism of Judith Butler«, in: New Republic, 22. Feb. 1999, 37–45.

220 Sabine Hark/Paula-Irene Villa (Hg.), Anti-Genderismus. Sexualität und Geschlecht als Schauplätze aktueller politischer Auseinandersetzungen, Bielefeld 2015.

221 Butler, Das Unbehagen der Geschlechter, Frankfurt/M. 1991, 49. Im Folgenden zitiert als Unbehagen.

222 John L. Austin, Zur Theorie der Sprechakte (How to Do Things with Words). Deutsche Bearb. v. Eike von Savigny, Stuttgart 1972.

223 Herta Nagl-Docekal, »Judith Butler, Das Unbehagen der Geschlechter«, in: L'Homme 4 (1993), 141–148; hier: 146.

224 Thomas Laqueur, Auf den Leib geschrieben. Die Inszenierung der Geschlechter von der Antike bis Freud, Frankfurt/M. 1992.

225 Carol Hagemann-White, »Wir werden nicht zweigeschlechtlich geboren ...«, in: dies./M. S. Rerrich (Hg.), Frauen-Männer-Bilder. Männer und Männlichkeit in der feministischen Diskussion, Bielefeld 1988, 224–235. Die jüngsten rechtspolitischen Kontroversen um die mittlerweile realisierte dritte Option beim Personenstandseintrag zielten auf diesen Punkt.

226 Butler, Körper von Gewicht. Die diskursiven Grenzen des Geschlechts, Berlin 1995, 11 (Vorwort zur deutschen Ausgabe). Zur »gereizte[n] Debatte« um den Konstruktivismus: ebd., 27. Im Folgenden zitiert als Körper.

227 Vgl. hierzu: Andrea Maihofer, Geschlecht als Existenzweise, Frankfurt/M. 1995, 86 ff.

Literaturhinweise

Primärliteratur

Aristoteles: Politik, übers. v. Franz Susemihl mit Einleitung, Bibliographie u. zusätzlichen Anmerkungen v. Wolfgang Kullmann, Reinbek bei Hamburg 1994.
– Politik, übers. u. hrsg. v. Olof Gigon, München 1973.
–: De Generatione animalium, Oxford 1965.
–: Generation of animals. De Generatione animalium, übers. Arthur Leslie Peck, London 1953.
Aurelius Augustinus: Vom Gottesstaat (De civitate dei), übers. Wilhelm Thimme, 2 Bde., München 1977 f.
–: Über den Wortlaut der Genesis. Der große Genesiskommentar in zwölf Büchern, übers. v. Carl Johann Perl, 2 Bde., Paderborn 1961 f.
–: Das Gut der Witwenschaft, übers. v. Anton Maxsein, Würzburg 1952.
–: Das Gut der Ehe, übers. v. Anton Maxsein, Würzburg 1949.
Austin, John L.: Zur Theorie der Sprechakte (How to Do Things with Words). Deutsche Bearb. v. Eike von Savigny, Stuttgart 1972.
Beauvoir, Simone de: Das andere Geschlecht. Sitte und Sexus der Frau, übers. v. Uli Aumüller u. Grete Osterwald, Reinbek 2000.
Butler, Judith: Die Macht der Geschlechternormen und die Grenze des Menschlichen, Frankfurt/M. 2011.
–: Körper von Gewicht. Die diskursiven Grenzen des Geschlechts, Berlin 1995.
–: Das Unbehagen der Geschlechter, Frankfurt/M. 1991.
–: Gender Trouble, New York/London 1990.
Clark, Elisabeth (Hg.): St. Augustine on Marriage and Sexuality, Washington 1996.

Die Bibel. Einheitsübersetzung der Heiligen Schrift. Gesamtausgabe. Psalmen und Neues Testament. Ökumenischer Text, Stuttgart/Klosterneuburg 1993.
Engels, Friedrich: Der Ursprung des Privateigentums, der Familie und des Staats, in: Karl Marx, Friedrich Engels: Werke, hrsg. vom Institut für Marxismus-Leninismus beim ZK der SED, Bd. 21, Berlin [6]1979, 25–173.
Freud, Sigmund: »33. Vorlesung: Die Weiblichkeit«, in: ders.: Studienausgabe, Bd. 1: Vorlesungen zur Einführung in die Psychoanalyse. Und Neue Folge, hrsg. v. Alexander Mitscherlich u.a., Frankfurt/M. 1969, 544–565.
–: »Die Frage der Laienanalyse«, in: ders.: Gesammelte Werke, Bd. XIV, Frankfurt/M. [3]1963, 207–284.
–: Massenpsychologie und Ich-Analyse, in: ders.: Gesammelte Werke, Bd. XIII, Frankfurt/M. 1940, 63–165.
Hegel, Georg W. F.: Phänomenologie des Geistes, in: Werke, auf der Grundlage der Werke von 1832–1845 neu edierte Ausgabe, Redaktion Eva Moldenhauer und Karl Markus Michel, Bd. 3, Frankfurt/M. 1970 (TWA 3).
–: Grundlinien der Philosophie des Rechts oder Naturrecht und Staatswissenschaft im Grundrisse. Mit Hegels eigenhändigen Notizen und den mündlichen Zusätzen, in: Werke, auf der Grundlage der Werke von 1832–1845 neu edierte Ausgabe, Redaktion Eva Moldenhauer und Karl Markus Michel, Bd. 7, Frankfurt/M. 1970 (TWA 7).
–: Enzyklopädie der philosophischen Wissenschaften im Grundrisse (1830). Teil I–III, in: Werke, auf der Grundlage der Werke von 1832–1845 neu edierte Ausgabe, Redaktion Eva Moldenhauer und Karl Markus Michel, Bde. 8–10, Frankfurt/M. 1970 (TWA 8–10).
–: Vorlesungen über die Philosophie der Geschichte, in: Werke, auf der Grundlage der Werke von 1832–1845 neu edierte Ausgabe, Redaktion Eva Moldenhauer und Karl Markus Michel, Bd. 12, Frankfurt/M. 1970 (TWA 12).
Hobbes, Thomas: Leviathan, übers. v. Walter Euchner, hrsg. u. eingel. v. Iring Fetscher, Frankfurt/M. [4]1991.
–: Vom Menschen, Vom Bürger (Elemente der Philosophie II/III), eingel. u. hrsg. v. Günter Gawlick, Hamburg 1959.

Horkheimer, Max/Fromm, Erich/Marcuse, Herbert: Studien über Autorität und Familie. Forschungsberichte aus dem Institut für Sozialforschung, Lüneburg ²1987.
Irigaray, Luce: Ethik der sexuellen Differenz, Frankfurt/M. 1991.
–: Die Genealogie der Geschlechter, Freiburg 1989.
–: Zur Geschlechterdifferenz. Interviews und Vorträge, Wien 1987.
–: Speculum. Spiegel des anderen Geschlechts, Frankfurt/M. 1980.
–: Das Geschlecht, das nicht eins ist, Berlin 1979.
Kant, Immanuel: Eine Vorlesung über Ethik, hrsg. v. Gerd Gerhardt, Frankfurt/M. 1990.
–: Gesammelte Schriften, hrsg. v. d. Königlich Preußischen Akademie der Wissenschaften. Abt. 1: Werke. Bd. 2: Vorkritische Schriften II. 1757–1777, Berlin 1912.
Locke, John: Zwei Abhandlungen über die Regierung, hrsg. u. eingel. v. Walter Euchner, Frankfurt/M. 1992.
Marcuse, Herbert: »Marxismus und Feminismus«, in: ders., Schriften, Bd. 9, Frankfurt/M. 1987, 131–142.
–: Psychoanalyse und Politik, Frankfurt/M. 1968.
–: Triebstruktur und Gesellschaft. Ein philosophischer Beitrag zu Sigmund Freud, Frankfurt/M. 1967.
Marx, Karl/Engels, Friedrich: Die deutsche Ideologie. Kritik der neuesten deutschen Philosophie in ihren Repräsentanten Feuerbach, B. Bauer und Stirner, und des deutschen Sozialismus in seinen verschiedenen Propheten, in: dies.: Werke, hrsg. vom Institut für Marxismus-Leninismus beim ZK der SED, Bd. 3, Berlin ⁴1969, 9–530.
Platon: Politeia, übers. v. Friedrich Schleiermacher, Hamburg 1958.
Pufendorf, Samuel von: Acht Bücher vom Natur- und Völcker-Rechte, Franckfurt a.M. 1711 (Nachdruck: Hildesheim 2001).
Rousseau, Jean-Jacques: Diskurs über die Ungleichheit, Paderborn/München/Wien/Zürich ³1993.
–: Emil oder Über die Erziehung, Paderborn/München/Wien/Zürich ¹¹1993.
–: Œuvres complètes, Bibliothèque de la Pléiade, Bd. IV, Paris 1969.
–: Émile oder Über die Erziehung, Stuttgart 1963.
Thomas von Aquin: Die deutsche Thomas-Ausgabe. Vollständige, ungekürzte deutsch-lateinische Ausgabe der Summa theologica, übers. u. komm. v. Dominikanern u. Benediktinern Deutschlands u. Österreichs,

hrsg. v. der Albertus-Magnus-Akademie Walberberg bei Köln, 34 Bde., Graz u.a. 1933ff.
Wolff, Christian: Grundsätze des Natur- und Völkerrechts, Halle 1754.

Sekundärliteratur

Anzenbacher, Arno: »Das Bild der Frau bei Thomas von Aquin«, in: C. Spieß, K. Winkler (Hg.): Feministische Ethik und christliche Sozialethik, Berlin 2008, 17–37.
Badinter, Elisabeth: Die Mutterliebe. Geschichte eines Gefühls vom 17. Jahrhundert bis heute, München/Zürich 1991.
Barthes, Roland: Mythen des Alltags, Frankfurt/M. 1964.
Beetz, Manuela: Die Produktion und Reproduktion des unmittelbaren Lebens. Das Familien- und Geschlechterverhältnis bei Karl Marx und Friedrich Engels, Köln 1989.
Beck, Ulrich/Beck-Gernsheim, Elisabeth: Das ganz normale Chaos der Liebe, Frankfurt/M. 1990.
Benhabib, Seyla/Nicholson, Linda: »Politische Philosophie und die Frauenfrage« in: I. Fetscher/H. Münkler (Hg.): Pipers Handbuch der politischen Ideen, Bd. 5, München 1987, 513–568.
Benjamin, Jessica: »Opposition and Reconciliation: Reason & Natur, Reality & Pleasure«, in: Kritik und Utopie im Werk von Herbert Marcuse, hrsg. vom Institut für Sozialforschung, Frankfurt/M. 1992, 124–141.
–: Die Fesseln der Liebe, Basel 1990.
–: »Die Antinomien des patriarchalischen Denkens«, in: W. Bonß/A. Honneth (Hg.): Sozialforschung als Kritik. Zum sozialwissenschaftlichen Potenzial der Kritischen Theorie, Frankfurt/M. 1982, 426–455.
Bien, Günther: »Revolution, Bürgerbegriff und Freiheit. Über die neuzeitliche Transformation der alteuropäischen Verfassungstheorie in politische Geschichtsphilosophie«, in: Z. Batscha (Hg.): Materialien zu Kants Rechtsphilosophie, Frankfurt/M. 1976, 77–102.
–: Art. »Haus«, in: Historisches Wörterbuch der Philosophie, hrsg. v. J. Ritter u.a., Bd. 3, Basel/Darmstadt 1974, Sp. 1007–1010.

Bluestone, Natalie H.: »Why Women Cannot Rule: Sexism in Plato Scholarship«, in: N. Tuana (Hg.): Feminist Interpretations of Plato, Pennsylvania State University 1994, 109–132.
Bockenheimer, Eva: Hegels Familien- und Geschlechtertheorie, Hamburg 2013.
Bollenbeck, Georg: Eine Geschichte der Kulturkritik, München 2007.
Børresen, Kari Elisabeth: Subordination et Equivalence. Nature et Rôle de la Femme d'après Augustin et Thomas d'Aquin, Oslo 1968.
Brandt, Reinhard: Eigentumstheorien von Grotius bis Kant, Stuttgart-Bad Cannstatt 1974.
Brauer, Susanne: Natur und Sittlichkeit. Die Familie in Hegels Rechtsphilosophie, Freiburg 2007.
Brennan, Teresa/Pateman, Carol: »›Mere Auxiliaries to the Commonwealth‹: Women and the Origins of Liberalism«, in: Political Studies 27 (1979), 183–200.
Brick, Barbara: »Marcuses Rekurs auf das verdrängte Weibliche. Feministische Implikationen seiner Freud-Kritik«, in: Institut für Sozialforschung (Hg.): Kritik und Utopie im Werk von Herbert Marcuse, Frankfurt/M. 1992, 155–170.
Brocker, Manfred: Arbeit und Eigentum, Darmstadt 1992.
Brown, Heather: Marx on Gender and the Family. A Critical Study, Chicago 2013.
Butler, Melissa A.: »Early Roots of Feminism: John Locke and the Attack on Patriarchy«, in: The American Political Science Review 72 (1978), 1, 135–150.
Chasseguet-Smirgel, Janine (Hg.): Psychoanalyse der weiblichen Sexualität, Frankfurt/M. 1974.
Chodorow, Nancy: »Beyond Drive Theory: Object Relations and the Limits of Radical Individualism«, in: Theory and Society 14 (1985), 271–319.
Calvert, Brian: »Plato and the Equality of Women«, in: Phoenix 29 (1975), 3, 231–243.
Clark, Elisabeth: Introduction, in: dies. (Hg.): St. Augustine on Marriage and Sexuality, Washington 1996.
Coole, Diana H.: Women in Political Theory. From Ancient Misogyny to Contemporary Feminism, New York u.a. [2]1993.

David-Ménard, Monique: »Geschlechtlicher Unterschied und philosophische Methode«, in: M. Andreas-Grisebach/B. Weisshaupt (Hg.): Was Philosophinnen denken II, Zürich 1986, 172–189.
Davis, Angela Yvonne: »Women and Capitalism: Dialectics of Oppression and Liberation«, in: J. James/A. Y. Davis (Hg.): The Angela Y. Davis Reader, Malden (Mass.)/Oxford 1998, 161–209.
Detel, Wolfgang: »Griechen und Barbaren. Zu den Anfängen des abendländischen Rassismus«, in: Deutsche Zeitschrift für Philosophie 43 (1995), 6, 1019–1043.
Doyé, Sabine/Heinz, Marion/Kuster, Friederike (Hg.): Philosophische Geschlechtertheorien. Ausgewählte Texte von der Antike bis zur Gegenwart, Stuttgart 2002.
Doyé, Sabine: »Autoritäre Familienstruktur und bürgerliche Ordnung« in: dies./M. Heinz/F. Kuster (Hg.): Philosophische Geschlechtertheorien. Ausgewählte Texte von der Antike bis zur Gegenwart, Stuttgart 2002, 378–383.
–: »Monogamie und Privateigentum«, in: dies./M. Heinz/F. Kuster (Hg.): Philosophische Geschlechtertheorien. Ausgewählte Texte von der Antike bis zur Gegenwart, Stuttgart 2002, 296–303.
–: »Die Utopie der androgynen Gesellschaft«, in: dies./M. Heinz/F. Kuster (Hg.): Philosophische Geschlechtertheorien. Ausgewählte Texte von der Antike bis zur Gegenwart, Stuttgart 2002, 401–408.
–: Art. »Kritische Theorie I. Philosophisch«, in: Theologische Realenzyklopädie, Bd. 20, Berlin 1990, 81–96.
Fallaize, Elizabeth (Hg.): Simone de Beauvoir. A Critical Reader, London/New York 1998.
Fortenbaugh, William W.: »Aristotle on Slaves and Women«, in: J. Barnes/M. Schofield/R. Sorabji (Hg.): Articles on Aristotle, Bd. 2. Ethics and Politics, London 1977, 135–140.
Frank, Isnard Wilhelm: »Femina est mas occasionatus: Deutung und Folgerung bei Thomas von Aquin«, in: P. Segl (Hg.): Der Hexenhammer. Entstehung und Umfeld des Malleus maleficarum von 1487, Köln 1988, 71–102.
Frede, Dorothea: »Staatsverfassung und Staatsbürger (III 1-5)«, in: O. Höffe (Hg.): Aristoteles: Politik, Berlin 2001, 75–92.
Gallop, Jane: Thinking through the body, New York 1988.

Garber, Jörn/Thoma, Heinz (Hg.): Zwischen Empirisierung und Konstruktionsleistung. Anthropologie im 18. Jahrhundert, Tübingen 2004.
Gerhard, Ute: Gleichheit ohne Angleichung: Frauen im Recht, München 1990.
Gerhard, Ute u.a. (Hg.): Differenz und Gleichheit. Menschenrechte haben (k)ein Geschlecht, Frankfurt/M. 1990.
Gerhardt, Volker: »Der groß geschriebene Mensch. Zur Konzeption der Politik in Platons Politeia«, in: Internationale Zeitschrift für Philosophie 7 (1997), 1, 40–56.
Gilligan, Carol: Die andere Stimme, München/Zürich [6]1988.
Habermas, Jürgen/Bovenschen, Silvia u.a.: Gespräche mit Herbert Marcuse, Frankfurt/M. 1978.
Habermas, Jürgen: Strukturwandel der Öffentlichkeit, Frankfurt/M. 1990.
–: Theorie und Praxis. Sozialphilosophische Studien, Frankfurt/M. [5]1988.
Hagemann-White, Carol: »Wir werden nicht zweigeschlechtlich geboren ...«, in: dies./M. S. Rerrich (Hg.): FrauenMännerBilder. Männer und Männlichkeit in der feministischen Diskussion, Bielefeld 1988, 224–235.
Hark, Sabine/Villa, Paula-Irene (Hg.): Anti-Genderismus. Sexualität und Geschlecht als Schauplätze aktueller politischer Auseinandersetzungen, Bielefeld 2015.
Haug, Frigga: Art. »Marxismus-Feminismus«, in: Historisch-kritisches Wörterbuch des Marxismus, Bd. 8/II, Hamburg 2015, Sp. 1182–1899.
Hausen, Karin: »Die Polarisierung der ›Geschlechtscharaktere‹. Eine Spiegelung der Dissoziation von Erwerbs- und Familienleben«, in: W. Conze (Hg.): Sozialgeschichte der Familie in der Neuzeit Europas. Neue Forschungen, Stuttgart 1976, 363–393.
Heinz, Marion/Doyé, Sabine (Hg.): Geschlechterordnung und Staat. Legitimationsfiguren der politischen Philosophie (1600–1850), Berlin 2012.
Heinz, Marion: »Zur Konstitution vergeschlechtlichter Subjekte bei Rousseau«, in: dies./S. Doyé (Hg.): Geschlechterordnung und Staat. Legitimationsfiguren der politischen Philosophie (1600–1850), Berlin 2012, 171–180.
–: »Humanistischer Feminismus: Simone de Beauvoir«, in: S. Doyé/M. Heinz/F. Kuster (Hg.): Philosophische Geschlechtertheorien. Ausge-

wählte Texte von der Antike bis zur Gegenwart, Stuttgart 2002, 422–429.
–: »›Vollkommene Vereinigung‹. Fichtes Eherecht in der Perspektive der feministischen Philosophie«, in: DZPhil, Berlin 46 (1998) 5, 823–839 (zus. mit F. Kuster).
–: »Das metaphysische Fundament der Geschlechterordnung in den Staatsidealen von Platon und Aristoteles«, in: G. Völger (Hg.): Sie und Er. Frauenmacht und Männerherrschaft im Kulturenvergleich,. Bd. 1, Köln 1997, 99–108.
Held, Klaus: »Generative Zeiterfahrung«, in: J. Sanchez de Murillo (Hg.): Edith-Stein-Jahrbuch, Bd. 2. »Das Weibliche«, Würzburg 1996, 265–282.
Hierdeis, Irmgard: ›Die Gleichheit der Geschlechter‹ und ›Die Erziehung der Frauen‹ bei Poulain de la Barre (1647–1723), Bern u.a. 1993.
Hirschmann, Nancy J./McClure, Kirstie (Hg.): Feminist Interpretations of John Locke, University Park (PA) 2007.
Höffe, Otfried: Aristoteles, München ^{3}2006.
Holland-Cunz, Barbara: Die alte neue Frauenfrage, Frankfurt/M. 2003.
Honegger, Claudia: Die Ordnung der Geschlechter. Die Wissenschaften vom Menschen und das Weib. 1750–1850, Frankfurt/M. 1991.
Jaeschke, Walter: Hegel Handbuch. Leben – Werk – Schule, Stuttgart/Weimar 2003.
Jauch, Ursula Pia: Immanuel Kant zur Geschlechterdifferenz. Aufklärerische Vorurteilskritik und bürgerliche Geschlechtsvormundschaft, Wien 1988.
Johnson, Curtis: »Who Is Aristotle's Citizen?«, in: Phronesis 29 (1984), 73–90.
Kersting, Wolfgang: »Immanuel Kant: Vom ästhetischen Gegenverhältnis der Geschlechter zum rechtlichen Besitzverhältnis in der Ehe«, in: M. Heinz/S. Doyé (Hg.): Geschlechterordnung und Staat. Legitimationsfiguren der politischen Philosophie (1600–1850), Berlin 2012, 181–198.
–: Platons »Staat«, Darmstadt 1999.
–: Wohlgeordnete Freiheit. Immanuel Kants Rechts- und Staatsphilosophie, Frankfurt/M. 1993.
Kersting, Wolfgang (Hg.): Die Republik der Tugend, Baden-Baden 2003.

Köhler, Theodor W.: Homo animal nobilissimum. Konturen des spezifisch Menschlichen in der naturphilosophischen Aristoteles-Kommentierung des 13. Jahrhunderts, Teilband 1, Leiden 2008.
Kojève, Alexandre: Hegel. Eine Vergegenwärtigung seines Denkens. Kommentar zur Phänomenologie des Geistes, hrsg. v. I. Fetscher, Stuttgart 1958.
Kranz, Margarita: Art. »Weiblich/männlich (II. Vormoderne)«, in: Historisches Wörterbuch der Philosophie, hrsg. v. Joachim Ritter u.a., Bd. 12, Basel/Darmstadt 2004, Sp. 346–349.
Kraut, Richard: »Aristotle's Critique of False Utopias«, in: O. Höffe (Hg.), Aristoteles: Politik, Berlin 2001, 59–74.
Kulke, Christine/Scheich, Elvira (Hg.): Zwielicht der Vernunft. Die Dialektik der Aufklärung aus der Sicht von Frauen, Pfaffenweiler 1992.
Kuster, Friederike: »Simone de Beauvoir. Das andere Geschlecht (1949)«, in: M. Brocker (Hg.), Geschichte des politischen Denkens. Das 20. Jahrhundert, Frankfurt/M. 2018.
–: Art. »Mann – Frau: Die konstitutive Differenz der Geschlechterforschung«, in: B. Kortendiek/B. Riegraf/K. Sabisch (Hg.): Handbuch Interdisziplinäre Geschlechterforschung, Berlin/Heidelberg 2018 (im Ersch.), online verfügbar unter link.springer.com/referencework/10.1007/978-3-658-12500-4
–: Art. »Frau/Weib«, in: H. Thoma (Hg.): Handbuch Europäische Aufklärung. Begriffe, Konzepte, Wirkung, Stuttgart/Weimar 2015, 211–222.
–: »Verdinglichung und Menschenwürde. Kants Eherecht und das Recht der häuslichen Gemeinschaft«, in: Kant-Studien 102 (2011), 3, 335–249.
–: »Vaterschaft und Vaterland. Das Vaterkonzept im Republikanismus des 18. Jahrhunderts«, in: D. Thomä (Hg.): Vaterlosigkeit, Frankfurt/M. 2010, 65–83.
–: Rousseau – Die Konstitution des Privaten, Berlin 2005.
–: »Das kontraktualistische Paradigma«, in: S. Doyé/M. Heinz/F. Kuster (Hg.): Philosophische Geschlechtertheorien. Ausgewählte Texte von der Antike bis zur Gegenwart, Stuttgart 2002, 133–138, 146–149.
–: »Kontroverse Heterosexualität«, in: S. Doyé/M. Heinz/F. Kuster (Hg.): Philosophische Geschlechtertheorien. Ausgewählte Texte von der Antike bis zur Gegenwart, Stuttgart 2002, 448–456, 475–479.

–: »›Vollkommene Vereinigung‹. Fichtes Eherecht in der Perspektive der feministischen Philosophie«, in: DZPhil, Berlin 46 (1998) 5, 823–839 (zus. mit M. Heinz).
–: »Ortschaften. Luce Irigarays Ethik der sexuellen Differenz«, in: Phänomenologische Forschungen (1996), 1. Halbband, 44–66.
Lacan, Jacques: »Das Spiegelstadium als Bildner der Ichfunktion, wie sie uns in der psychoanalytischen Erfahrung erscheint«, in: ders.: Schriften I, Weinheim/Berlin 1986, 61–70.
Lange, Lynda: »Woman Is Not a Rational Animal: On Aristotle's Biology of Reproduction«, in: S. Harding/M. B. Hintikka (Hg.): Discovering Reality: Feminist Perspectives on Epistemology, Metaphysics, Methodology, and Philosophy of Science, Dordrecht/Boston/London 1983, 1–17.
Laplanche, J./Pontalis, J.-B. (Hg.): Das Vokabular der Psychoanalyse, Frankfurt/M. 1973.
Laqueur, Thomas: Auf den Leib geschrieben. Die Inszenierung der Geschlechter von der Antike bis Freud, Frankfurt/M. 1992.
Liebsch, Katharina: Vom Weib zur Weiblichkeit? Psychoanalytische Konstruktionen in feministischer Theorie, Bielefeld 1994.
Loewald, Hans W.: »Ego and Reality«, in: International Journal of Psychoanalysis 32 (1951), I, 10–18.
Macpherson, Crawford Brough: Die politische Theorie des Besitzindividualismus, Frankfurt/M. 1973.
Maihofer, Andrea: »Der Ausschluß der Frauen aus den Menschenrechten. Die Menschenrechtserklärung von 1789 aus feministischer Perspektive«, in: Die Neue Gesellschaft/Frankfurter Hefte, 36. Jg., Nr. 7 (1989), 626–636.
Maihofer, Andrea: Geschlecht als Existenzweise, Frankfurt/M. 1995.
Nagl-Docekal, Herta: Feministische Philosophie. Ergebnisse, Probleme, Perspektiven, Frankfurt/M. 1999.
–: »Judith Butler, Das Unbehagen der Geschlechter«, in: L'Homme 4 (1993), 141–148.
Nunner-Winkler, Gertrud (Hg.): Weibliche Moral. Die Kontroverse um eine geschlechtsspezifische Ethik, Frankfurt/M./New York 1991.
Nussbaum, Martha C.: »The Professor of Parody: The Hip Defeatism of Judith Butler«, in: New Republic, 22. Feb. 1999, 37–45.
Opitz, Claudia: Geschlechtergeschichte, Frankfurt/M./New York 2010.

Papst Pius XI: Enzyklika Casti Connubii. Über die Würde und Hoheit der reinen Ehe, Luzern [2]1952.

Pellegrin, Pierre: »Hausverwaltung und Sklaverei«, in: O. Höffe (Hg.): Aristoteles: Politik, Berlin 2001, 37–58.

Pierce, Christine: »Equality: Republic V«, in: The Monist 57 (1973), 1, 1–11.

Power, Kim: Veiled Desire. Augustine on Women, London/New York 1996.

Price, Anthony: »Friendship«, in: O. Höffe (Hg.): Aristoteles, Die Nikomachische Ethik, Berlin 1989, 229–251.

Prudence Allen, Mary: The Concept of Women. The Aristotelian Revolution 750 BC – AD 1250, Montreal 1985.

Rauschenbach, Brigitte: Politische Philosophie und Geschlechterordnung, Frankfurt/M./New York 1998.

Redecker, Eva von: Zur Aktualität von Judith Butler. Einführung in ihr Werk, Wiesbaden 2011.

Rohde-Dachser, Christa: Expedition in den dunklen Kontinent. Weiblichkeit im Diskurs der Psychoanalyse, Berlin u.a. 1991.

Roseman, Philipp W.: Omne agens agit sibi simile. A »Repetition« of Scholastic Metaphysics, Leuven 1996.

Rosenzweig, Beate: »John Locke: Zwischen kontraktualistischer Gleichheit und residualem Patriarchalismus. Die liberale Begründung der Trennung von Familie und Politik«, in: M. Heinz/S. Doyé: Geschlechterordnung und Staat. Legitimationsfiguren der politischen Philosophie (1600–1850), Berlin 2012, 119–137.

Schmid, Pia: Rousseau Revisited, in: Zeitschrift für Pädagogik 6 (1992), 839–854.

Schmidt, Josef: Geist, Religion und absolutes Wissen. Ein Kommentar zu den drei gleichnamigen Kapiteln aus Hegels Phänomenologie des Geistes, Stuttgart/Berlin/Köln 1997.

Schnädelbach, Herbert: Hegels praktische Philosophie, Frankfurt/M. 2000.

Schröder, Hannelore (Hg.): Die Frau ist frei geboren. Texte zur Frauenemanzipation 1789–1870, Bd. I, München 1990.

Seelbach, Larissa Carina: Art. »Schöpfungslehre«, in: V. H. Drecoll (Hg.): Augustinus Handbuch, Tübingen 2007, 470–479.

Seifert, Edith: Was will das Weib?, Weinheim/Bern 1987.

Shanley, Mary Lyndon: »Marriage Contract and Social Contract in Seventeenth-Century English Political Thought«, in: J. B. Elshtain (Hg.): The Family in Political Thought, Brighton 1982, 65–88.
Shell, Susan Meld: »Kant's Oberservations on the Feeling of the Beautiful and Sublime, Section Three: ›On the Counterrelation of the Sexes‹«, in: V. Gerhardt/R.-P. Horstmann/R. Schumacher (Hg.): Kant und die Berliner Aufklärung. Akten des IX. Kant-Kongresses, Bd. 4, Berlin 2001, 433–439.
Spelman, Elizabeth V.: »Aristotle and the Politization of the Soul«, in: S. Harding/M. B. Hintikka (Hg.): Discovering Reality: Feminist Perspectives on Epistemology, Metaphysics, Methodology, and Philosophy of Science, Dordrecht/Boston/London 1983, 17–30.
Studer, Brigitte: »Familiarisierung und Individualisierung. Zur Struktur der Geschlechterordnung in der bürgerlichen Gesellschaft«, in: L'Homme 11 (2000), 1, 83–114.
Soiland, Tove: Luce Irigarays Denken der sexuellen Differenz, Wien/Berlin 2010.
Stark, Judith Ch. (Hg.): Feminist Interpretations of Augustine, Pennsylvania State University 2007.
Stark, Judith Ch.: »In God's Image, But Less So«, in: dies. (Hg.): Feminist Interpretations of Augustine, Pennsylvania State University 2007, 215–242.
Talmon, Jacob Leib: Die Ursprünge der totalitären Demokratie, Köln/Opladen 1961.
Tuana, Nancy (Hg.): Feminist Interpretations of Plato, Pennsylvania State University 1994.
Umrath, Barbara: »Emanzipation und Geschlechterverhältnis. Feministische Kritik an und mit Max Horkheimer«, in: M. Jacobson/D. Lehmann/F. Röhrbein (Hg.): Kritische Theorie und Emanzipation, Würzburg 2014, 143–168.
Vinken, Barbara (Hg.): Dekonstruktiver Feminismus. Literaturwissenschaft in Amerika, Frankfurt/M. 1992.
Vlastos, Gregory: »Was Platon a Feminist?«, in: N. Tuana (Hg.): Feminist Interpretations of Plato, Pennsylvania State University 1994, 11–25.
Voss, Hans-Jürgen: Making Sex Revisited. Dekonstruktion des Geschlechts aus biologisch-medizinischer Perspektive, Bielefeld 2010.

Weiss, Penny A.: Gendered Community. Rousseau, Sex, and Politics, New York/London 1993.
Whitford, Margret: Luce Irigaray. Philosophy in the Feminine, London/New York 1991.
–: »Irigaray's Body Symbolic«, in: Hypatia 6 (1991), 3, 97–109.
Widmer, Peter: Subversion des Begehrens. Jacques Lacan oder Die Zweite Revolution der Psychoanalyse, Frankfurt/M. 1990.
Young, Iris Marion: »Humanismus, Gynozentrismus und feministische Politik«, in: E. List/H. Studer (Hg.): Denkverhältnisse. Feminismus und Kritik, Frankfurt/M. 1989, 37–65.
Zetkin, Clara: Zur Geschichte der proletarischen Frauenbewegung, Frankfurt/M [3]1984.

Namenregister

Friederike Kuster ist Professorin für Philosophie an der Bergischen Universität Wuppertal. Arbeitsschwerpunkte: Philosophische Geschlechtertheorien und Ideengeschichte, Politische Philosophie, Verhältnis Familie und Staat, Phänomenologie, Poststrukturalismus und feministische Theorie. Buchpublikationen: Wege der Verantwortung. Husserls Phänomenologie als Gang durch die Faktizität (1996); Rousseau – Die Konstitution des Privaten. Zur Genese der bürgerlichen Familie (2005); Philosophische Geschlechtertheorien – Philosophien der Geschlechterdifferenz. Studienbriefe FernUni Hagen (unter Mitwirkung v. E. Bockenheimer) (2016). Zahlreiche Aufsätze, Sammelband- und Handbuch-Beiträge und Herausgeberschaften zum Thema Geschlechterordnung und philosophische Geschlechtertheorien, Feminismus, Aufklärung, Rousseau. Mitherausgeberin der Zeitschrift *feministische studien.*